AF217392

EinFach Deutsch

Bertolt Brecht

Der gute Mensch von Sezuan

Parabelstück

... verstehen

Erarbeitet von
Stefan Volk

Herausgegeben von
Johannes Diekhans
Michael Völkl

Bildnachweis

|akg-images GmbH, Berlin: Erich Lessing 140. |bpk-Bildagentur, Berlin: Bayerische Staatsbibliothek/Archiv Heinrich Hoffmann 138; Münchner Stadtmuseum, Sammlung Fotografie/Konrad Reßler 134. |Lefebvre, Klaus, Witten: 17. |Manthei, Marie-Luise, Aachen: 157. |Staatstheater Braunschweig, Braunschweig: Foto: © Volker Beinhorn 66. |Staatstheater Cottbus, Cottbus: Kross, Marlies 54. |Theater Augsburg, Augsburg: Foto: Nik Schölzel 46. |Theater

westermann GRUPPE

© 2015 Bildungshaus Schulbuchverlage
Westermann Schroedel Diesterweg Schöningh Winklers GmbH,
Georg-Westermann-Allee 66, 38104 Braunschweig
www.westermann.de

Das Werk und seine Teile sind urheberrechtlich geschützt. Jede Nutzung in anderen als den gesetzlich zugelassenen bzw. vertraglich zugestandenen Fällen bedarf der vorherigen schriftlichen Einwilligung des Verlages. Nähere Informationen zur vertraglich gestatteten Anzahl von Kopien finden Sie auf www.schulbuchkopie.de.

Für Verweise (Links) auf Internet-Adressen gilt folgender Haftungshinweis: Trotz sorgfältiger inhaltlicher Kontrolle wird die Haftung für die Inhalte der externen Seiten ausgeschlossen. Für den Inhalt dieser externen Seiten sind ausschließlich deren Betreiber verantwortlich. Sollten Sie daher auf kostenpflichtige, illegale oder anstößige Inhalte treffen, so bedauern wir dies ausdrücklich und bitten Sie, uns umgehend per E-Mail davon in Kenntnis zu setzen, damit beim Nachdruck der Verweis gelöscht wird.

Druck A^5 / Jahr 2022
Alle Drucke der Serie A sind im Unterricht parallel verwendbar.

Umschlaggestaltung: Nora Krull, Bielefeld
Umschlagbild: Theateraufführung „Der gute Mensch von Sezuan", Schauspiel Köln (2013), Foto: Klaus Lefebvre
Druck und Bindung: Westermann Druck Zwickau GmbH, Crimmitschauer Straße 43, 08058 Zwickau

ISBN 978-3-14-**022523**-6

Inhaltsverzeichnis

An die Leserin und den Leser

Liebe Leserin, lieber Leser,

Bertolt Brechts 1943 in Zürich uraufgeführtes Theaterstück „Der gute Mensch von Sezuan" zählt zu den am häufigsten gespielten Stücken des Autors. Das im Exil entstandene Werk, das erst nach Ende des Zweiten Weltkrieges in Deutschland aufgeführt und als Erstdruck veröffentlicht wurde, sorgte wiederholt für kontroverse Diskussionen. In der Bundesrepublik Deutschland war Bertolt Brecht, der als überzeugter Sozialist in der DDR lebte, vor allem Konservativen suspekt. Seine Kapitalismuskritik wurde oftmals als kommunistische Propaganda wahrgenommen. Doch auch in der DDR stieß Brecht mit dem Stück „Der gute Mensch von Sezuan" nicht überall auf Gegenliebe. Formal widersprach das Stück den staatlichen Vorgaben, nach denen sich die Kunst und Literatur in der DDR dem „sozialistischen Realismus" verpflichten sollte.

Das Theaterstück „Der gute Mensch von Sezuan" ist ein Paradebeispiel für Brechts episches Theater, dessen Konzept wesentlich darauf basiert, mithilfe von Verfremdungseffekten den fiktionalen Charakter eines Bühnenstückes offenzulegen. Während der „sozialistische Realismus" darauf abzielte, dass sich das Publikum mit den idealisierten sozialistischen Helden identifizierte, war Brechts episches Theater gerade auf Distanzierung ausgelegt. Das Publikum sollte beispielsweise erkennen, was im kapitalistischen Sezuan falschlief, um es selbst besser zu machen.

Mit diesem didaktischen, belehrenden Anspruch zog sich Brecht verschiedentlich den Vorwurf zu, wie ein Oberlehrer zu schreiben. Seinen Stücken, so die Kritik, mangele es an einer literarischen, künstlerischen Qualität, die über eine politische Zeitkritik hinausreiche. Umgekehrt kritisierte Brecht den Selbstzweckcharakter einer seiner Ansicht nach abgehobenen, weltfremden Kunst und Literatur in der Tradition des klassischen Idealismus. Auch im Stück „Der gute Mensch von Sezuan" schlägt sich diese Kritik nieder; etwa in Brechts Anspielungen auf Goethes Faustdichtung. Eine Auseinandersetzung mit Brechts Stücken und deren Rezeptions- und Wirkungsgeschichte wirft daher grundsätzliche Fragen zum Wesen der Literatur auf, über die sich bis heute leidenschaftlich diskutieren lässt.

Natürlich kann der von Brecht anhand von Sezuan beispielhaft dargestellte Industriekapitalismus der ersten Hälfte des 20. Jahrhunderts nicht ohne Weiteres auf die Gegenwart übertragen werden, auch wenn es nicht nur in China auch heute noch Fabriken gibt, in denen die Arbeitsbedingungen den von Brecht beschriebenen durchaus ähneln. Dass Brechts Stück aber, obwohl es in seiner sozialen und sozialistisch-marxistischen Analyse kaum noch zeitgemäß erscheint, trotzdem nach wie vor gespielt und gelesen wird, deutet darauf hin, dass sich hinter der zeitpolitischen Brisanz, die das Stück zu seiner Entstehungszeit besaß, grundlegende, zeitübergreifende Fragen und Konflikte verbergen, die nichts von ihrer Bedeutung verloren haben. Es sind unter anderem Fragen nach der Natur des Menschen, nach dem Wesen der Religion und nach der Wechselwirkung von Individuum und Gesellschaft. Auch die Leitfrage des Stückes, wie eine Welt auszusehen habe, damit ein Mensch gleichzeitig zu sich selbst und anderen gut sein kann, bleibt unverändert aktuell.

Die politischen, gesellschaftlichen und philosophischen Fragen, die das Stück „Der gute Mensch von Sezuan" in seiner bewegten Rezeptionsgeschichte aufwarf und noch immer aufwirft, sind neben seinem hohen literarischen Stellenwert als wichtiges Beispiel für Brechts episches Theater gute Gründe, sich auch heute noch in der Schule mit dem Stück auseinanderzusetzen.

Der vorliegende Band aus der Reihe „EinFach Deutsch – ...
verstehen" will Ihnen dieses literaturhistorisch bedeutsame
Werk näherbringen. Er soll Ihnen die Erschließung des Per-
sonengefüges erleichtern und Zugänge zur Interpretation
des Stückes aufzeigen. Darüber hinaus vermittelt er auf an-
schauliche Weise die biografischen, zeitgeschichtlichen und
kunsttheoretischen Hintergründe des Werks. Zum Zweck
der erfolgreichen Prüfungsvorbereitung können außerdem
die Aufgabenform „Personencharakterisierung" sowie text-
analytische Verfahren erarbeitet und die wesentlichen Aspekte des Stückes in übersichtlicher und einprägsamer Weise wiederholt werden.

Viel Freude beim Lesen, Verstehen und Diskutieren wünscht
Ihnen

Stefan Volk

Der Inhalt im Überblick

Das Stück „Der gute Mensch von Sezuan" spielt in der Hauptstadt der chinesischen Provinz Sezuan zu einer nicht näher bezeichneten Zeit in der ersten Hälfte des 20. Jahrhunderts.

Es handelt von der Suche dreier auf die Erde herabgestiegener Götter nach einem guten Menschen, der den Göttern als Beweis dafür dienen soll, dass ihre Gebote erfüllbar sind und die Welt, trotz aller menschlicher Klagen, nicht verändert werden muss. Mit der armen Prostituierten Shen Te, bei der sie unterkommen können, nachdem sie zuvor mehrfach abgewiesen wurden, glauben die Götter, diesen guten Menschen gefunden zu haben.

Obwohl es eigentlich gegen die Regeln ihrer Suche verstößt, geben die Götter Shen Te Geld. Angeblich ist dieses als Bezahlung für die Unterkunft gedacht. Tatsächlich aber hoffen sie, dass es Shen Te mithilfe des Geldes leichter fällt, gut zu sein. Das Gegenteil ist jedoch der Fall. Zwar kann Shen Te nun einen kleinen Tabakladen erwerben und muss nicht länger als Prostituierte arbeiten. Bald aber droht ihre Gutmütigkeit, sie in den Ruin zu treiben. Da in Sezuan große Armut herrscht, nutzen immer mehr Menschen ihre Hilfsbereitschaft aus. Eine achtköpfige Familie zieht bei ihr ein. Sie soll eine überhöhte Pacht für ein halbes Jahr im Voraus zahlen. Und es stellt sich heraus, dass die Verkaufsregale im Laden noch nicht bezahlt sind. Shen Te weiß sich schließlich nicht anders zu behelfen, als in die Rolle ihres ebenso geschäftstüchtigen wie rücksichtslosen Vetters Shui Ta zu schlüpfen, den es in Wirklichkeit gar nicht gibt. Nur so kann sie ihren Laden retten. In der Maske des Shui Ta vertreibt sie die Familie und drückt den Preis für die Regale. Außerdem gibt sie eine Heiratsanzeige auf, um so einen reichen Mann zu finden.

Als Shen Te jedoch zufällig dem arbeitslosen Flieger Yang Sun begegnet, verliebt sie sich und ist bereit, alles aufzugeben, um ihm eine Stelle zu verschaffen. Sie überlässt ihm das Geld, das ein altes Teppichhändlerpaar ihr geliehen hat, um die Ladenmiete zu bezahlen. Sun verspricht, Shen Te zu heiraten, will davor aber noch mehr Geld von ihr haben. Als sie es ihm nicht geben kann, lässt er die Hochzeit platzen.

Kurz darauf bemerkt Shen Te, dass sie schwanger ist. Zum Wohle ihres ungeborenen Kindes verkleidet sie sich erneut als Shui Ta. In der Rolle ihres Vetters akzeptiert sie einen Scheck des reichen Barbiers Shu Fu, der Shen Te heiraten möchte, lässt sich fortan jedoch von ihrem erfundenen Vetter verleugnen. Mit dem Geld gründet Shui Ta eine profitable Tabakfabrik, in der miserable Arbeitsbedingungen herrschen. Sun steigt in der Fabrik zum Aufseher auf. In der Hoffnung, die Fabrik ganz übernehmen zu können, zeigt er Shui Ta, von dem er glaubt, dass er Shen Te gegen ihren Willen gefangen halte, bei der Polizei an.

Der Fall wird vor Gericht verhandelt. Doch anstatt des zuständigen Richters erscheinen die drei Götter im Richtergewand. Ihnen gegenüber offenbart sich Shui Ta als Shen Te. Sie gesteht, dass es ihr nicht gelungen sei, gleichzeitig zu anderen und zu sich selbst gut zu sein. Die Götter aber wollen davon nichts hören. Sie beharren darauf, in Shen Te ihren guten Menschen von Sezuan gefunden zu haben. Eilends entschweben sie in Richtung Himmel, ohne sich um das weitere Schicksal der verzweifelten Shen Te zu kümmern.

Im Epilog des Stückes entschuldigt sich ein Darsteller für diesen scheinbar offenen Schluss. Er fordert die Zuschauer auf, sich selbst ein glückliches Ende der Geschichte auszudenken.

Die Personenkonstellation

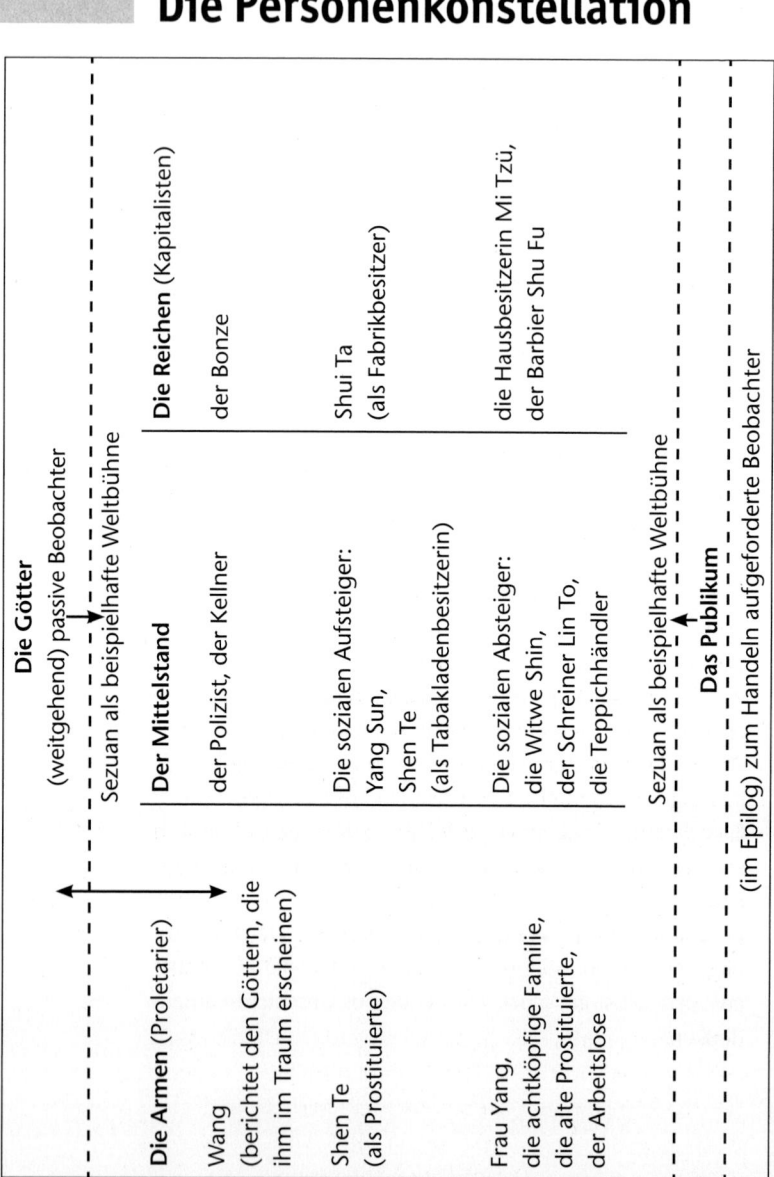

Die Götter

(weitgehend) passive Beobachter

Sezuan als beispielhafte Weltbühne

Die Armen (Proletarier)	**Der Mittelstand**	**Die Reichen** (Kapitalisten)
Wang (berichtet den Göttern, die ihm im Traum erscheinen)	der Polizist, der Kellner	der Bonze
Shen Te (als Prostituierte)	Die sozialen Aufsteiger: Yang Sun, Shen Te (als Tabakladenbesitzerin)	Shui Ta (als Fabrikbesitzer)
Frau Yang, die achtköpfige Familie, die alte Prostituierte, der Arbeitslose	Die sozialen Absteiger: die Witwe Shin, der Schreiner Lin To, die Teppichhändler	die Hausbesitzerin Mi Tzü, der Barbier Shu Fu

Sezuan als beispielhafte Weltbühne

Das Publikum

(im Epilog) zum Handeln aufgeforderte Beobachter

Inhalt, Aufbau und erste Deutungsansätze

Obwohl Bertolt Brecht sich mit seinen Vorstellungen eines epischen Theaters (vgl. Hintergründe, S. 146 ff.) bewusst von den formalen Vorgaben des klassischen Dramas löst, weist der Aufbau seines Stückes dennoch Parallelen zur Struktur des klassischen Fünf-Akt-Schemas auf. Zwar nimmt Brecht keine Einteilung in Akte vor, es fällt aber auf, dass die insgesamt 19 Textbausteine seines Stückes (Vorspiel, 10 Szenen, 7 Zwischenspiele, Epilog) symmetrisch arrangiert sind.

Symmetrischer Aufbau des Stückes „Der gute Mensch von Sezuan"

Vorspiel	→	S. 1	→	Z. 1	→	S. 2	→	S. 3	→	Z. 2	→	S. 4	→	Z. 3	→	S. 5	↓
																	Z. 4
Epilog	←	S. 10	←	Z. 7	←	S. 9	←	S. 8	←	Z. 6	←	S. 7	←	Z. 5	←	S. 6	↵

S. = Szene; Z. = Zwischenspiel

Das vierte Zwischenspiel erscheint in diesem Schema als Wendepunkt. Orientiert am Handlungsverlauf, in dem die gute Shen Te zunächst nur widerwillig in die Rolle des bösen Shui Tas schlüpft, ehe sie nach der gescheiterten Hochzeit mit Sun fast nur noch als Shui Ta in Erscheinung tritt, lässt sich das Stück „Der gute Mensch von Sezuan" analog zum klassischen Drama in folgende fünf Teile gliedern: Exposition (Vorspiel + Szene 1), Steigerung (Zwischenspiel 1 – Szene 4), Höhe- und Wendepunkt (Zwischenspiel 3 – 5), fallende Handlung (Szene 7 – Zwischenspiel 7), Schluss (Szene 10 + Epilog).

Diese Einteilung ist freilich nicht verbindlich. Die Grenzen zwischen den einzelnen Teilen können auch an anderer Stelle gezogen werden. So könnte man beispielsweise Exposition und Schluss auch auf Vorspiel und Epilog beschränken. Tatsächlich sind die Übergänge zwischen den einzelnen Teilen oft fließend und finden innerhalb eines Textbausteins statt. Da Brecht sein Stück eben nicht als klassisches Drama konstruiert hat, lässt es sich im Nachhinein nur unzureichend in die entsprechenden Akte unterteilen. Wichtig ist daher vor allem, sich zu vergegenwärtigen, dass der dramaturgische Verlauf des Stückes grundsätzlich dem pyramidalen Aufbau eines klassischen Dramas ähnelt.

Die klassische Fünf-Akt-Pyramide

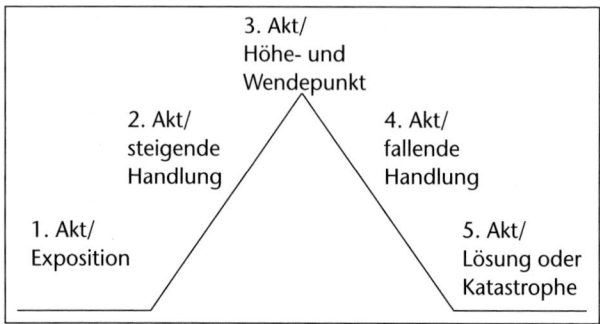

Personenregister und Vorbemerkung: beispielhafte Ausbeutung

Ehe das eigentliche Stück beginnt, führt Brecht, wie bei Dramen üblich, die handelnden Personen auf (vgl. S. 6)[1]. Bemerkenswert ist jedoch, was er zum Schauplatz, der Hauptstadt der chinesischen Provinz Sezuan, notiert. Zunächst beschreibt er die Stadt als „halb europäisiert" (S. 6), was darauf hindeutet, dass es Brecht nicht um den exotischen Reiz des Handlungsortes geht. Dieser steht vielmehr unter dem (negativen) Einfluss der europäischen Kultur und damit repräsentativ für diese. Den beispielhaften Cha-

---

[1] Sämtliche Stellenangaben beziehen sich auf die im Literaturverzeichnis aufgeführte Textausgabe des Suhrkamp Verlags (diese folgt nicht der reformierten Rechtschreibung).

rakter des Schauplatzes und damit zugleich auch seiner „Parabel" (S. 6) bringt Brecht klar zum Ausdruck, wenn er darauf verweist, dass Sezuan „für alle Orte stand, an denen Menschen von Menschen ausgebeutet werden" (S. 6).

Dass Brecht diesen Satz im Präteritum formuliert und in einem Halbsatz einschränkt, Sezuan gehöre „heute nicht mehr zu diesen Orten", ist ein Hinweis auf die chinesische Geschichte und Brechts politische Gesinnung. Brecht vollendete sein Stück im Januar 1941. In gedruckter Fassung lag es 1953 vor. In der Zwischenzeit hatte der Kommunistenführer Mao Zedong am 1. Oktober 1949 die sozialistische „Volksrepublik China" ausgerufen. Für den überzeugten Kommunisten Brecht war damit die entscheidende Grundlage für eine gerechte Gesellschaft geschaffen. Bereits hier deutet sich an, dass Brecht sein Stück in erster Linie als Kritik an bestimmten Gesellschaftsverhältnissen verstanden wissen wollte.

Vorspiel: Die Götter zu Gast bei Shen Te

Nachdem Handlungsort („Eine Straße in der Hauptstadt von Sezuan", S. 7) und Tageszeit („*Abend*", S. 7) kurz genannt wurden, richtet sich der Wasserverkäufer Wang mit einer Ansprache an das Publikum, in der er sich kurz vorstellt und Sezuan als eine Provinz beschreibt, in der „große Armut" (S. 7) herrsche. *(Der Wasserverkäufer Wang stellt sich und Sezuan vor)*

Er beklagt sich darüber, dass sein Geschäft „mühselig" (S. 7) sei. Gebe es wenig Wasser, müsse er „weit danach laufen" (S. 7), gebe es viel, könne er es nicht verkaufen. Damit beschreibt – und beklagt – Wang die Gesetzmäßigkeiten eines allein durch das Wechselspiel von Angebot und Nachfrage geregelten Marktes. Eine Klage, hinter der sich eine erste, indirekte Kritik an den kapitalistischen Verhältnissen verbirgt, die Brecht in Sezuan beispielhaft darstellt. *(Erste indirekte Kritik an den kapitalistischen Verhältnissen)*

Nach dieser kurzen Zustandsbeschreibung richtet Wang seinen Blick in die Zukunft, indem er die Ankunft einiger *(Wang erwartet die Götter)* der „höchsten Götter" (S. 7) ankündigt. Diese seien angesichts der vielen Klagen, die zu ihnen aufstiegen, beunruhigt. Wang erhofft sich Hilfe von ihnen und wartet schon seit drei Tagen an den Toren der Stadt, um sie als Erster begrüßen zu dürfen. Auf der Suche nach ihnen streift sein Blick verschiedene Passanten. Die Art, wie er diese beschreibt, lässt die ungerechten, ausbeuterischen Verhältnisse, die in Sezuan herrschen, erahnen. Die Schultern der Arbeiter sind „ganz eingedrückt" (S. 7) von der schweren Arbeit. Die „Herren" haben dagegen „einen brutalen Ausdruck wie Leute, die viel prügeln" (S. 7). Schließlich erkennt Wang in drei wohlgenährten Fremden die Götter und wirft sich vor ihnen zu Boden (vgl. S. 8).

Schwierige Suche nach einer Unterkunft

Die Götter sind auf der Suche nach einem Quartier für die Nacht und bitten Wang um Hilfe. Dieser erklärt sich gerne bereit, ein Quartier für sie zu organisieren. An den Türen der wohlhabenden Stadtbewohner wird er jedoch abgewiesen. Auch die *„Herren"* (S. 11), die er auf der Straße anspricht, weigern sich, ihm und den Göttern zu helfen.

Götter prüfen, ob die Welt bleiben kann, wie sie ist

Während Wangs vergeblicher Suche beginnen diese am möglichen Erfolg ihrer Mission zu zweifeln, die, wie sich herausstellt, darin besteht, „gute Menschen" zu finden, die „ein menschenwürdiges Dasein leben können" (S. 10). Nur wenn es den Göttern gelingt, gute Menschen zu finden, kann die Welt „bleiben, wie sie ist" (S. 10). Die drei Götter führen als himmlische Abgesandte einen „Beschluß" (S. 10) aus, an dessen „Bedingungen" (S. 10) sie selbst gebunden sind. Sie handeln demnach nicht eigenmächtig, sondern müssen selbst Rechenschaft ablegen.

Brecht variiert die biblische Erzählung von Sodom und Gomorra

Dieser Prüfauftrag der drei Götter ähnelt dem biblischen Auftrag der beiden Engel, die im Alten Testament nach Sodom und Gomorra geschickt werden, um zu prüfen, ob die Klagen über den dortigen moralischen Verfall den Tatsachen entsprechen. Nur wenn die Engel wenigstens zehn Gerechte finden, können die beiden Städte davor bewahrt werden, dass Gott sie vernichtet. Im Gegensatz zu der biblischen Geschichte richten sich die Klagen in Brechts Stück aber nicht gegen die unmoralischen Menschen, sondern gegen die Zustände, die auf der Welt, „so wie sie ist" (S. 10), herrschen und die daran schuld seien, dass niemand auf ihr „gut bleiben" könne. Brecht greift damit die biblische Geschichte auf, verlagert die Verantwortung für die mangelnde Moral jedoch von den Menschen auf die sozialen Verhältnisse.

Verlagerung der Verantwortung

Dabei zeigt sich, dass die drei Götter weder die Welt noch ihre Gebote verändern möchten. Es geht ihnen offenbar nicht darum, neutral zu prüfen, ob die Welt so bleiben kann, wie sie ist, bzw. ob es gute Menschen gibt, sondern sie haben ein Interesse daran, einen solchen Menschen zu finden, damit die Welt nicht verändert werden muss: „Wir müssen einen finden!" (S. 10), fordert der erste Gott eindringlich. Sie suchen also ein Argument dafür, die Welt so zu belassen, wie sie ist. Ihre Gebote und die damit verbundene Religion erscheinen dadurch als Ideologie, um die bestehenden Verhältnisse zu rechtfertigen und ihre persönlichen Interessen durchzusetzen.

Götter wollen Welt nicht verändern

Dass der erste Gott davon spricht, dass sich die Menschen bereits seit „zweitausend Jahren" (S. 10) über den Zustand der Welt beklagten, kann möglicherweise als Hinweis auf die christliche Zeitrechnung gedeutet werden und darauf, dass es sich bei den drei Göttern um Erscheinungsformen der christlichen Dreifaltigkeit handelt. Vor allem aber zeigt diese Bemerkung, dass der in Sezuan herrschende Kapitalismus nach Brechts Überzeugung nur eine von mehreren ungerechten Gesellschafts- bzw. Herrschaftsformen ist, die den bisherigen Verlauf der Menschheitsgeschichte bestimmten.

Der Wasserhändler Wang, den der dritte Gott aufgrund seiner Hilfsbereitschaft für einen guten Menschen hält, erfüllt die Bedingungen der Götter nicht, weil er, wie der zweite Gott bemerkte, in seinem Maßbecher einen doppelten Bo-

Wang erfüllt nicht die Vorgaben

den eingebaut hat. Damit betrügt er seine Kunden beim Verkauf des Wassers (vgl. S. 10).

Die Prostituierte
Shen Te nimmt
die Götter bei
sich auf

Wang, der auf der Suche nach einem Schlafquartier für die drei Götter im ganzen Viertel abgewiesen worden ist, setzt seine letzte Hoffnung auf die Prostituierte Shen Te. Auch Shen Te zögert anfangs, weil sie einen Freier erwartet und auf dessen Geld angewiesen ist, um ihre Miete zu bezahlen. Letztlich erklärt sie sich aber doch bereit, die Götter bei sich aufzunehmen. Während Shen Te sich vor dem Freier versteckt, verkündet Wang den Göttern, er habe eine Unterkunft für sie gefunden. Zunächst aber führt er die Götter beiseite, damit sie nicht mitbekommen, dass es sich bei ihrer Gastgeberin um eine Prostituierte handelt. Die Götter durchschauen das zwar, folgen Wang aber auf eine etwas abseits gelegene Haustreppe.

Wang und Shen Te
verpassen
einander

Nachdem der Freier vergeblich vor Shen Tes Haus auf diese gewartet hat und wieder gegangen ist, machen sich Wang und Shen Te gleichzeitig auf den Weg, einander zu suchen. Gerade dadurch verpassen sie sich. Wang, der glaubt, Shen Te habe ihn versetzt, und ahnt, dass die Götter seinen Betrug mit dem Maßbecher entlarvt haben, traut sich nicht mehr zu diesen zurück, obwohl sein Traggerät noch dort steht. Kaum aber ist Wang gegangen, taucht Shen Te bei den Göttern auf und bietet ihnen Unterkunft in ihrer Kammer an.

Götter lassen
Shen Tes
Selbstzweifel
nicht gelten

Als sich die Götter am nächsten Tag im Glauben, endlich einen guten Menschen gefunden zu haben, von Shen Te verabschieden möchten, erklärt diese, in Wirklichkeit gar nicht gut zu sein. Sie gibt zu, geschwankt zu haben, als Wang sie darum bat, die Götter bei sich aufzunehmen. Der erste Gott weist diesen Einwand zurück, indem er erklärt, man könne ruhig schwanken, wenn man nur am Ende richtig handle (vgl. S. 15). Als er sich daraufhin sogleich wieder verabschieden möchte, gesteht Shen Te ihm, dass sie eine Prostituierte sei und es ihr nicht immer gelinge, die göttlichen Gebote einzuhalten. Doch auch das tut der erste

Gott kurzerhand als „Zweifel eines guten Menschen"
(S. 16) ab.

Weder Shen Tes Gewissensbisse noch das in Sezuan herrschende Elend scheinen die Götter zu interessieren. Als Prostituierte verdient Shen Te nicht genug Geld für ihren Lebensunterhalt, weil die Armut derart groß ist, dass es „so
viele" (S. 16) Prostituierte gibt. In ihrer Verzweiflung ist Shen
Te „zu allem bereit" (S. 16), aber das, sagt sie, seien die anderen auch.

Inszenierung des Schauspiel Köln aus dem Jahr 2013

Das alles jedoch wollen die Götter nicht hören. Sie bestehen darauf, ihren guten Menschen gefunden zu haben,
und möchten sich von Shen Te mit dem doppelten Auftrag, verabschieden, zu sich und anderen gut zu sein: „Laß
es dir gut gehen! [...] Vor allem sei gut, Shen Te!" (S. 16)

Doppelter
Götterauftrag:
gut zu sich und
anderen sein

Erst als Shen Te die Frage aufwirft, wie sie denn gut sein
könne, wenn „alles so teuer" sei, ringen sich die Götter
schließlich dazu durch, ihr Geld zu geben. Weil sich die

Götter geben
Shen Te Geld

Götter bei ihrer Suche nach einem guten Menschen eigentlich nicht in die irdischen Belange und „das Wirtschaftliche" (S. 16) einmischen dürfen, zögern sie zunächst.
Dann aber wenden sie einen Trick an. Sie geben Shen Te
das Geld angeblich als Gegenleistung für das Nachtlager
(vgl. S. 17). Tatsächlich aber wollen sie vor allem die Chan-

cen erhöhen, dass es Shen Te „schaffen" (S. 16) kann, ein guter Mensch zu sein.

Götter manipulieren ihre Überprüfung

Erneut wird hier deutlich, dass den Göttern nicht an einer unvoreingenommenen Überprüfung des Zustandes der Welt gelegen ist. Stattdessen treten sie aus ihrer Haltung als neutrale, gleichsam wissenschaftliche Beobachter eines Experimentes heraus und verfälschen dessen Ablauf, indem sie es manipulieren. Auf diese Weise wollen sie den von ihnen gewünschten Ausgang herbeiführen. Ihnen ist jedoch bewusst, dass sie damit gegen die geltenden Regeln verstoßen. Deshalb schärfen sie Shen Te ein, mit „niemand darüber" (S. 17) zu sprechen. „[S]chnell" (S. 17) gehen sie anschließend ab, damit Shen Te ihre Rolle als guter Mensch ihnen gegenüber nicht länger infrage stellen kann.

Doppelter göttlicher Prüfauftrag

Ausgangsfrage	Prüfung durch Experiment	Manipulationen	Erwünschtes Ergebnis
Kann die Welt so bleiben, wie sie ist? Oder: Gibt es in der Welt, wie sie ist, einen Menschen, der die göttlichen Gebote einhalten kann, kurz: einen guten Menschen?	Gelingt es Shen Te, unter den gegebenen sozialen (kapitalistischen) Bedingungen in Sezuan gleichzeitig a) zu sich selbst und b) zu anderen gut zu sein?	Die Götter tun Shen Tes Einwände leichtfertig ab. Sie geben Shen Te Geld, um die Chance zu erhöhen, dass es ihr gelingt, gut zu sein und zugleich ein menschenwürdiges Leben zu führen.	Die Götter wollen einen Menschen finden, den sie in ihrer Götterwelt als „gut" verkaufen können, damit die Welt so bleiben kann, wie sie ist.

→ **keine objektive Prüfung, sondern Suche nach Rechtfertigung der herrschenden Verhältnisse**

Formal beginnt das Vorspiel – und damit auch das Stück – mit einem Verstoß gegen die Regeln des klassischen Dramas, das den Eindruck erwecken soll, das Publikum könne das Geschehen unmittelbar miterleben. Gleich mit dem ersten Auftritt der ersten Figur fällt diese aus ihrer Rolle. Wang richtet sich direkt an das Publikum und zerstört damit die Illusion des unsichtbaren Zuschauers, der ein scheinbar reales Geschehen heimlich beobachtet. Stattdessen schlüpft Wang in die Rolle eines Ich-Erzählers, wie er sonst eher in Texten der Gattung „Epik", also in Romanen oder Erzählungen, anzutreffen ist. Solche Verfremdungs- oder auch kurz V-Effekte sind typisch für Brechts episches Theater (vgl. Hintergründe, S. 146 ff.). Auch später wendet sich Wang innerhalb des Vorspiels noch einmal an das Publikum (vgl. S. 14). Insgesamt finden sich im Stück „Der gute Mensch von Sezuan" 26 solcher Publikumsansprachen.

Publikums- ansprachen als Verfremdungs- effekte

Ebenfalls einen desillusionierenden, verfremdenden Zweck erfüllen die komischen Elemente, die dem Stück Züge einer Komödie verleihen. So erinnert Wang, wenn er aufgeregt und schimpfend (vgl. S. 12) zwischen den Menschen und den Göttern hin und her eilt, an die Figur eines Narren. Auch das Missverständnis zwischen Wang und Shen Te, das dazu führt, dass Wang unnötigerweise das Weite sucht, er- innert an die Dramaturgie einer Komödie.

Elemente einer Komödie

Die drei Götter, die so dringend einen guten Menschen finden wollen, dass sie auch vor unlauteren Tricks nicht zu- rückschrecken, wirken ebenfalls eher komisch als erhaben, wenn sie etwa gegen Ende des Vorspiels hektisch die Flucht ergreifen, ehe Shen Te noch mit weiteren Geständnissen ihren Plan zunichtemachen kann. Ihre göttliche Doppel- moral drückt sich beispielhaft darin aus, dass sie den Betrü- ger Wang nicht als guten Menschen akzeptieren, aber selbst zu Betrügern werden, um Shen Te als guten Men- schen nicht zu verlieren. Dieser Widerspruch zwischen An- spruch und Auftreten der Götter ist ein weiteres komisches Element innerhalb des Stückes.

Im Dialog der Götter drückt sich das auch darin aus, dass sie die Bedingungen ihrer Suche lediglich formal erfüllen wollen, sich aber nicht um die Schwierigkeiten und Nöte der Menschen kümmern, die versuchen, gut zu sein. Als der dritte Gott über den Wasserträger sagt, er sei ihnen ein „guter Freund" (S. 16) gewesen, bemerkt der zweite Gott eher nebenbei: „Ich fürchte, es ist ihm schlecht bekommen." (S. 16) Die beiden anderen Götter hält das nicht davon ab, Shen Te aufzufordern, es sich „gut gehen" zu lassen und gut zu sein (S. 16). Als Zuschauer bzw. Leser ahnt man, dass auch ihr das nicht gut bekommen wird. Den Göttern aber ist das egal.

Funktion des Vorspiels für das Stück
Insgesamt erfüllt das Vorspiel die Funktion einer Exposition. Handlungsort (die Hauptstadt von Sezuan) und Hauptfigur (Shen Te) werden eingeführt. Der Auftritt der Götter verdeutlicht, dass das Stück die Realität nicht einfach abbildet, sondern im Sinne einer Parabel (vgl. Hintergründe, S. 152f.) gleichnishaft erläutert. Außerdem wird die Handlung des Stückes vorbereitet, indem die drei Götter Shen Te als Kandidatin für den von ihnen gesuchten „guten Menschen" auswählen.

Mit der Prüfung, der sich Shen Te im Rest des Stückes unterziehen muss, gibt das Vorspiel das zentrale Thema vor: Shen Te soll beweisen, dass ein Mensch in der Welt, wie sie ist, sowohl zu sich selbst als auch zu anderen gut sein kann. Diese göttliche Prüfung ist jedoch nicht objektiv, weil die Götter sich von vornherein ein bestimmtes Ergebnis erhoffen. Sie wollen unbedingt einen „guten Menschen" finden, um so eine Rechtfertigung dafür zu erhalten, dass die Welt nicht verändert werden muss.

Szene 1 „Ein kleiner Tabakladen": Bitten und Forderungen

Nach dem Vorspiel beginnt das eigentliche Stück an einem neuen Schauplatz, dem Tabakladen, der im weiteren Verlauf der zentrale Handlungsort bleiben wird. Wie bereits das Vorspiel wird auch diese erste Szene mit einer Publi-

Shen Te berichtet vom Kauf des Tabakladens

kumsansprache eröffnet. Diese erfüllt hier die Funktion eines epischen Erzählers. Shen Te wendet sich an die Zuschauer und erzählt ihnen, was sich in der Zeit zwischen Vorspiel und erster Szene ereignet hat. So hat Shen Te festgestellt, dass die Götter ihr „über tausend Silberdollar" (S. 18) gegeben haben; viel mehr als für eine Übernachtung angemessen gewesen wäre. Das Geld hat sie in den Tabakladen investiert, der bislang jedoch noch nicht eröffnet hat und noch nicht vollständig eingerichtet ist. Nun hofft sie, „viel Gutes tun zu können" (S. 18) und auf diese Weise den Auftrag der Götter zu erfüllen. Tatsächlich hat sie bereits damit begonnen, indem sie die Shin, die verarmte Vorbesitzerin des Tabakladens, mit Reis unterstützt.

Shen Te beginnt Gutes zu tun

Die Shin ist für Shen Tes Hilfe jedoch keineswegs dankbar. Sie nimmt sie griesgrämig entgegen und neidet Shen Te, dass es dieser jetzt besser geht. Gleichzeitig sieht sie für Shen Tes Tabakgeschäft eine düstere Zukunft voraus, weil es angesichts der Armut im Viertel kaum zahlende Kunden gebe. Als Shen Te einwendet, dass die Shin ihr davon nichts gesagt habe, als sie ihr den Laden verkaufte, zeigt diese keinerlei Reue, sondern versucht abermals, Shen Te ein schlechtes Gewissen zu machen. Sie wirft ihr vor, ihr das Heim geraubt zu haben (vgl. S. 19). Und als Shen Te sich nicht imstande sieht, ihr Geld zu leihen, beschimpft die Shin sie als „Halsabschneiderin" (S. 19).

Die Shin zeigt sich undankbar und verdreht die Wahrheit

Damit verkehrt die Shin die tatsächlichen Verhältnisse und rückt ihre Wohltäterin in ein schlechtes Licht, obwohl doch sie es war, die sich unmoralisch verhalten hat, als sie Shen Te beim Verkauf verschwieg, dass der Laden kaum etwas einbringt. Wie sehr die Shin die Wahrheit auf den Kopf stellt, wird deutlich, als sie sich darüber empört, dass Shen Te den Laden eine „Bude" in einem „Elendsviertel" genannt habe (S. 19). In Wirklichkeit aber stammen diese Worte von der Shin selbst (vgl. S. 18).

Egoistisches Verhalten typisch für Sezuan

Das egoistische, undankbare Verhalten und die ich-fixierte, verdrehte Wahrnehmung der Shin erweisen sich im folgenden Verlauf der Szene keineswegs als Einzelfall. Vielmehr etabliert ihr Verhalten ein in Sezuan typisches Verhaltensmuster, das anhand weiterer Figuren variiert wird.

Shen Te nimmt Rücksicht auf rücksichtslose Wirtsleute

Nach der Shin kommen nacheinander noch weitere Bittsteller in Shen Tes Laden. Offenbar hat sich im Viertel herumgesprochen, dass die neue Tabakladenbesitzerin gutmütig und hilfsbereit ist. Shen Tes ehemalige Wirtsleute, ein älteres Paar, und der Neffe der Frau bitten Shen Te um Unterkunft, nachdem ihr Tabakladen Pleite gegangen ist. Obwohl sie selbst Shen Te einst auf die Straße gesetzt hatten, als diese kein Geld mehr hatte, um ihr Zimmer zu bezahlen, scheuen sie sich nun nicht, ausgerechnet bei ihr Hilfe zu suchen (vgl. S. 19). Anstatt nun Gleiches mit Gleichem zu vergelten und ihnen die Unterkunft zu verweigern, nimmt Shen Te sie bei sich auf. Damit erweist sie sich als der bessere Mensch. Sie ist nicht nachtragend, verzeiht und hilft ihnen in der Not. Deutet man die drei Götter als christliche Erscheinungsformen, lässt sich Shen Tes Verhalten auch als Akt christlicher Nächstenliebe beschreiben. Sie handelt im Sinne der Bergpredigt, in der Jesus sagt: „Liebt eure Feinde, und betet für die, die euch verfolgen [...]" (Matthäusevangelium 5,43–48).

Publikumsansprache in freien Versen

Um ihr Verhalten zu begründen, wendet sich Shen Te erneut ans Publikum. Ihre Argumentation ist ebenso schlicht wie zwingend. Die Menschen brauchen Hilfe, also hilft sie ihnen: „Wie könnte man da nein sagen?" (S. 20) Shen Te kann es nicht. Es liegt in ihrer Natur, Gutes zu tun.

Shen Tes Publikumsansprache ist, wie einige der noch folgenden Publikumsansprachen auch, in freien Versen bzw. in Form eines reimlosen Gedichtes in freien Rhythmen verfasst. Diese formale Gestaltung erfüllt mehrere Funktionen. Sie unterstreicht den Bruch mit den Konventionen des klassischen Dramas, den die Publikumsansprachen vollziehen.

Gleichzeitig verstärkt sie die Wirkung des Gesagten und verleiht den Aussagen einen besonderen Stellenwert. Außerdem wird an dieser Stelle der Gegensatz zwischen Shen Tes guter Gesinnung bzw. ihrem selbstlosen Verhalten und der schlechten Gesinnung bzw. dem egoistischen Verhalten ihrer Umgebung formal hervorgehoben.

Nachdem sich der Mann, die Frau und der Neffe in Shen Tes Laden niedergelassen haben, trifft der nächste Bettler ein. Ein äußerlich heruntergekommener Arbeitsloser bittet Shen Te um eine Zigarette (vgl. S. 20). Shen Te gibt ihm gleich mehrere (vgl. S. 21), woraufhin der Arbeitslose rauchend und hustend, aber ohne sich zu bedanken, verschwindet.

Arbeitsloser bettelt um Zigaretten

Ausgerechnet die Shin und die im Moment noch dreiköpfige Familie kritisieren Shen Te daraufhin für ihre Gutmütigkeit, die ihnen selbst zugutegekommen ist. Diese Doppelmoral der sozial Schwachen in Sezuan wird offensichtlich, wenn die Frau kopfschüttelnd bemerkt: „Sie kann nicht nein sagen!" (S. 21) Dass ihr diese vermeintliche Schwäche Shen Tes kurz zuvor noch zugutekam („Wie könnte man da nein sagen?", S. 20), spielt für sie nun keine Rolle mehr. Und die Shin lästert über Shen Te, diese würde sich „als Wohltäterin aufspielen" (S. 21), obwohl sie selbst von Shen Tes Wohltaten profitiert.

Doppelmoral der sozial Schwachen in Sezuan

Die vier wissen, dass Shen Te nicht in der Lage ist, allen Hilfsbedürftigen in Sezuan zu helfen. Deshalb sind sie nicht bereit, Shen Tes Gaben mit anderen zu teilen. Aus Angst, Shen Te könnte ihren Tabakladen verlieren, wodurch ihnen ihre persönliche Wohltäterin abhanden käme, drängen sie diese dazu, ihr Verhalten gegenüber weiteren Bittstellern zu verändern und als Ausrede dafür einen Vetter zu erfinden, dem sie Rechenschaft schuldig sei. Anstatt sich miteinander zu solidarisieren, bekämpfen sich die Armen in Sezuan gegenseitig. Argwöhnisch und egoistisch versuchen sie, ihre Errungenschaften zu verteidigen.

Die Armen in Sezuan verhalten sich unsolidarisch

Shen Tes positives Menschenbild

Auch das Menschenbild Shen Tes unterscheidet sich grundsätzlich von dem ihrer Gäste. Während der Neffe dem Arbeitslosen unterstellt, ein Lügner zu sein („Woher wissen Sie, daß er Sie nicht angelogen hat?", S. 21), geht Shen Te zunächst vom Guten aus („Woher weiß ich, daß er mich angelogen hat!", S. 21).

Wie sie dem Publikum erklärt, durchschaut sie zwar die Schlechtigkeit der vier anderen. Sie charakterisiert sie als missgünstig und eigensüchtig. Gleichzeitig aber drückt sie ihr Verständnis dafür aus. Shen Tes Ansicht nach sind nicht sie selbst schuld daran, dass sie sich so schäbig verhalten, sondern die Umstände: „Sie brauchen alles selber. Wer könnte sie schelten?" (S. 21) Abermals erscheint Shen Te als Ausnahme inmitten einer schlechten, verkommenen Welt. Formal drückt sich dies in den freien Versen ihrer Publikumsansprache aus (vgl. S. 21).

Der Schreiner Lin To stellt finanzielle Forderungen

Im Folgenden treten zusätzlich zu den Bittstellern mit dem Schreiner Lin To und der Hausbesitzerin nun auch zwei Personen auf, die finanzielle Forderungen an Shen Te stellen (vgl. S. 22 ff.).

Der Schreiner möchte Geld („100 Silberdollar", S. 22) für die von ihm gefertigten Regale, die offensichtlich noch nicht bezahlt sind. Als die Shin, die ehemalige Ladeninhaberin, den Schreiner erblickt, sucht sie rasch das Weite. Beim Verkauf des Ladens hat sie Shen Te offensichtlich verschwiegen, dass die Regale noch gar nicht bezahlt sind. Der Schreiner glaubt das Shen Te jedoch nicht. Er spricht von „Betrug" und behauptet, Shen Te und die Shin würden „unter einer Decke" stecken (S. 22). Anders als Shen Te sieht auch er nur das Schlechte in den Menschen. Entsprechend unbarmherzig lehnt er Shen Tes Bitten um einen Zahlungsaufschub ab (vgl. S. 22).

Shen Te stößt mit ihrer Gutgläubigkeit an Grenzen

Shen Te, die gegenüber dem Publikum die Vorzüge von Nachsicht und Geduld preist (vgl. S. 22 f.), stößt mit ihrer Gutgläubigkeit beim Schreiner an ihre Grenzen. Die Welt ist – zumindest in Sezuan – nicht so, wie Shen Te sie sich in ihrer Publikumsansprache in freien Versen ausmalt. Der Schreiner ist nicht bereit, ihr entgegenzukommen. Anders als Shen Te, die auch denen hilft, von denen sie keine Hilfe zu erwarten hat, reagiert der Schreiner auf Shen Tes Bitte um Geduld abweisend: „Und wer geduldet sich mit mir und mit meiner Familie?" (S. 23)

Als der Schreiner droht, die Regale mitzunehmen, rät die Frau Shen Te, die Angelegenheit doch ihren Vetter regeln zu lassen. Der Neffe und der Mann spielen das Spiel sofort mit und behaupten, diesen zu kennen, woraufhin der Schreiner bereit ist, diesem die Rechnung auszustellen.

Der Vetter kommt ins Gespräch

Shen Te, die den Mann zuvor noch ignorierte, als dieser ihr einflüsterte (im Text steht „souffliert", S. 22, wodurch ähnlich wie bei den Publikumsansprachen der fiktive Charakter des Stückes im Sinne eines V-Effektes kenntlich gemacht wird), sie solle alles auf einen erfundenen Vetter abwälzen, hat zwar ein schlechtes Gewissen, dass sie den Schreiner für seine Arbeit nicht bezahlen kann (vgl. S. 23), dennoch klärt sie den Schreiner nicht darüber auf, dass es den vermeintlichen Vetter in Wirklichkeit gar nicht gibt. Ihr Schweigen deutet bereits darauf hin, dass sich ihr Verhalten verändert.

Beginn der Verhaltensänderung Shen Tes

Der Mann versucht, Shen Tes schlechtes Gewissen damit zu beruhigen, dass sie bereits genug Gutes getan habe, als sie ihn, seine Frau und den Neffen aufgenommen habe: „das ist übergenug" (S. 24). Kaum hat er das gesagt, tauchen sein hinkender Bruder und seine schwangere Schwägerin auf. Und sofort appelliert die Frau wieder an Shen Tes Großherzigkeit. Das, was ihr Mann gerade noch gesagt hat, scheint nun nicht mehr zu gelten. Abermals kommt die in Sezuan herrschende Doppelmoral pointiert zum Ausdruck. Ähnlich wie der Schreiner haben auch Shen Tes ehemalige Wirtsleute nur sich selbst und ihre Familie im Sinn. Die Solidarität reicht nicht über die eigene Familie hinaus. Und selbst innerhalb der Familie hat sie ihre Grenzen.

Solidarität reicht nicht über Familie hinaus

Schließlich haben sie den Bruder zunächst einfach „an der Straßenecke stehen [...] lassen" (S. 24).

Komisches Missverhältnis: Laden nützt den anderen Wieder verhält sich Shen Te gänzlich untypisch, indem sie auch den Bruder und die Schwägerin, ohne zu zögern, willkommen heißt. Grundsätzlich hat sich an Shen Tes gutem Willen also nichts geändert. Sie bezahlt den Schreiner nur deshalb nicht, weil ihr das nötige Geld dazu fehlt.

Der Gegensatz zwischen Shen Tes uneigennützigem Verhalten und dem eigennützigen Verhalten der mittlerweile fünfköpfigen Familie, die sich bei ihr einnistet, wird an dieser Stelle komisch aufgelöst. Nach dem Einzug ihres Bruders und der Schwägerin bemerkt die Frau gegenüber Shen Te erleichtert: „Gut, daß du den Laden hast!" (S. 24) Daraufhin wendet sich Shen Te lachend ans Publikum: „Ja, gut, daß ich ihn habe!"

Ihr Lachen ist hier ironisch zu verstehen. Gut ist der Laden bislang nämlich vor allem für die anderen, nicht aber für Shen Te selbst. Indem sie sich mit dieser Bemerkung an das Publikum wendet, weiht sie es in diese Erkenntnis ein. Das Publikum soll erkennen, dass dieses komische Missverhältnis nicht dauerhaft bestehen kann und Shen Te etwas dagegen unternehmen muss.

Rolle des Vetters wird geboren Die Lage spitzt sich weiter zu, als die Hausbesitzerin Mi Tzü mit dem Mietvertrag für den Tabakladen erscheint. Sie verlangt von Shen Te Referenzen, ohne die sie den Vertrag nicht abschließen möchte (vgl. S. 24 f.). Diesmal ist es die Frau, die Shen Te „souffliert" (S. 25), sie solle auf den Vetter verweisen.

Da nun auch Shen Te keinen anderen Ausweg mehr sieht, lässt sie sich schweren Herzens darauf ein und behauptet gegenüber ihrer Vermieterin: „Ich habe einen Vetter." (S. 25) Mit diesen Worten ist die Rolle des Shui Ta geschaffen, in die Shen Te im Verlauf des Stückes immer öfter und länger schlüpfen wird. Zugleich verstößt Shen Te mit dieser Lüge gegen die göttlichen Gebote. Die Aufgabe, zu sich selbst und anderen gleichermaßen gut zu sein, kann sie bereits jetzt nicht mehr vollständig erfüllen.

Auf Nachfrage der Hausbesitzerin behauptet Shen Te, ihr Vetter wohne in einer anderen Stadt. Der Schreiner schreibt dem Vetter eine Rechnung, und die skeptische Mi Tzü möchte ihn persönlich kennenlernen (vgl. S. 25 f.). Nachdem beide gegangen sind, tauchen noch drei weitere Verwandte der Familie auf, die sich bei Shen Te einquartiert hat: der Großvater, ein Junge und die Nichte.

Shen Te hat die Kontrolle über ihren Laden verloren

Bevor noch weitere Familienmitglieder hinzukommen können, schließt die Frau die Ladentür ab. Die im Personenregister genannte „achtköpfige Familie" (S. 6) ist damit komplett. Dass es die Frau ist und nicht Shen Te, die den Laden zusperrt, hat eine doppelte Bedeutung. Zum einen zeigt es, dass Shen Te die Kontrolle über ihren eigenen Laden verloren hat. Die Frau hat bereits die Schlüsselgewalt übernommen. Zum anderen ist es bezeichnend für die moralische Rollenverteilung, dass die egoistische Frau es ist, die mögliche weitere Bittsteller aussperrt, und nicht die selbstlose Shen Te. Man darf davon ausgehen, dass die Frau dies nicht tut, um Shen Te zu helfen, sondern weil sie fürchtet, dass für sie selbst nicht mehr genug abfällt, wenn noch weitere Leute hinzukommen.

Wie sehr die achtköpfige Familie Shen Tes Laden mittlerweile für sich vereinnahmt hat, wird deutlich, als sich alle wie selbstverständlich an den Zigaretten bedienen, ohne Shen Te vorher um Erlaubnis zu fragen (vgl. S. 26 f.).

Innerhalb der achtköpfigen Familie erfüllt der Großvater eine Sonderrolle. Während die anderen Shen Te einfach übergehen und sich zugleich über ihre verzweifelte Lage lustig machen (vgl. S. 26 f.), grüßt der Großvater seine Gastgeberin ernst und höflich. Die „späte Begrüßung" (S. 27) irritiert Shen Te vermutlich auch deshalb, weil sie nicht zum unverschämten Verhalten der anderen Familienmitglieder passt.

Sonderrolle des Großvaters

„Das Lied vom Rauch"

Der Großvater ist es denn auch, der auf Aufforderung des Neffen „Das Lied vom Rauch" (S. 27 f.) zu singen beginnt. Das in drei Strophen unterteilte Lied handelt von der Chancen- und Hoffnungslosigkeit der armen Leute, die, egal, was sie auch versuchen, innerhalb der Gesellschaft immer weiter nach unten sinken. Entsprechend heißt es im Refrain: „Sieh den grauen Rauch/Der in immer kältre Kälten geht: so/Gehst du auch." (S. 27 f.)

Drei Strophen für drei chancenlose Generationen

Die drei Strophen verteilen sich auf drei Generationen, die jeweils ihre Hoffnung auf etwas anderes setzen. Bei allen aber erweist sich die Hoffnung am Ende als vergeblich.

In der ersten Strophe singt der Großvater von der alten Generation, die noch – vergeblich – hoffte, sich mit „Klugheit" (S. 27) nach oben zu arbeiten.

In der zweiten Strophe knüpft der Mann – und mit ihm die mittlere Generation – an die Erfahrungen der Alten an, wenn er im ersten Vers singt: „Sah den Redlichen, den Fleißigen geschunden" (S. 27). Da diese großväterlichen Tugenden scheiterten, versuchte der Mann mit unlauteren, verbrecherischen Mitteln, auf dem „krummen Pfad" (S. 27) nach oben zu kommen. Doch auch die Verbrechen stürzen die kleinen Leute nur noch weiter ins Elend. Dass der Mann die Aussage, der „krumme Pfad" führe „nur nach unten", durch den Einschub „unsereinen" relativiert (S. 27), legt indirekt nahe, dass das für die Reichen und Mächtigen nicht gilt. Diese könnten durch verbrecherische Methoden tatsächlich reicher und mächtiger werden.

In der dritten Strophe meldet sich mit der Nichte schließlich die jüngste Generation zu Wort. Die Nichte setzt auf ihre Jugend, die Zeit und die Zukunft, jedoch ebenfalls vergeblich. Auch die arme Jugend hat keinerlei Chancen und Perspektiven. Ihre Zukunft führt „nur ins Nichts" (S. 28).

Arme Leute als Opfer sozialer Verhältnisse

„Das Lied vom Rauch" kennzeichnet die armen Leute in Sezuan als Opfer der sozialen Umstände bzw. einer ungerechten (kapitalistischen) Gesellschaft. Egal, was sie auch versuchen, es ist zum Scheitern verurteilt. Ihr Elend erscheint daher nicht selbstverschuldet. Nicht sie sind für ihre Armut verantwortlich, sondern die Verhältnisse, in denen sie leben.

Ihr Verhalten, das zeigt sich im Anschluss an das Lied, trägt allerdings auch nicht dazu bei, die Verhältnisse zu verändern. Anstatt sich zusammenzuschließen und zu solidarisieren, fallen sie gegenseitig übereinander her und drohen dabei auch noch, Shen Tes Laden zu zerstören, der sie doch eigentlich über Wasser halten soll.

Gegeneinander statt Miteinander

Shen Te erkennt, dass ihre Hoffnung, mit dem Tabakladen für sich und andere Gutes zu tun, sich unter den gegeben Umständen nicht erfüllen lässt (vgl. S. 28). Zu groß ist die Not in Sezuan, als dass Shen Te und ihr Tabakladen sie überwinden könnten. In einer weiteren Publikumsansprache vergleicht Shen Te ihre Lage mit einem Rettungsboot, das zu kentern droht, weil zu viele an Bord wollen. Damit äußert sie Verständnis für das Verhalten der „Versinkende[n]" (S. 29), vermittelt zugleich jedoch die Einsicht, dass sie nicht allen helfen kann, ohne selbst unterzugehen. So also, das soll das Publikum begreifen, kann es nicht weitergehen. Draußen klopft schon die nächste Tante der Familie an die Tür und möchte hereinkommen. Laut Personenregister bleibt es jedoch bei der „achtköpfigen Familie". Der Tante bleibt die Tür versperrt. Auch Shen Tes Hilfsbereitschaft stößt jetzt an ihre Grenzen.

Gute Taten können die Not in Sezuan nicht beseitigen

Shen Tes Hilfsbereitschaft stößt an ihre Grenzen

Die Funktionen von Shen Tes Publikumsansprachen

Funktion	Textbeispiel
Erläuterung, Information, Zusammenfassung	„Drei Tage ist es her" (S. 18)
Betonung, Hervorhebung	„Sie sind ohne Obdach." (S. 20)
Kontrastierung	„Als mein bißchen Geld ausging" (S. 19 f.)
Kommentar, Wertung	„Sie sind schlecht." (S. 21)
Ironie, ironischer Kommentar	„Ja, gut, daß ich ihn habe!" (S. 24)
Vorbild, moralisches und soziales Ideal, Belehrung	„Ein wenig Nachsicht" (S. 22), „Sie sind ohne Obdach." (S. 20)
Interpretation, Vermittlung einer allgemeinen Erkenntnis	„Der Rettung kleiner Nachen" (S. 29)

➤ vermitteln zwischen Stück und Publikum (ähnlich wie ein epischer Erzähler)
➤ Distanzierung, Verfremdungs- bzw. V-Effekt
➤ Passive Haltung des Publikums wird durchbrochen, das Publikum wird zur kritischen Analyse angeregt.
➤ Stück als anschauliches Lehrbeispiel

Ansprachen zielen auf Belehrung und Erkenntnisgewinn des Publikums.

Funktion der 1. Szene für das Stück

Nach dem Vorspiel beginnt mit der ersten Szene die eigentliche Handlung des Stückes. Der im Vorspiel noch allgemein angelegte Konflikt, der sich aus dem doppelten Prüfauftrag der Götter ergibt, wird in dieser Szene konkretisiert. Der Tabakladen wird als zentraler Handlungsort und zugleich als Gottesgeschenk und damit wesentliches Handlungselement eingeführt. Die Frage, die in der ersten Szene aufgeworfen wird, lautet entsprechend, ob Shen Te mithilfe des Tabakladens sowohl sich als auch anderen Gutes tun kann. Der damit einhergehende Konflikt zwischen Eigennutz und Selbstlosigkeit, der sich im Laufe des Stückes immer weiter zuspitzt, wird in dieser Szene entwickelt. Insofern erfüllt auch die erste Szene noch eine einleitende Funktion. Shen Te schlüpft in dieser Szene noch nicht in die

Rolle ihres Vetters Shui Ta. Dessen Auftritt wird hier aber bereits vorbereitet.

Erstes Zwischenspiel „Unter einer Brücke": Wang als göttlicher Berichterstatter

In einem Monolog, der zwar nicht direkt an das Publikum gerichtet ist, aber eine ähnliche Erzählfunktion erfüllt wie die Publikumsansprachen, fasst der Wasserverkäufer Wang kurz zusammen, wie er die vergangenen „vier Tage[...]" (S. 30) verbracht hat. Weil er glaubte, die Götter enttäuscht zu haben, hat er sich vor ihnen unter einer Brücke versteckt. Jetzt wähnt er sich in Sicherheit.

Zusammenfassender Monolog

Inszenierung von Antje Schupp am Theater Ulm aus dem Jahr 2014

Doch als er einschläft, erscheinen ihm die drei Götter im Traum. Auch im weiteren Verlauf des Stückes treten die Götter immer wieder als Traumgestalten auf. Dadurch erscheinen sie irreal, und die Frage drängt sich auf, ob es sich bei ihnen in Wirklichkeit nicht vor allem um (Wunsch-)Fantasien Wangs handelt. Im Traum klären die Götter Wang darüber auf, dass Shen Te sie aufgenommen habe. Wang habe sie also doch zu einem „guten Menschen" (S. 30) geführt. Die Götter schelten Wang dafür, dass er an Shen Te gezweifelt habe. Der erste Gott fordert ihn auf, in die Stadt und zu Shen Te zurückzukehren, um den Göttern

Götter bestimmen Wang zu ihrem Berichterstatter

fortan von ihr zu berichten. Außerdem soll er ihr Gelegenheit dazu geben, Gutes (für ihn) zu tun.

Götter schätzen Shen Tes Lage falsch ein

Dieser zweite Teil des göttlichen Auftrages verdeutlicht, wie falsch die Götter die Lage in Sezuan einschätzen. An Gelegenheiten, Gutes zu tun, fehlt es Shen Te ganz und gar nicht, wie die erste Szene gezeigt hat. Im Gegenteil drohen die vielen Bittgesuche Shen Tes Laden zu ruinieren. Daher ist auch die Einschätzung falsch, Shen Te könne dank des Ladens, den die Götter ihr bezahlt haben, nun „dem Zug ihres milden Herzens ganz folgen" (S. 31). Ein weiterer Bittsteller ist derzeit das Letzte, was Shen Te benötigt.

Göttliches Desinteresse an den Menschen

Da die Götter die Schwere der Prüfung, die sie Shen Te auferlegt haben, völlig verkennen, ziehen sie im Glauben, in ihr schon einen guten Menschen gefunden zu haben, weiter, um noch mehr solche Menschen zu finden. Diese eklatante Fehleinschätzung der Götter ist Ausdruck ihrer Weltabgewandtheit und ihres Desinteresses an den Menschen. Ihnen geht es offenbar nur darum, ihre Mission erfolgreich abzuschließen.

Zwischenspiel als V-Effekt

Dieses erste von insgesamt sieben Zwischenspielen eröffnet eine zweite Darstellungsebene, die dem eigentlichen Handlungsgeschehen übergeordnet ist. Die Götter und ihr Berichterstatter Wang unterhalten sich über das Geschehen, ordnen es ein und bewerten es. Im Grunde schlüpfen sie damit in die Rolle des Zuschauers oder des Lesers, der ebenfalls das Gesehene zu verstehen und zu deuten versucht. Mit ihren Fehlurteilen fordern die Götter das Publikum indirekt zum Widerspruch heraus. Die Zwischenspiele erzielen einen V-Effekt, indem sie die Handlung unterbrechen und zum Nachdenken über das bisherige Geschehen anregen.

Funktion des 1. Zwischenspiels für das Stück

Dadurch, dass die Götter den Wasserverkäufer Wang zu ihrem Berichterstatter auswählen, verknüpft das erste Zwischenspiel die Welt der Götter mit der Welt der Menschen in Sezuan. Zugleich offenbart es die Weltfremdheit der

Götter, die völlig unterschätzen, wie sehr die bittere Armut in Sezuan das Verhalten der Menschen bestimmt. Diese offensichtliche Fehleinschätzung soll dazu führen, dass das Publikum sich aufgefordert fühlt, der göttlichen Sichtweise zu widersprechen. Das Zwischenspiel unterbricht den kontinuierlichen Handlungsverlauf und befördert das Publikum aus der passiven Zuschauerrolle auf eine aktivere Reflexionsebene – eine Ebene also, auf der es über das Gesehene bzw. Gelesene (kritisch) nachdenken kann.

Szene 2 „Der Tabakladen": Shen Te wird zu Shui Ta

In dieser Szene tritt Shen Te zum ersten Mal in der Verkleidung ihres erfundenen Vetters Shui Ta auf. Um in der neuen Rolle des unerbittlichen, geschäftstüchtigen jungen Mannes den Tabakladen vor dem Ruin zu bewahren, kümmert sie sich nacheinander um drei wichtige Angelegenheiten, die sie als gutmütige Shen Te nicht regeln konnte:

Shen Te regelt als Shui Ta geschäftliche Angelegenheiten

- die offene Rechnung des Schreiners Lin To
  (vgl. S. 32 – S. 35),
- die Belagerung des Ladens durch die achtköpfige Familie
  (vgl. 32 f., S. 36 – S. 38),
- die Mietforderungen der Hausbesitzerin Mi Tzü
  (vgl. S. 38 – S. 43).

Die Szene beginnt damit, dass Shen Te in der Rolle ihres Vetters Shui Ta am Morgen gemeinsam mit dem Schreiner den Laden betritt. Die Familie, die sich dort einquartiert hat, wird vom Auftritt Shui Tas völlig überrascht, war sie doch davon überzeugt, dass es sich bei dem Vetter um eine bloße Erfindung, einen „Witz" (S. 32) handelte.

Shui Tas erster Auftritt

Zunächst verhalten sich die Familienmitglieder Shui Ta gegenüber ebenso anmaßend wie gegenüber Shen Te. So verlangt der Neffe „schleunigst etwas zum Frühstück" (S. 32).

Achtköpfige Familie ignoriert Shui Ta

Als sie merken, dass Shui Ta nicht gewillt ist, sich von ihnen herumkommandieren zu lassen, und er im Gegenteil ankündigt, dass auch Shen Te nun „nichts mehr für Sie tun" (S. 32) könne und sie ausziehen müssten (vgl. S. 33), beschließen sie, ihn zu ignorieren und Shen Te zu suchen. Der Junge soll derweil beim Bäcker an der Ecke Kuchen stehlen. Auch den Einwand Shui Tas, dass ein solcher Diebstahl den Tabakladen in Verruf bringe, ignoriert die Familie. Noch wird Shui Ta nicht ernst genommen.

Shui Ta verhandelt rücksichtslos mit dem Schreiner

Nachdem ein Teil der Familie gegangen ist, verhandelt Shui Ta mit dem Schreiner über die noch unbezahlten Regale. Wie mit der ehemaligen Ladeninhaberin, der Shin, verabredet, stellt der Schreiner 100 Silberdollar in Rechnung. Da er eine Familie zu ernähren hat, ist er auch nicht bereit, den Preis zu senken. Shui Ta schlägt daraufhin einen „hart[en]" (S. 34) Ton an. Obwohl er erfährt, dass der Schreiner vier Kinder hat, bietet er ihm lediglich 20 Silberdollar und lässt das so klingen, als würde er ihm damit entgegenkommen. Anstatt Mitleid zu zeigen, wie es sonst Shen Tes Art ist, nutzt sie in der Verkleidung Shui Tas die Not des Familienvaters aus, der auf das Geld angewiesen ist. Auch das Argument des Schreiners, die Regale seien aus Nussbaumholz, macht Shui Ta sich selbst zu eigen. Da Nussbaumholz zu teuer für ihn sei, fordert er den Schreiner auf, die Regale wieder mitzunehmen.

Shui Ta nutzt seine Verhandlungsposition aus

Daraufhin entspinnt sich ein Machtkampf, an dessen Ende sich herausstellt, dass Shui Ta in der stärkeren Position ist. Der Schreiner droht zunächst, die Regale tatsächlich mitzunehmen, weil er hofft, dass Shui Ta dann klein beigebe. Der aber gibt nicht nach, woraufhin der Schreiner erklärt, dass die Regale auf Maß gearbeitet seien und er diese „verschnitten[en]" (S. 35) Bretter nicht mehr verwenden könne. Abermals verdreht Shui Ta nun das Argument des Schreiners zu seinen Gunsten und begründet den geringen Preis, den er zu zahlen bereit ist, damit, dass die Bretter eben verschnitten seien. Daraufhin gibt sich der Schreiner geschlagen und akzeptiert die 20 Silberdollar, auch wenn das Geld höchstens dazu reicht, sich „zu betrinken" (S. 35). Weil die Bretter für ihn wertlos geworden sind, kann er seine Drohung, sie wieder mitzunehmen, nicht wahrmachen. Gegenüber dem raffinierten und spitzfindig argumentierenden Shui Ta, der das durchschaut, hat der Schreiner deshalb die schlechtere Verhandlungsposition.

Der Mann und die Frau beobachten die Verhandlung zwischen Shui Ta und dem Schreiner. Beide amüsieren sich köstlich über die rücksichtslose und zynische Art, mit der Shui Ta die Argumente des Schreiners ins Gegenteil verdreht. Sie lachen den hilflosen Schreiner aus und weiden sich an dessen Unglück. Der Mann lacht und grinst (vgl. S. 34f.). Die Frau lacht gar Tränen und „quietscht vor Vergnügen" (S. 35). Diese Schadenfreude ist beispielhaft für das Verhalten der armen Leute in Sezuan. Zwischen ihnen gibt es keine Solidarität, nur Konkurrenzkampf und Häme.

Schadenfreude statt Solidarität

Brecht demonstriert in dieser Szene jedoch beispielhaft, dass sie sich mit diesem Verhalten letztlich nur selbst schaden. Den schadenfrohen Kommentar der Frau „So muß man diese Typen behandeln!" (S. 35) legt Shui Ta nämlich als Aufforderung aus, auch die achtköpfige Familie genau so zu behandeln. Er bestätigt die Bemerkung der Frau und fügt dann ernst hinzu: „Geht schnell weg." (S. 36)

Nachdem Shui Ta den Schreiner rüde abgefertigt hat, wendet er sich nun Shen Tes nächstem Problem zu: der achtköpfigen Familie. Eindringlich fordert er den Mann und die Frau auf zu verschwinden. Nur so könnten sie sich „noch retten" (S. 36). Die beiden ignorieren ihn jedoch und warten auf den Jungen mit dem gestohlenen Kuchen.

Shui Ta vertreibt die Familie aus seinem Laden

Daraufhin ruft Shui Ta einen draußen vorübergehenden Polizisten herbei. Jetzt ist Shui Ta es, der die Zeichen des Mannes ignoriert, der Shui Ta bittet, den Polizisten wieder wegzuschicken. Stattdessen bittet er den Polizisten in den Laden, um so den flüchtenden Kuchendieb in eine Falle zu locken.

Shui Tas Verhalten widerspricht dem gutmütigen Wesen Shen Tes

Ein hinterhältiges Manöver, das dem gutmütigen Wesen Shen Tes völlig widerspricht.

Kuchendieb wird abgeführt

Als Shui Ta dem Polizisten mitteilt, dass es sich bei dem Mann und der Frau um „[e]ntfernte Bekannte" (S. 37) Shen Tes handele, die sich aber gerade hätten verabschieden wollen, sind diese tatsächlich bereit zu gehen. Doch jetzt ist es zu spät. Der Junge flieht mit dem gestohlenen Kuchen in den Laden und wird dort vom Polizisten gestellt. Gemeinsam mit dem Mann und der Frau wird der Dieb abgeführt. In diesem Moment erscheint der Großvater an der Tür und grüßt *„friedlich"* (S. 38). Erneut wirkt er deplaziert, ein Überbleibsel aus längst vergangenen, besseren Tagen.

Shui Ta begegnet Mi Tzü mit Ironie

Nachdem Shui Ta nun auch die achtköpfige Familie losgeworden ist, wird er mit einem weiteren Problem Shen Tes konfrontiert. Die Hausbesitzerin Mi Tzü betritt den Laden und verlangt eine Mietvorauszahlung für ein halbes Jahr. Sie begründet das mit Shen Tes schlechtem Ruf und deren früherem unehrenhaften Lebenswandel als Prostituierte. Diesen Vorhaltungen begegnet Shui Ta mit Ironie. Scheinbar bestätigt er die Vorwürfe Mi Tzüs. Dadurch, dass er sie pointiert zusammenfasst, offenbart er jedoch, wie unsinnig und ungerecht sie sind. Wenn Shui Ta den „allerschlechteste[n]" (S. 38) Ruf Shen Tes damit begründet, dass es ihr „elend" (S. 38) gegangen sei, gibt er wörtlich genommen Mi Tzü recht. Tatsächlich aber drückt er damit aus, dass Shen Te nichts für ihre Armut gekonnt und daher auch den schlechten Ruf nicht verdient habe. In diesem Widerspruch zwischen wörtlicher und tatsächlicher Bedeutung zeigt sich Shui Tas Ironie.

Ironie offenbart moralischen Widerspruch

Auch diese indirekte, ironische Redeweise Shui Tas widerspricht der ehrlichen, offenen und geradlinigen Art, die Shen Te bislang an den Tag gelegt hat. Zugleich veranschaulicht sie, wie radikal Shen Te ihr Verhalten in der Rolle als Shui Ta verändert hat. Gegenüber der Hausbesitzerin Mi Tzü bezeichnet Shui Ta die Gutmütigkeit und Hilfsbereitschaft Shen Tes als „unverzeihlichen Fehler" (S. 39). Er verspricht, er werde dafür sorgen, dass sie sich „bessert" (S. 39). Das, was Shui Ta hier ironisch als sich bessern beschreibt, bedeutet in Wirklichkeit ein moralisch schlechteres, egoistischeres Verhalten. „Besser" ist Shen Te in der Rolle des Shui Ta lediglich für sich selbst und ihren Laden. Im geschäftlichen Sinne verhält sich Shui Ta „besser", im moralischen Sinne Shen Te. Die Ironie in Shui Tas Rede besteht hier darin, dass er den geschäftlichen Eigennutz als eine moralische Qualität darstellt. Der ironische Widerspruch offenbart den moralischen Widerspruch der in Sezuan herrschenden (kapitalistischen) Gesellschaftsverhältnisse und die damit verbundene Scheinmoral.

Shui Tas ironische Rede

Wörtliche Bedeutung	Ironischer Widerspruch	Tatsächliche Bedeutung
„Ihr Leumund ist der allerschlechteste: es ging ihr elend!" (S. 38)	←——→	Armut ist keine Schande!
„Es ist wahr, meine Kusine hat den unverzeihlichen Fehler begangen, Unglücklichen Obdach zu gewähren. Aber sie kann sich bessern, ich werde sorgen, daß sie sich bessert." (S. 39)	←——→	Shen Te war zu gut. Hilfsbereitschaft und Gutmütigkeit zahlen sich (in Sezuan) leider nicht aus. Wer sich (moralisch) schlecht verhält, ist (materiell und gesellschaftlich) besser dran.

——▸ Ironie offenbart gesellschaftliche Scheinmoral.

Shui Tas Ironie führt in den Verhandlungen mit Mi Tzü jedoch ebenso wenig weiter wie sein Appell an ihr Mitgefühl bzw. an ihr „Herz" (S. 39). Die Hausbesitzerin besteht auch dann noch auf ihren Forderungen, als der Polizist zurückkommt, um Shui Ta für seine Mithilfe zu danken. Tatsäch-

Unmoralisches Verhalten hilft nur den in der jeweiligen Situation Mächtigen

lich stößt Shui Ta mit seinen unbarmherzigen und hinter-
hältigen Methoden bei der Hausbesitzerin an seine „Grenzen" (S. 41). Wie er selbst erkennt, helfen „Härte und
Verschlagenheit" nämlich „nur gegen die Unteren" (S. 41).
Gegenüber der achtköpfigen Familie und dem Schreiner
konnte er seine Macht als Ladeninhaber bzw. seine bessere
Verhandlungsposition ausspielen. Gegenüber der Hausbesitzerin Mi Tzü dagegen ist er in der schwächeren Position.
Falls er die Miete nicht zahlt, kann sie ihn einfach hinaus-
werfen. Wenn Shui Ta „*bitter*" (S. 40) bemerkt, die Grenzen seien „klug gezogen" (S. 41), meint er damit: im Sinne
der Mächtigen klug gezogen. Unmoralisches Verhalten
bringt nämlich nur die jeweils Mächtigeren weiter. Den Armen und Machtlosen hilft auch das nicht. Darauf hat bereits „Das Lied vom Rauch" hingewiesen (S. 27).

Ehe als
gesellschaftlich
anerkannte Form
der Prostitution

Die einzige Hoffnung, die Shui Ta bzw. Shen Te nach dem
Abgang der Hausbesitzerin Mi Tzü (vgl. S. 40) noch bleibt,
ist die Heirat mit einem vermögenden Mann. Dass es ausgerechnet der Polizist ist, der Shui Ta vorschlägt, eine Heiratsannonce für Shen Te aufzugeben, steckt ebenfalls voller
Ironie. Unmittelbar davor hat er noch darauf beharrt, dass
sich Shen Te als Prostituierte „nicht respektabel" (S. 41)
verhalten habe. Seine Begründung: Sex für Geld und ohne
Liebe sei unmoralisch. Dadurch, dass er das dreimal in unterschiedlichen Worten wiederholt (vgl. S. 41) und dabei
so tut, als würde er gerade eine besonders ausgefeilte Ar-
gumentationskette aufstellen, erscheint er komisch und
einfältig. Erneut weist das Stück an dieser Stelle Züge einer
Komödie auf. Die Ironie besteht nun darin, dass derselbe
Polizist, der die „käufliche Liebe" (S. 41) bei der Prostitution verteufelt, Shui Ta rät, seine „hübsche" Cousine mit einem „Mann mit kleinem Kapital" (S. 42) zu verheiraten.
Erneut verweist dieser ironische Widerspruch auf einen gesellschaftlichen Widerspruch bzw. eine gesellschaftliche
Doppelmoral. Die Ehe erscheint in Sezuan als gesellschaft-

lich anerkannte Form der Prostitution. Diesmal aber ist es nicht Shui Ta, der die Ironie formuliert, sondern der Stückeschreiber Bertolt Brecht selbst.

Es ist bezeichnend, dass der Polizist in der Heiratsannonce einen Mann mit „Kapital" (S. 42) für Shen Te sucht. Das ist es nämlich, was seiner Ansicht nach benötigt wird: „Herr Shui Ta, wir brauchen Kapital." „Kapital", nicht Liebe, ist das Heiratsmotiv und das, was die Gesellschaft in Sezuan antreibt. Als sozialer Schlüsselbegriff verweist das Wort „Kapital" darauf, dass die Gesellschaft in Sezuan eine kapitalistische ist und sich Brechts Kritik in erster Linie gegen den Kapitalismus richtet.

Sezuan repräsentiert Kapitalismus

Deutlich wird das auch mit dem Auftritt der alten Teppichladeninhaberin, die ihrem Mann eine Zigarre zum vierzigsten Hochzeitstag kauft. Die treue Verbundenheit und Liebe, auf die das schließen lässt, bilden ein Gegenmodell zur arrangierten Ehe, die Shen Te in der Rolle des Shui Ta für sich plant. Auch dass die Alte erklärt, gerade wenn die Zeiten schlecht seien, solle man „gute Nachbarschaft" (S. 41) halten, widerspricht dem unsolidarischen und egoistischen Verhalten, das sonst in Sezuan üblich ist. Entsprechend bemerkt Shui Ta dazu auch: „Ein sehr alter Satz, fürchte ich." (S. 41) Direkt im Anschluss daran formuliert der Polizist dann den Leitsatz der neuen Zeit: „[W]ir brauchen Kapital." (S. 42) Obwohl Brecht an verschiedenen Stellen des Stückes andeutet, dass es Unterdrückung und Armut schon seit Hunderten Jahren gibt (vgl. S. 10, S. 34), erscheint die kapitalistische Gesellschaft, für die Sezuan beispielhaft steht, besonders unmenschlich. In den alten vorkapitalistischen Zeiten, so der Eindruck, der erzeugt wird, zählten Anstand (vgl. auch das Auftreten des Großvaters, S. 27, S. 38), Zusammenhalt und Liebe noch mehr. Entsprechend *„unschlüssig"* und *„zurückhaltend"* (S. 42) reagiert die alte Frau, als sie nach ihrer Meinung zu der für Shen Te geplanten Geldheirat gefragt wird.

Alte Teppichladeninhaberin steht für bessere Zeiten

Leitsatz der neuen Zeit

Geldheirat als
letzter Ausweg

Für Shui Ta erscheint eine Heirat dagegen als „Ausweg" (S. 43), den Laden zu retten und „nicht unter die Räder" (S. 43) zu kommen. Trotz des göttlichen Geschenkes kann sie nur mit „Glück" (S. 43), Beziehungen und Einfallsreichtum verhindern, erneut ins soziale Elend abzustürzen.

Rollenwechsel
stellt komödian-
tisches Element
dar

Der Rollenwechsel, den Shen Te in dieser Szene vollzieht, ist ein typischer Bestandteil einer Verwechslungskomödie und trägt dadurch zum komischen Charakter des Stückes bei. Auch das Spiel mit den Geschlechterrollen ist ein komödiantisches Element. Es zeigt sich, dass Brecht den Humor in seinem Stück dazu nutzt, bestehende soziale Strukturen offenzulegen und der Kritik zugänglich zu machen.

„Männliche"
Gesellschaft
belohnt
Untugenden

Shen Te verkörpert innerhalb des Stückes das „weibliche" Prinzip der selbstlosen Hilfsbereitschaft und passiven Duldsamkeit, wohingegen ihr erfundener Vetter für das „männliche" Prinzip rücksichtsloser Geschäftstüchtigkeit und aktiven Herrschens steht. Die Verwandlung Shen Tes zeigt, dass diese Geschlechterrollen zu einem großen Teil gesellschaftlich geprägt sind. Shen Te ist als Shui Ta schließlich sehr wohl in der Lage, nach dem „männlichen" Prinzip zu handeln. Dass Shui Ta mit seinem Handeln Erfolg hat, wohingegen Shen Te scheitert, verdeutlicht, dass die Gesellschaft in Sezuan nach dem „männlichen" Prinzip organisiert ist. Shen Te kann mit ihrer Hilfsbereitschaft in Sezuan auch deshalb nichts bewirken, weil „die Not in dieser Stadt zu groß ist, als daß ein einzelner Mensch" (S. 33) sie beheben könnte. Untugenden werden vor diesem gesellschaftlichen Hintergrund (dem Kapitalismus) belohnt, Tugenden bestraft. Shen Te „ist ruiniert", weil sie ein „besserer Mensch" (S. 34) war als Shui Ta.

Shen Tes Verwandlung zu Shui Ta

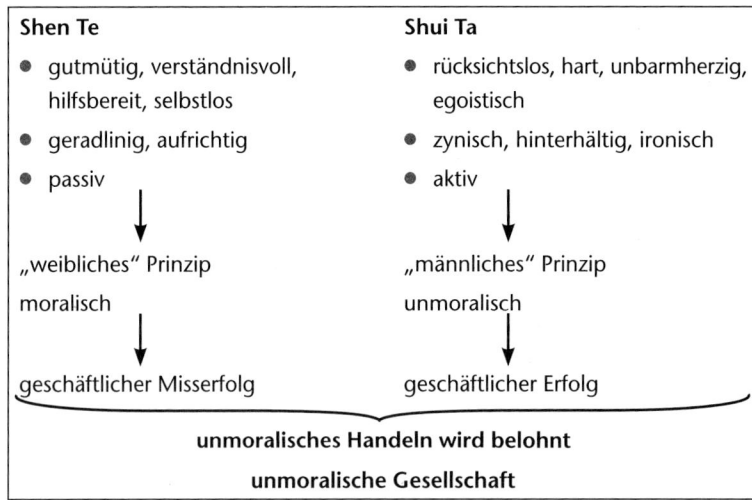

Shen Te	Shui Ta
● gutmütig, verständnisvoll, hilfsbereit, selbstlos	● rücksichtslos, hart, unbarmherzig, egoistisch
● geradlinig, aufrichtig	● zynisch, hinterhältig, ironisch
● passiv	● aktiv

„weibliches" Prinzip   „männliches" Prinzip
moralisch   unmoralisch

geschäftlicher Misserfolg   geschäftlicher Erfolg

unmoralisches Handeln wird belohnt
unmoralische Gesellschaft

Literaturgeschichtlich umstritten ist, ob Brecht mit den Geschlechterrollen, die Shen Te und Shui Ta in seinem Stück erfüllen, ein traditionelles bürgerliches Rollenverständnis unbedacht fortschreibt, das Frauen und Männer auf die jeweils unterschiedlichen, scheinbar natürlichen, also biologisch angeborenen Verhaltensweisen festlegt, oder aber ob er die geschlechtliche Rollenverteilung gerade durch Shen Tes Rollenspiel als ein soziales Konstrukt entlarvt und kritisiert. Tatsächlich lässt sich das aus seinem Stück nicht eindeutig herauslesen. Einerseits beweist Shen Te in ihrer Rolle als Shui Ta zwar, dass sie zu „männlichem" Verhalten durchaus in der Lage ist, andererseits aber handelt sie damit gegen ihre gutmütige „weibliche" Natur. Diese „weibliche" Natur, die Gutmütigkeit, allerdings entspricht Shen Tes – und Brechts – positivem Menschenbild zufolge zugleich der menschlichen Natur. Möglicherweise also repräsentiert Shen Tes „weibliches" Prinzip die menschliche Natur, während Shui Tas „männliches" Prinzip die gesellschaftlichen

Randbemerkungen:

Brechts Rollenverständnis ist literaturgeschichtlich umstritten

„Weibliches" Prinzip (menschliche Natur), „männliches" Prinzip (gesellschaftliche Einflüsse)

Einflüsse verkörpert. Doch auch dieser Gegensatz zwischen der Frau als Natur- und dem Mann als Kulturwesen entspricht dem traditionellen bürgerlichen Rollenverständnis. Die Frage, ob Brecht mit seinem Stück an dieses Geschlechterbild anknüpft oder es aber verfremdend aufgreift und zugleich kritisiert, bleibt letztlich offen.

Funktion der 2. Szene für das Stück

Mit der Verwandlung Shen Tes in ihren erfundenen Vetter Shui Ta gewinnt die Handlung des Stückes an Dynamik. Gleichzeitig wird der Konflikt zwischen Eigennutz und Selbstlosigkeit weiter herausgearbeitet. Es zeigt sich, dass das egoistische, unmoralische Verhalten Shui Tas zu geschäftlichem Erfolg führt, wohingegen Shen Te durch ihr moralisches Verhalten beinahe ruiniert worden wäre. Damit offenbart die Szene die gesellschaftliche Dimension des moralischen Konfliktes. Es sind die gesellschaftlichen Rahmenbedingungen, die Shen Te zu unmoralischem Handeln (in der Verkleidung Shui Tas) zwingen, wenn sie nicht untergehen möchte. Doch auch der Unmoral Shui Tas sind in Sezuan gesellschaftliche Grenzen gesetzt. Rücksichtslosigkeit nützt nämlich nur den Reichen und Mächtigen. Gegen die Ärmeren und Schwächeren kann sich Shui Ta durchsetzen, gegen die Mächtigeren kann er nur auf „Glück" (S. 43) und Hilfe hoffen.

Szene 3 „Abend im Stadtpark": Shen Te verliebt sich in Sun

Der lebensmüde Flieger Sun tritt auf

In dieser Szene wird mit dem arbeitslosen Flieger Sun eine neue, wichtige Figur eingeführt. Die *„abgerissenen Kleider[...]"* (S. 44), in denen er ein Flugzeug am Himmel beobachtet, symbolisieren seine zerplatzten Hoffnungen, selbst als Flieger arbeiten zu können. Desillusioniert möchte er an diesem Abend seinem Leben ein Ende setzen und sich im Stadtpark erhängen.

Prostituierte stören Suns Selbstmordversuch

Zunächst wird er bei seinem Selbstmordversuch von zwei Prostituierten gestört, von denen die jüngere die Nichte aus der achtköpfigen Familie ist. Obwohl es gleich zu regnen beginnt, hoffen sie in ihrer Not (vgl. S. 44f.), im Park noch Kunden zu finden. Sun weist sie jedoch zurück, weil er nicht einmal genug Geld hat, um sich etwas zu essen zu kaufen (vgl. S. 44). Kaum sind sie weg, wirft er den Strick, den er bei sich hat, über einen Weidenast. Erneut wird er gestört, als die beiden Prostituierten zurückkommen. Diesmal nehmen sie Sun gar nicht mehr wahr. Da er für sie als zahlender Kunde nicht infrage kommt, haben sie jegliches Interesse an ihm verloren.

Auf ihrem Rückweg treffen die Prostituierten auf Shen Te. Die ältere der beiden neidet Shen Te den Tabakladen und betrachtet sie als Konkurrentin (vgl. S. 45). Sie versucht, die jüngere gegen Shen Te aufzubringen. Es stellt sich jedoch heraus, dass Shen Te den gestohlenen Kuchen aus der vorangegangenen Szene noch gezahlt hat, weshalb die Nichte aus der achtköpfigen Familie Shen Te das Verhalten ihres vermeintlichen Vetters Shui Ta nicht übel nimmt. Shen Te ist unterwegs ins Teehaus, wo sie einen Mann, einen Witwer mit drei Kindern, treffen möchte, der sich auf ihre Heiratsannonce gemeldet hat.

Shen Te möchte reichen Heiratskandidaten treffen

Als die beiden Prostituierten gegangen sind, wendet sich Shen Te „zornig" (S. 45) an Sun, der die zwei beschimpft hatte. Dabei entdeckt sie den Strick. Sun, der Shen Te für eine weitere Prostituierte hält, weist auch sie zurück. Doch gerade als er sagt, dass er sein Geld lieber für einen Becher Wasser als für sie ausgeben würde, fängt es an zu regnen. Das Wasser muss er sich nun eigentlich nicht mehr kaufen, er bekommt es umsonst. Ähnliches trifft auch auf Shen Te zu. Sie bleibt nicht etwa deshalb bei Sun, weil dieser sie bezahlt, sondern weil sie Mitleid mit ihm empfindet und sich in ihn verliebt. Der einsetzende Regen erhält eine symbolische, beinahe schicksalhafte Bedeutung. Sun und Shen Te scheinen wie füreinander bestimmt. Zumindest aber ist es eine Liebesbeziehung und eben keine Geschäftsbeziehung, die sich zwischen ihnen anbahnt.

Liebe als Gegenentwurf zur Geldheirat

Shen Te interessiert sich für Sun als Menschen, nicht als Kunden

Sun versucht, Shen Te anfangs zu vertreiben, indem er sie als „häßlich" (S. 45) beleidigt und ihr erklärt, mit ihm sei „kein Geschäft zu machen" (S. 45). Daran aber ist Shen Te auch gar nicht gelegen. Shen Tes Verhalten steht in einem auffälligen Kontrast zum Verhalten der beiden Prostituierten, die Sun lediglich als potenziellen Kunden wahrgenommen haben. Sie interessiert sich für den Menschen und nicht nur für dessen Geld. Das bemerkt offenbar auch Sun, der sie schließlich zu sich unter den Baum einlädt, wo es trocken ist. Seine Zurückweisungen wirken jetzt eher neckisch als ernst gemeint. Dafür, dass er sie scheinbar „los werde[n]" (S. 46) möchte, erzählt er ziemlich viel von sich (vgl. S. 46).

Flieger aus Leidenschaft

In Peking hat Sun die Fliegerschule besucht. Fliegen ist für ihn mehr als ein Beruf. Es ist seine große Leidenschaft. Mit dieser Hingabe zeigt auch Sun Bedürfnisse, die über die in Sezuan allgegenwärtigen materiellen Wünsche hinausgehen. Anstatt nach Kapital strebt er nach Glück bzw. dem Glücksgefühl, das die Fliegerei ihm beschert. Die ersehnte Stelle als Postflieger aber hat er nie erhalten.

Shen Te fühlt mit Sun mit, weil sie glaubt, dass dieser wie ein fluglahmer Kranich aus ihrer Kindheit darunter leidet, dass er seiner Bestimmung nicht folgen kann.

Suns Selbstmordversuch steht beispielhaft für das Elend in Sezuan

Als Shen Te von Sun gefragt wird, warum sie ihn unbedingt retten möchte, wendet diese sich ans Publikum. In ihrer abermals in freien Versen gehaltenen Ansprache macht sie deutlich, dass es angesichts des großen „Elends" (S. 47), das in Sezuan herrscht, vielen ähnlich geht wie Sun. Sie sind verzweifelt, und es braucht nur einen Auslöser („trübe Abende", „Stunde zwischen Nacht und Morgen", „Winterzeit", S. 47) oder eine Gelegenheit („hohe Brücken", S. 47), um sie in den Selbstmord zu treiben. Insofern schildert Brecht mit Suns Selbstmordversuch keinen Einzelfall. Wie das gesamte Stück ist auch die Tat Suns beispielhaft zu verstehen. Diese Interpretation legt Shen Te mit ihrer Ansprache dem Publikum ausdrücklich nahe.

Nachdem Suns Selbstmordabsichten damit erklärt sind, lenkt dieser das Gespräch auf Shen Te. Sun hält sie noch immer für eine Prostituierte. Shen Te aber versichert ihm, dass das der Vergangenheit angehöre. Sie habe jetzt einen kleinen Laden und sich geschworen, ein Jahr lang keinen Mann mehr anzurühren (vgl. S. 48). Diesen Vorsatz verkündet Shen Te ebenfalls in freien Versen. Dadurch erhält der Plan den Charakter eines feierlichen Eides. Offenbar verbindet Shen Te damit einen entscheidenden Lebenseinschnitt und die Hoffnung auf einen Neuanfang.

Geldheirat als Rückfall in die Prostitution

Sun jedoch konfrontiert Shen Tes Worte mit der Wirklichkeit: Obwohl sie sich geschworen hat, ihr Leben als Prostituierte hinter sich zu lassen, will sie jetzt einen Mann allein des Geldes wegen heiraten. Daraufhin „*schweigt*" (S. 48) sie. Dieses Schweigen bildet einen auffälligen Gegensatz zu den feierlichen Worten ihres Schwurs. Ihr Vorsatz scheint sich nicht verwirklichen zu lassen. Der Neuanfang droht zu scheitern.

Diesem möglichen Scheitern bzw. der Geldheirat setzt Sun im Folgenden jedoch eine neue Hoffnung, nämlich die Liebe, entgegen, wenn er Shen Te fragt: „Was weißt du eigentlich von Liebe?" (S. 48) Die doppelte Antwort darauf lautet „[a]lles" (Shen Te, S. 48) und „[n]ichts" (Sun, S. 48). Mit körperlicher, bezahlter „Liebe" kennt Shen Te sich aus, aber wahre Liebe ist ihr bisher noch nicht begegnet. Das ändert sich nun. Sun nähert sich ihr zärtlich, wenn auch zögerlich. Erst „*langt*" er „*nach ihrem Gesicht*" (S. 47), dann „*streicht*" er ihr, bereits sanfter, „*über das Gesicht*" (S. 48). Beide Male jedoch, „*ohne sich ihr zuzuwenden*" (S. 47, S. 48). Er bleibt auf Distanz. Den Glauben an die Menschheit hat er verloren, nachdem ihm in der Not alle seine ehemaligen Freunde im Stich gelassen haben (vgl. S. 49).

Sun nähert sich zaghaft an

Lea Sophie Salfeld und Alexander Darkow als Shen Te und Sun in Katerina Evangelatos' Inszenierung am Theater Augsburg aus dem Jahr 2014

Shen Te glaubt an das Gute im Menschen

Jetzt ist es an Shen Te, Sun Mut zuzusprechen. Als das Gespräch auf Shen Tes vermeintlichen Vetter fällt, erklärt sie optimistisch, dass dieser nur „ein einziges Mal" (S. 49) gebraucht worden sei und „nie wieder" (S. 49) kommen werde. Überhaupt ist für sie „Hoffnung" die Voraussetzung für „Güte" (S. 49). Umgekehrt lässt sich erahnen, dass die Schlechtigkeit in Sezuan auch aus der Verzweiflung der Armen rührt. Allerdings sagt Shen Te auch, dass gerade die, „die wenig zu essen haben" (S. 49), gerne mit anderen teilen würden. Nicht die Armut an sich verdürbe demnach die Moral, sondern vielmehr die Hoffnungslosigkeit, die aus den bestehenden gesellschaftlichen Verhältnissen resultiert. Trotz des „großen Elends" (S. 49) hat Shen Te aber im Gegensatz zu Sun den Glauben an das Gute im Menschen nicht verloren. „Bosheit" nennt sie „eine Art Ungeschicklichkeit" (S. 49). Sie hat ein positives Menschenbild (vgl. S. 49). Ähnlich wie Bertolt Brecht glaubt sie, dass der Mensch von Natur aus gut ist.

Shen Te und Sun verlieben sich

Shen Te und Sun verlieben sich ineinander. Mit seiner Frage, ob Shen Te „mit den Männern [...] fertig" (S. 49) sei, zeigt Sun indirekt, dass er sich für sie interessiert. Auch Shen Te versteht das so, weshalb sie seine Frage nur mit einem Lächeln beantwortet und kokett hinzufügt, ihre Beine seien „nicht krumm" (S. 50). Offensichtlich also schmeichelt ihr Suns Interesse, und sie möchte ihm gefallen. Tatsächlich relativiert Sun seine Bemerkung von den „krummen Beinen". Wenn er anschließend erklärt, er könne Shen Te nicht lieben, weil er zu hungrig und durstig sei, drückt er damit zugleich aus, dass er sich durchaus zu ihr hingezogen fühlt.

Auch Hunger und Durst scheinen in diesem Moment überwindbare Hindernisse, da der Regen zumindest das Trinken kostenlos bereitstellt. Shen Te schwärmt deshalb auch: „Es ist schön im Regen." (S. 50) Auf lange Sicht aber wird, wie der weitere Verlauf des Stückes zeigt, die materielle Not die Liebe zwischen Shen Te und Sun zerstören. Anders als die Liebe Shen Tes ist die Liebe Suns nicht vorbehaltlos, sondern sie kommt erst an zweiter Stelle nach der Befriedigung seiner materiellen Bedürfnisse bzw. der Fliegerei.

Liebe überwindet materielle Hindernisse

In dieser Szene jedoch lässt sich die Liebe nicht aufhalten. Gerade in dem Moment, in dem Sun seine mögliche Liebe davon abhängig macht, dass er etwas zu trinken bekommt, taucht der Wasserverkäufer Wang auf. Wieder scheinen Shen Te und Sun geradezu schicksalhaft füreinander bestimmt.

In seinem „Lied des Wasserverkäufers im Regen" (S. 50) klagt Wang über den Regen, bei dem er kein Wasser verkaufen könne. Stattdessen sehnt er sich eine Trockenheit herbei, bei der die Leute auf sein Wasser angewiesen sind. Wie bereits im Vorspiel (vgl. S. 7) kritisiert er (und mit ihm Bertolt Brecht) das kapitalistische Wechselspiel von Angebot und Nachfrage als unmenschlich, da es auf die Lebens- und Arbeitsbedingungen der Menschen keinerlei Rücksicht nimmt. Ist das Angebot hoch, wird die Arbeit der Verkäufer („weithin gelaufen", S. 50) nicht honoriert. Ist die Nachfrage hoch, können die Verkäufer ihre Macht willkürlich ausspielen („Ob mir seine Nase paßte.", S. 50).

Lied des Wasserverkäufers kritisiert kapitalistischen Handel

Shen Te setzt sich über Regeln des Kapitalismus hinweg

Shen Te aber durchbricht im Überschwang ihrer Gefühle die Logik von Angebot und Nachfrage der freien Marktwirtschaft. Um Wang an ihrem Liebesglück teilhaben zu lassen und auch um das Hindernis für ihre Liebe (Suns Durst) symbolisch zu überwinden, kauft sie Wang einen Becher Wasser ab, obwohl vom Regen noch alles nass ist. Damit setzt sie sich über die Regeln des Kapitalismus hinweg. Sie schwärmt in höchsten Tönen von Sun, den sie als einen „kühne[n]" Menschen mit einer Berufung beschreibt, die dem Wohle der Menschheit diene („bringt/Den Freunden im fernen Land/Die freundliche Post.", S. 51 f.). Auch diese Schwärmereien trägt sie in freien Versen vor. Formal kommt dadurch ihre rauschhafte Verliebtheit zum Ausdruck, in der sie Sun in den Rang eines Helden erhebt.

Glücklich lachend und hoffnungsfroh kehrt Shen Te zu Sun zurück, der mittlerweile eingeschlafen ist.

Liebe als Gegenmodell zu Geldheirat und Kapitalismus

Mit der frisch entfachten Liebe zu Sun entsteht in dieser Szene ein Gegenmodell zur von Shui Ta geplanten Geldheirat. Brecht verzahnt diese beiden Modelle sinnbildlich miteinander: Shen Te ist auf dem Weg zu einem Treffen mit einem reichen Mann, der sich auf ihre Heiratsannonce gemeldet hat, als sie Sun, einem armen Träumer, begegnet und sich in diesen verliebt. Am Ende der Szene bleibt sie bei Sun. Die Liebe zu Sun steht der Geldheirat im Wege. Dieser Konflikt zwischen Liebesheirat und Geldheirat symbolisiert zugleich den Konflikt zwischen menschlichen Gefühlen und materialistischen Interessen bzw. zwischen Liebe und Kapitalismus.

Konflikt zwischen Shen Tes Herz und Shui Tas Verstand

Der innere Konflikt Shen Tes zwischen ihren „weiblichen" Eigenschaften als Shen Te und ihrem „männlichen" Handeln in der Rolle Shui Tas erhält in dieser Szene eine zusätzliche Facette.

Bislang verkörperte Shen Te gutmütige Selbstlosigkeit, während Shui Ta geschäftstüchtigen Eigennutz repräsentierte. Nachdem Shen Te erkannt hatte, dass ihre Selbstlosigkeit sie in den Ruin treiben würde, ordnete sie ihr Handeln den Geschäftsinteressen unter. In der Rolle Shui Tas schien Shen Te für ihr eigenes Glück zu sorgen, wohingegen sie sich als Shen Te vor allem um das Glück der anderen kümmerte. Mit ihrer Verwandlung in Shui Ta hatte sie sich in diesem Konflikt zumindest vorübergehend für ihr eigenes Glück entschieden.

Durch die Begegnung mit Sun aber gerät Shen Tes eigenes materielles Glück in einen Widerspruch zu ihrem eigenen seelischen bzw. emotionalen Glück. Der Konflikt zwischen Shen Te und Shui Ta wird zu einem Konflikt zwischen stürmischen, unüberlegten Gefühlen auf der einen Seite sowie materiellen Werten und rationalen Überlegungen auf der anderen Seite – kurz: zwischen Liebe und Geld, Herz und Verstand.

Verlagerter Konflikt zwischen Shen Te und Shui Ta

Shen Te	Shui Ta
● unüberlegte, emotionale Entscheidungen	● nüchterne, rationale Erwägungen
● Herz	● Verstand
● armer Träumer (Sun)	● reicher Mann (im Teehaus)
● „weibliches" Prinzip	● „männliches" Prinzip
● eigenes Liebesglück	● eigenes materielles Glück

➝ **Konflikt zwischen eigenem und fremdem Glück weicht Konflikt zwischen seelischem und materiellem Glück.**

In der dritten Szene wird mit dem jungen Flieger Sun eine weitere für den Handlungsverlauf wesentliche Figur eingeführt. Mit Shen Tes Liebe zu ihm entsteht ein Gegenmodell zu der von Shui Ta in die Wege geleiteten Geldheirat. Der Konflikt zwischen menschlichen und materiellen Werten,

Funktion der 3. Szene für das Stück

zwischen Selbstlosigkeit und Eigennutz, Moral und Geschäftsinteressen wird dadurch um den Konflikt zwischen Liebe und Geld, seelischem und materiellem Glück erweitert. Allein dadurch, dass sich ein solcher Gegensatz auftut, wird deutlich, dass die Liebe in Shui Tas (kapitalistischen) Plänen bislang keinen Platz hatte.

Zweites Zwischenspiel „Wangs Nachtlager in einem Kanalrohr": Götter sind von Shen Te enttäuscht

Die Armen sind in Sezuan moralischer als die Reichen

Dass Wang, wie es im Untertitel des Zwischenspiels heißt, in einem Kanalrohr schlafen muss, verdeutlicht noch einmal, wie groß das Elend in Sezuan ist. Bezeichnend ist aber auch, dass gerade dieser Ärmste der Armen den Göttern als Kundschafter dient. Steht es unter den Armen um die Moral nicht zum Besten, so verhalten sich die Reichen noch unmoralischer, wie sich am Ende des Zwischenspiels herausstellt. Die Wohlhabenden nämlich schicken die Götter auf ihrer Suche nach einem Quartier stets zu den Armen (vgl. S. 55). Hier bestätigt sich, was Shen Te in der Szene zuvor behauptete, nämlich dass gerade die Armen am hilfsbereitesten seien (vgl. S. 49).

Götter ohne Interesse für Shen Tes schwierige Lage

Wieder erscheinen dem Wasserverkäufer Wang die drei Götter im Traum. Erfreut berichtet er ihnen von den guten Taten, die Shen Te in der Vergangenheit vollbracht hat (vgl. S. 53). Die Götter reagieren darauf leicht „enttäuscht" (S. 54), weil sie sich mehr als „diese kleinen Wohltaten" (S. 53) von Shen Te erhofft hatten. Wangs Einwand, dass diese Wohltaten mehr Geld kosten würden, als der kleine Tabakladen hergebe, tut der erste Gott mit einem vagen Gleichnis ab: „Aber ein umsichtiger Gärtner tut auch mit einem winzigen Fleck wahre Wunder." (S. 53) Die Götter zeigen keinerlei Verständnis für Shen Tes schwierige Lage.

Götter sind verärgert über Shui Tas Eingreifen

Auch als Wang ihnen zu erklären versucht, dass Shen Tes Hilfsbereitschaft ihren Laden in Not gebracht habe und dies mit fabelartigen Bildern und freien Versen hervorhebt (vgl.

S. 54), interessiert sie das nicht. Erst als er in seinem Lob über Shen Te, die schon „Engel der Vorstädte" (S. 54) genannt werde, nebenbei anklingen lässt, dass der Schreiner Lin To keine gute Meinung von ihr habe (vgl. S. 54), werden die Götter hellhörig. Sie reagieren empört und wütend, als sie erfahren, dass Shen Tes Vetter für die Regale nicht den verabredeten Preis gezahlt habe. Der zweite Gott will gar verhindern, dass Shui Ta jemals wieder den Laden betritt.

Erst nachdem Wang den vermeintlichen Vetter als einen „achtbare[n] Geschäftsmann" verteidigt hat, räumt der erste Gott ein, „nichts von Geschäften" (S. 55) zu verstehen. Gleichzeitig stellt er den Sinn von Geschäften grundsätzlich infrage. Geschäfte stehen für ihn in einem Widerspruch zu einem „rechtschaffenen und würdigen Leben" (S. 55).

Heuchlerische Kritik an der Geschäftswelt

Diese Kritik belegt einmal mehr die weltfremde Doppelmoral der Götter. Einerseits geben sie zu, nichts vom Geschäftsleben zu verstehen. Andererseits aber verurteilen sie Shui Ta für sein Handeln. Einerseits lehnen sie Geschäfte ab, andererseits aber wollen sie die Welt, wie sie ist, nicht verändern (vgl. Vorspiel, S. 7ff.). Sie kritisieren eine Welt, die sie weder verstehen noch verbessern wollen.

Die Heuchelei der drei Götter äußert sich am Ende dieses Zwischenspiels auch darin, dass sie kein Verständnis für Shen Tes Notlage zeigen, zugleich aber Wang um Verständnis für ihren „harten Ton" (S. 55) bitten, da sie „übermüdet und nicht ausgeschlafen" (S. 55) seien. Das wiederum liege daran, dass nur die Armen ihnen Unterkunft gewährt hätten, und diese hätten „nicht Zimmer genug" (S. 55). Obwohl die sozialen Verhältnisse in Sezuan also bereits ihr eigenes Verhalten beeinflussen, gestehen sie das Shen Te nicht zu. Von ihr erwarten sie, dass sie ihre guten Taten unabhängig von den herrschenden Verhältnissen vollbringen soll.

Götter fordern Verständnis, das sie selbst nicht aufbringen

Entsprechend wütend und unversöhnlich entfernen sich die Götter. Wangs Bitten, „nicht ungnädig" (S. 55) zu sein und nicht „zu viel" (S. 55) von Shen Te zu verlangen, verhallen ungehört.

Das Zwischenspiel zeigt, dass der Auftrag der Götter, einen guten Menschen zu finden, noch nicht erfüllt ist. Shui Ta erscheint aus ihrer Sichtweise als Hindernis. Die drei Götter beharren auf ihren Forderungen, ohne die Schwierigkeiten, denen Shen Te ausgesetzt ist, zu berücksichtigen. Die Götter erscheinen dadurch ignorant und heuchlerisch: Sie beklagen den Zustand der Welt, sind aber nicht bereit, daran etwas zu ändern.

Szene 4 „Platz vor Shen Te's Tabakladen": Shen Te gibt Kredit an Sun weiter

Morgens um acht (vgl. S. 57) warten der Großvater und die Schwägerin von der ursprünglich achtköpfigen Familie sowie die Shin und der Arbeitslose aus der ersten Szene (vgl. S. 20) vor dem Tabakladen auf Shen Te. Seit Shen Te die Rolle als Shui Ta abgelegt hat, verteilt sie offenbar morgens wieder Reis unter den Armen. Wie schon vor Shui Tas Erscheinen erntet sie auch jetzt dafür keinerlei Dankbarkeit. Stattdessen reagieren die Wartenden empört auf ihr Ausbleiben. Die Shin schimpft über dieses „unglaubliche Benehmen" (S. 56). Die Schwägerin nennt es einen „Skandal" (S. 57).

Während die vier auf Shen Te warten, wird der Wasserverkäufer Wang vom „dicke[n]" (S. 56) und reichen Barbier Shu Fu aus dessen Laden gestoßen, weil er darin Wasser verkaufen wollte. Absichtlich schlägt Shu Fu mit einer schweren Brennschere auf Wangs Hand, die dabei verletzt wird. Der Arbeitslose rät ihm sofort, den Barbier anzuzeigen.

Shen Te sieht die
Welt in rosaroten
Farben

Gerade als die Shin „düster" (S. 57) bemerkt, Shen Te habe sie wohl „[v]ergessen" (S. 57), kommt diese mit einem Topf Reis in der Hand von ihrem Geliebten Sun zurück. Auf ihrem Weg zum Laden wendet sich Shen Te ans Publikum.

Noch immer ganz beseelt von ihrer Verliebtheit schwärmt sie von der Morgenstimmung in der Stadt, in der sie früher als Prostituierte vor allem nachts unterwegs war. Alles erscheint ihr hoffnungsfroh und erhebend (vgl. S. 57). Diese Wahrnehmung widerspricht vollkommen der „düster[en]" (S. 57), deprimierenden Stimmung, die unter den Wartenden herrscht. Offenbar nimmt Shen Te in ihrer Verliebtheit die Welt wie durch eine „rosa"-farbene (S. 57) Brille wahr. Die Folgen dieser Stimmung erkennt sie selbst: Sie wird „leichtsinnig" (S. 57). Um ihrem Geliebten Sun zu gefallen, will sie sich im Laden des alten Teppichhändlerpaares einen „Shawl" (S. 57), ein Umhänge- bzw. Kopftuch, kaufen.

Liebe macht Shen Te leichtsinnig

Dabei wird sie vom Barbier Shu Fu beobachtet, der dem Publikum gegenüber davon schwärmt, wie „schön" (S. 58) Shen Te sei. Obwohl sie ihm bislang „gar nicht aufgefallen" (S. 58) ist, ist er jetzt so angetan von ihr, dass er sich schon „verliebt" (S. 58) glaubt. Dass er sie eine „unglaublich sympathische Person" (S. 58) nennt, erscheint angesichts des flüchtigen, rein äußerlichen Eindrucks, den er von ihr hat, eher heuchlerisch. Es ist wohl eher Shen Tes Aussehen, das Shu Fu beeindruckt, als ihr Charakter. Dafür spricht auch, dass der galante Ton, den Shu Fu gegenüber dem Publikum anschlägt, nicht zu seinem sonstigen Verhalten passt. Die Art, wie er Wang behandelt, den er als „Halunke[n]" (S. 58) beschimpft, widerspricht zudem Shen Tes Verhalten, das er angeblich so sympathisch findet. Die Publikumsansprache hebt diesen Widerspruch hervor. Zudem verleiht sie dem Auftritt Shu Fus besonderes Gewicht. Dadurch lässt sich bereits jetzt erahnen, dass Shu Fu um Shen Te werben wird und dass er im weiteren Verlauf des Stückes noch eine wichtige Rolle spielt.

Barbier Shu Fu wirft ein Auge auf Shen Te

Shen Te, die mit ihrem Tabakladen nur wenig verdient und trotzdem viel Geld dafür ausgibt, anderen zu helfen, kann sich nur einen „durchlöcherten" (S. 58) Shawl leisten.

Altes Teppichhändlerpaar gibt Shen Te Kredit

Die beiden alten Teppichhändler haben Shen Te offenbar in ihr Herz geschlossen. Sie raten ihr, sich mit ihren „Wohltaten" (S. 58) zurückzuhalten. Überhaupt stehen sie ihr mit Rat und Tat beiseite. Sie beraten Shen Te, als diese vor dem Laden das Tuch anprobiert. Und die alte Frau, die spürt, dass Shen Te frisch verliebt ist, will wissen, ob Shen Tes Geliebter denn „Kapital" (S. 58) habe und ob Shen Te ihre Halbjahresmiete bezahlen könne. Als die alte Dame erfährt, dass kein Geld da ist und Shen Te die Miete „ganz vergessen" (S. 59) hat, bieten sie und ihr Mann ihr einen Kredit in Höhe der nötigen 200 Silberdollar an. Ihr Vertrauen in Shen Te ist so groß, dass sie auf „Schriftliches [...] natürlich" verzichten (S. 59).

DER GUTE MENSCH VON SEZUAN, Szenenfoto mit (im Vordergrund) Laura Maria Hänsel (Shen Te) in Mario Holetzecks Inszenierung am Staatstheater Cottbus aus dem Jahr 2012

Die Alten vertrauen Shen Te eher als Shui Ta

Shen Te wundert sich, dass die beiden Alten einer „so leichtsinnigen Person" (S. 59) wie ihr Geld leihen. Die alte Ladeninhaberin erwidert darauf, dass sie Shen Te das Geld gerne leihe, deren Vetter, der nicht so leichtsinnig sei, dagegen nicht unbedingt. Die beiden Teppichhändler wissen jedoch nicht, dass sie das gerade getan haben, da Shen Te und Shui Ta ein und dieselbe Person sind. Die Zuschauer oder die Leser dagegen können bereits erahnen, dass die beiden Händler ihr Geld am Ende nicht zurückbekommen werden.

Dass die beiden Alten der gutherzigen Shen Te vertrauen, dem geschäftstüchtigen Shui Ta dagegen misstrauen, verdeutlicht, wie wenig sie in die neue, kapitalistische Zeit passen. Sie verkörpern Güte und Nächstenliebe. Damit repräsentieren sie, wie Shen Te zurecht bemerkt, am ehesten die „gute[n] Menschen" (S. 59), nach denen die Götter suchen. Zugleich erscheinen sie jedoch als Überbleibsel einer vergangenen Zeit. Für die junge Shen Te ist ein solches Leben, wie es die beiden Alten führen, kaum noch möglich.

Teppichhändlerpaar als Überbleibsel einer alten Zeit

Nachdem das alte Paar wieder in den Teppichladen zurückgegangen ist, präsentiert Shen Te dem Wasserverkäufer Wang stolz das Kuvert mit der Miete und ihren neuen Shawl. Dass Wang verletzt ist, bemerkt Shen Te erst, als die Shin, die Shen Te ihr Glück offenbar nicht gönnt, sie vorwurfsvoll darauf hinweist (vgl. S. 60).

Niemand ist bereit, für Wang den Vorfall zu bezeugen

Shen Te reagiert „entsetzt" (S. 60) und möchte Wang sofort zum Arzt schicken. Der Arbeitslose aber rät ihm, vom reichen Barbier Shu Fu Schadenersatz zu verlangen. Dafür bräuchte Wang jemanden, der den Angriff Shu Fus bezeugen könnte. Aus Angst vor der Polizei bzw. vor Shu Fu, der „zu mächtig ist" (S. 60), aber auch aus Bequemlichkeit und weil sie glauben, dass ihr Zeugnis vor Gericht ohnehin keinen Wert habe (vgl. S. 61), weigern sich alle, die den Vorfall beobachtet haben, ihn auch zu bezeugen. Ein weiteres Mal offenbart sich die fehlende Solidarität der Armen und Unterdrückten in Sezuan. Deren Egoismus resultiert jedoch auch aus einem Klima der Angst und einem Gefühl der Ohnmacht.

Shen Te empört sich in freien Versen über dieses unsolidarische Verhalten (vgl. S. 61). Auch wenn es sich um keine direkte Publikumsansprache handelt, hebt die Versform die Bedeutung von Shen Tes Worten hervor. Die Zuschauer oder Leser sollen Shen Tes Empörung ebenso nachempfin-

Shen Tes Aufruf zum Widerstand

den wie ihre kämpferische Forderung: „Wenn in einer Stadt ein Unrecht geschieht,/muß ein Aufruhr sein" (S. 61). Damit formuliert Shen Te einen indirekt an das Publikum gerichteten Aufruf zum Widerstand gegen soziale Unterdrückung und damit im Sinne von Brecht gegen einen ausbeuterischen Kapitalismus.

Indirekter Vergleich mit Sodom und Gomorra

Shen Te erklärt sogar, dass eine Stadt, in der sich niemand gegen die herrschende Ungerechtigkeit erhebe, besser dem Feuer anheimfalle. Ähnlich wie die Suche der Götter nach einem guten Menschen erinnert diese Bemerkung an die biblische Erzählung vom Untergang Sodoms und Gomorras. Gott zerstört die beiden Städte mit einem Feuer, nachdem es den beiden von ihm gesandten Engeln nicht gelungen ist, dort zehn gerechte Menschen zu finden.

Ein gerechter Mensch wehrt sich gegen Ungerechtigkeit

Während die Götter in Sezuan aber nach Menschen suchen, denen es gelingt, ihre Gebote einzuhalten, vermisst Shen Te Menschen, die bereit sind, gegen herrschendes Unrecht aufzubegehren. Die Götter möchten die Welt erhalten, „so wie sie ist" (S. 10). Shen Te dagegen will sie verändern. Für die Götter ist ein guter Mensch ein angepasster Mensch, für Shen Te (und Brecht) ein mutiger, rebellischer. Ein Mensch handelt in diesem Sinne dann gerecht, wenn er sich gegen Ungerechtigkeit wehrt.

Shen Te springt als Zeugin ein

Aus dieser Haltung heraus erklärt sich Shen Te bereit, für Wang als Zeugin auszusagen, obwohl sie den Vorfall nicht beobachtet hat. Damit würde sie einen Meineid schwören und sich strafbar machen. Sie nimmt dieses Risiko auf sich, weil sie das Unrecht, das Wang angetan wurde, nicht einfach hinnehmen möchte.

Wang will aus der Verletzung Kapital schlagen

Im Gegensatz zu Shen Te geht es Wang selbst weniger um Gerechtigkeit als um die Chance, Geld zu verdienen. Der sonst so sympathische Wasserverkäufer zeigt sich hier von seiner gierigen, betrügerischen Seite. Als er die Chance wittert, von Shu Fu Geld einzuklagen, fürchtet er geradezu, seine Hand könne schnell wieder heilen. Der Arbeitslose

„*beruhigt ihn*" (S. 62), indem er erklärt, dass sie noch immer geschwollen sei. Beispielhaft offenbaren sich in dieser Furcht vor Heilung die in Sezuan herrschenden Missverhältnisse.

Während Wang zum Richter eilt, geht die Shin zum Barbier Shu Fu, um sich bei ihm „ein[zu]schmeicheln" (S. 62). Die Shin, die Shen Te vorhin noch ein schlechtes Gewissen machen wollte, hat nun kein Problem damit, sich auf die Seite der Mächtigen zu schlagen, wenn sie sich einen persönlichen Vorteil davon erhofft. Auch dieser Opportunismus ist Ausdruck der mangelnden Solidarität in Sezuan.

Die Shin verhält sich opportunistisch

Die Schwägerin kommentiert das Verhalten der Shin mit den mutlosen Worten: „Wir können die Welt nicht ändern." (S. 62) Auch Shen Te zeigt sich zunächst „*entmutigt*" (S. 62). Dann aber flammt ihre Empörung wieder auf. Wütend jagt sie die anderen weg. Anschließend wendet sie sich mit ihrem Urteil über die Armen und Unterdrückten in Sezuan direkt ans Publikum. Ohne es ausdrücklich zu formulieren, vergleicht Shen Te sie mit einer Herde Schafe, die sich alles gefallen lassen und nichts anderes im Sinn haben als den „Geruch des Essens" (S. 62), also das eigene materielle oder körperliche Wohlergehen. Sie haben keine Moral, keine Ideale und weder den Willen noch den Mut, die Verhältnisse zu verändern.

Indirekter Vergleich mit einer Herde Schafe

Nachdem der Arbeitslose, die Schwägerin und der Großvater gegangen sind, eilt Frau Yang, die Mutter von Sun, herbei (vgl. S. 62). Sie berichtet Shen Te, dass Sun jetzt doch die Chance habe, eine Fliegerstelle zu erhalten. Allerdings müsse er dafür 500 Silberdollar bezahlen. Shen Te erklärt sich sofort bereit, ihm zu helfen. Sie gibt Frau Yang die 200 Silberdollar, die ihr das Teppichhändlerpaar geliehen hat. Um das Geld später zurückzahlen zu können, will sie ihre Tabakvorräte verkaufen. Und auch die fehlenden 300 Silberdollar will sie noch auftreiben. Für ihren Geliebten Sun opfert Shen Te ihre moralischen Prinzipien und plant noch

Shen Te setzt ihren Laden für Suns Fliegerstelle aufs Spiel

einmal, in die Rolle ihres Vetters Shui Ta zu schlüpfen, der ihr doch eigentlich „zu hart und zu schlau" (S. 63) ist. Auch ihren Laden ist sie bereit für Sun aufzugeben. Denn ohne Geld kann sie die Miete nicht bezahlen, und ohne Tabak könnte sie kein Geld verdienen.

Suns Glück als Triumph über Hoffnungslosigkeit
Warum Shen Te sogar ihren Laden für Suns Glück aufgeben würde, erklärt sie zunächst gegenüber Frau Yang und dann in einer weiteren in freien Versen verfassten Publikumsansprache. Es wäre für Shen Te ein symbolischer Triumph über die in Sezuan herrschende Hoffnungslosigkeit, wenn ihr Geliebter, der sich vor Kurzem noch das Leben nehmen wollte, als Flieger den „großen Stürmen trotzend" (S. 64) die „freundliche Post" (S. 64) ausliefern könnte.

Leichtsinn und Leidenschaft
Shen Tes unüberlegtes, irrationales, von Gefühlen und Impulsen geleitetes Verhalten hat in dieser Szene zwei Seiten. Aus geschäftlicher Sicht handelt sie leichtsinnig. Gleichzeitig aber steht dieser Leichtsinn für eine Leidenschaft, die sie von den meisten anderen Menschen, der sinnbildlichen Schafsherde, in Sezuan unterscheidet. Geld und Kapital sind für sie eben nicht das Wichtigste. Dadurch erhält ihr Leichtsinn antikapitalistische Züge. Er erscheint auch als ein Zeichen der Hoffnung und ihres Mutes zum Widerstand.

Die zwei Seiten von Shen Tes emotionalem Verhalten

negativ (aus kapitalistischer Perspektive): Leichtsinn	positiv (aus menschlicher Perspektive): Leidenschaft
Gefahr für das Geschäft	Chance für Liebesglück
Naivität	Gutmütigkeit
rosa Brille	Hoffnung

➔ **fügt sich nicht in kapitalistisches Weltbild**

Funktion der 4. Szene für das Stück
Das Wechselspiel zwischen Shui Ta und Shen Te geht in der vierten Szene in eine neue Runde. In der zweiten Szene

schien Shui Ta den Tabakladen gerettet, dafür aber Shen Tes Glück geopfert zu haben. Nach der Begegnung mit Sun in der dritten Szene entschied sich Shen Te gegen die mögliche Geldheirat und für die Liebe. In der vierten Szene zeigt sich jetzt der gefährliche Leichtsinn, der mit dieser Entscheidung einhergeht. Shen Te vergisst im Überschwang ihrer Gefühle die Halbjahresmiete. Und als das Teppichhändlerpaar ihr das Geld dafür leiht, gibt sie es an Suns Mutter weiter, damit Sun die Chance auf eine Fliegerstelle erhält.

Der geschäftliche Leichtsinn Shen Tes steht jedoch zugleich für ihre Leidenschaftlichkeit, durch die sie sich von der Masse der stumpf und mutlos dahinvegetierenden Armen in Sezuan abhebt. Shen Tes Leichtsinn ist auch Ausdruck ihres Aufbegehrens gegen die herrschenden Verhältnisse. Suns mögliche Fliegerstelle erscheint ihr als Symbol der Hoffnung. Dadurch, dass Shen Te sich in dieser Szene von der trägen Masse der Unterdrückten distanziert und zum „Aufruhr" (S. 61) aufruft, wird ihre positive Sonderrolle innerhalb des Stückes hervorgehoben.

Drittes Zwischenspiel „Zwischenspiel vor dem Vorhang": Shen Te verkleidet sich als Shui Ta

Obwohl bereits im Personenregister Shen Te und Shui Ta als Doppelrolle aufgeführt sind und der Handlungsverlauf kaum Zweifel daran lässt, dass es sich bei Shui Ta in Wirklichkeit um Shen Te handelt, wird dies erst in diesem dritten Zwischenspiel offensichtlich. Shen Te tritt mit der Maske und dem Anzug Shui Tas auf die Bühne (vgl. S. 65). Während sie „Das Lied von der Wehrlosigkeit der Götter und Guten" (S. 65) singt, verkleidet sie sich als ihr Vetter. „Das Lied von der Wehrlosigkeit der Götter und Guten" ist in drei Strophen unterteilt, was dadurch hervorgehoben wird, dass sich Shen Te zwischen den Strophen schrittweise in Shui Ta verwandelt. Zwischen der ersten und zweiten

Shen Te gibt sich als Shui Ta zu erkennen

„Das Lied von der Wehrlosigkeit der Götter und Guten"

Strophe zieht sie seinen Anzug über und wechselt in dessen Gangart (vgl. S. 65). Zwischen der zweiten und dritten Strophe vollendet sie die Verwandlung, zieht sich die Maske über und *„fährt mit seiner Stimme zu singen fort"* (S. 66).

Gute Menschen und Götter sind machtlos Im Lied beschreibt Shen Te bzw. Shui Ta die guten Menschen und die Götter als „machtlos" (S. 65). Die Guten können sich gegen die „Bösen" (S. 65) und die widrigen Umstände bzw. den „Mangel" (S. 65) nicht behaupten. Auch die Götter und ihre „Gebote" (S. 65), also die Religionen, helfen ihnen dabei nicht.

Äußere Verwandlung als Zeichen moralischen Wandels Die Verwandlung von Shen Te in Shui Ta vollzieht das Lied nach, indem es parallel dazu das Scheitern der Guten schildert, die gezwungen werden, sich schlecht zu verhalten. In der ersten Strophe beklagt Shen Te noch, dass sich die Guten nur mit „Glück" und „starke[n] Helfer[n] [...] nützlich erweisen" (S. 65) können. In der zweiten Strophe, mitten in der Verwandlung zu Shui Ta, heißt es bereits, dass die „Guten [...] in unserem Lande nicht lang gut bleiben" (S. 65) können. In der dritten Strophe, die Verwandlung in Shui Ta ist jetzt vollzogen, singt dieser dann von der „Härte" (S. 66), die nötig ist, um „einem Elenden" (S. 66) zu helfen. Diese Hilfe ist nämlich nur möglich, wenn stattdessen zwölf andere „zertreten" (S. 66) werden. Die Guten haben sich damit in rücksichtslose Egoisten verwandelt, die vielen anderen schaden, um denen zu helfen, die ihnen wichtig sind. Aus Shen Te ist Shui Ta geworden. Shen Tes äußere Verwandlung geht im Lied mit einem inneren, moralischen Wandel einher.

Innere und äußere Verwandlung in drei Stufen

	Innerer Wandel (Lied)	Äußerer Wandel (Shen Te)
1. Stufe	Die Guten können sich nur mit Glück oder Helfern „nützlich erweisen" (S. 65).	Shen Te
2. Stufe	Die Guten können „nicht lang gut bleiben" (S. 65).	Shen Te in Shui Tas Anzug und seiner „Gangart" (S. 65)
3. Stufe	„Härte", Bereitschaft, „zwölf zu zertreten", um „einem Elenden" zu helfen (S. 66)	Shui Ta (Shen Te hat seine Maske angelegt und singt mit seiner Stimme.)

➤ **Shen Tes Wandel ist Ausdruck moralischen Niedergangs.**

Das Lied beschreibt jedoch nicht nur das Scheitern der Guten und die Machtlosigkeit der Götter, sondern es formuliert indirekt auch eine Alternative dazu. Die drei „Warum"-Fragen, die jeweils am Ende der Strophen stehen (S. 65 f.), zeigen auf, wie den Guten geholfen werden könnte. Die Götter müssten ihre Passivität aufgeben und sich mit den Guten verbinden, ihnen dabei helfen, sich gegen ihre Unterdrücker zu wehren, und dafür sorgen, dass die Lebensumstände so sind, dass die Guten gut sein können. Sie „schulden" den Guten eine „gute Welt" (S. 66). Dafür aber müssten sie selbst zur Macht greifen. Um die Welt zu verbessern, müssten sie den Kampf gegen Armut (den „Mangel", S. 65) aufnehmen und einen bewaffneten Widerstand mit „Tanks und Kanonen" (S. 65, 1. Strophe und S. 66, 3. Strophe) anführen oder zumindest unterstützen.

Die Frage, was zu tun ist, wenn die Götter wie in Sezuan nichts tun, um die Welt zu verändern, formuliert das Lied zwar nicht, wirft sie aber dennoch auf. Diese Frage soll sich im Sinne von Brechts epischem Theater das Publikum selbst stellen und beantworten. Gleichzeitig legt das Lied (und damit Brecht) die Antwort nahe: Das Volk muss sich

Götter sollten den Guten zur Macht verhelfen

Indirekter Aufruf zur Revolution

selbst erheben, notfalls in Form einer gewaltsamen Revolution.

Das dritte Zwischenspiel bringt eindeutig zum Vorschein, was bereits zuvor zu erahnen war: Shen Te und Shui Ta sind ein und dieselbe Person. Anders als in den beiden vorangegangenen Zwischenspielen treten diesmal nicht Wang und die Götter auf. Stattdessen erscheint Shen Te, um über die Machtlosigkeit der Götter zu klagen. Damit nimmt das dritte Zwischenspiel den bevorstehenden Höhe- und Wendepunkt im Handlungsgeschehen vorweg. Die Götter treten in den Hintergrund. Shen Te versucht nicht länger, deren Gebote zu erfüllen, sondern als Shui Ta nur noch sich selbst und ihrem Geliebten Sun zu helfen. Steht in der ersten Hälfte des Stückes Shen Te im Mittelpunkt, rückt in der zweiten Hälfte Shui Ta ins Zentrum. Das dritte Zwischenspiel kündigt diesen Umschwung an und leitet zum Höhepunkt des Stückes über, an dem sich dieser Wandel vollzieht.

Szene 5 „Der Tabakladen":
Shen Te entscheidet sich für Sun und gegen Shu Fu

Verkleidet als Shui Ta liest Shen Te Zeitung, während die Shin den Boden wischt und Shui Ta auffordert, die Beziehung zwischen Shen Te und Sun zu unterbinden. Stattdessen will sie Shen Te mit dem Barbier Shu Fu verkuppeln, der zwölf Häuser und „nur eine einzige und dazu alte Frau" (S. 67) habe. Shen Te solle sich von Shu Fus Interesse geschmeichelt fühlen. Dass Shu Fu sich nach einer jüngeren Frau umsieht, obwohl er bereits eine Frau hat, stört die Shin nicht. Es wirft jedoch ein negatives Licht auf Shu Fu und dessen Absichten. Shui Ta reagiert nicht auf die Äußerungen der Shin. Er beachtet sie *nicht im geringsten* (S. 67).

Shen Te fällt aus
der Rolle des
Shui Ta

Als Shen Te von draußen die Stimme ihres Geliebten Sun hört, vergisst sie für einen Moment, dass sie gerade die Rolle Shui Tas spielt, und geht in „leichten Schritten" zum

Spiegel, um sich „*das Haar zu richten*" (S. 67). Lachend bemerkt sie ihren Irrtum. Hier zeigt sich, wie groß der Einfluss Suns auf Shen Te ist. Selbst wenn diese sich als Shui Ta ausgibt, gelingt es ihr nicht, sich davon freizumachen.

Sun, der eigentlich zu Shen Te wollte, macht in einem Gespräch „[u]nter [...] Männern" (S. 68) gegenüber Shui Ta deutlich, dass er dringend die für seine Fliegerstelle noch fehlenden 300 Silberdollar brauche. Dazu sei er auch bereit, den Laden zu verkaufen. Wie sich herausstellt, dienen die 500 Silberdollar dazu, in Peking einen Hangarverwalter, einen Freund Suns, zu bestechen, damit er einen Flieger derart anschwärzt, dass dieser seine Stelle verliert. Dass er damit den Vater einer „große[n] Familie" (S. 68) ins Elend stürzt, bereitet Sun kein schlechtes Gewissen. Vor Shen Te aber möchte er es geheim halten (vgl. S. 69).

Sun will einem Familienvater seine Stelle „klauen"

Doch auch die als Shui Ta maskierte Shen Te ist trotz spürbarer Bedenken weiterhin bereit, Sun zu unterstützen. Dieser wiederum erklärt sich seinerseits damit einverstanden, Shen Te zu heiraten. Shui Tas Vorschlag, das „Tabakgeschäft weiterzuführen" (S. 69), weist er dagegen entschieden zurück. Er möchte Flieger werden. Dass er dafür Shen Tes Laden verscherbeln muss, ist ihm egal. Auch Suns Begeisterung für die Fliegerei erscheint im Gespräch mit Shui Ta nicht mehr so romantisch wie einst im Park, als er sich gegenüber Shen Te als Flieger aus Leidenschaft darstellte (vgl. Szene 3). Jetzt erklärt er, dass er damit „250 Silberdollar im Monat" verdiene, und fügt nüchtern hinzu: „Meinen Sie, ich fliege umsonst?" (S. 69)

Sun nimmt keine Rücksicht auf Shen Tes Laden

Auch Shui Ta findet angesichts der gut bezahlten Stelle, dass vom „Standpunkt meiner Kusine" (S. 70), also Shen Tes, aus nichts dagegen spreche, dass sie dem „Zug ihres Herzens" (S. 70) folge. Nur mit Mühe hält Shen Te gegenüber Sun das Rollenspiel als Shui Ta aufrecht. Zumindest indirekt rechtfertigt sie ihre „weibliche" Sichtweise.

Shui Ta will den Laden verkaufen

In der Rolle Shui Tas möchte sie nun Verkaufsverhandlungen mit der Hausbesitzerin Mi Tzü aufnehmen, die gerade erscheint.

Sun zerstört Shui Tas Verhandlungsposition

Shui Ta kündigt an, verkaufen zu wollen, falls er für den Tabak „genug bekomme" (S. 70). Auf die Nachfrage Mi Tzüs, wie viel er denn haben wolle, schaltet sich Sun dazwischen und fordert „300 auf den Tisch" (S. 70). Damit hätte er, was er braucht. Alles andere interessiert ihn offenbar nicht. Shui Ta widerspricht zwar *„schnell"* (S. 70) und fordert 500 Silberdollar. Aber da ist es bereits zu spät. Sun hat Shui Tas Verhandlungsposition zerstört. Die Hausbesitzerin bietet jetzt lediglich noch 300 Silberdollar an.

Shui Ta überlässt Sun die Kontrolle

Shui Ta nimmt Sun zur Seite und erklärt ihm, dass sie für 300 Silberdollar nicht verkaufen könnten, da der Tabak für die 200 Silberdollar, die Sun bereits erhalten habe, an „zwei alte Leute" (S. 71) verpfändet sei. Sun fragt, ob es einen schriftlichen Vertrag darüber gebe, was Shui Ta verneint. Daraufhin erklärt Sun gegenüber der Hausbesitzerin, dass sie für 300 Silberdollar verkaufen würden. Ähnlich wie einst Shen Te gegenüber der achtköpfigen Familie (vgl. Szene 1, S. 25 ff.) hat nun Shui Ta gegenüber Sun die Kontrolle über den Laden verloren. Auch die Nachfrage Mi Tzüs, ob der Laden schuldenfrei sei, beantwortet Shui Ta auf Drängen Suns mit einem Ja (vgl. S. 71). Damit belügt er nicht nur die Hausbesitzerin, sondern verrät vor allem das Vertrauen des Teppichhändlerpaares.

Sun will Shen Te nicht mit nach Peking nehmen

Nachdem die Hausbesitzerin gegangen ist, fragt Shui Ta, ob Sun denn wenigstens das Geld „für die Reise zu zweit" (S. 71) nach Peking und die erste Zeit dort habe. Dabei stellt sich heraus, dass Sun auch dieses Geld erst auftreiben muss und er gar nicht plant, Shen Te mitzunehmen. Diese wäre ihm dort anfangs ja doch nur „ein Klotz am Bein" (S. 72). Enttäuscht darüber, dass Shen Te bei Suns Plänen keine Rolle spielt, möchte Shui Ta die 200 Silberdollar wieder zurückhaben.

Sun aber ist sich sicher, dass Shen Te ihm das Geld auch weiterhin überlassen wird. Shui Tas Einwand, dass Shen Tes Vernunft dagegen spreche, *„belustigt"* (S. 72) Sun. Er spricht Shen Te alle Vernunft ab. Sun ist überzeugt davon, dass sie ihm aus Liebe und Leidenschaft geradezu hörig sei. Er nennt sie ein „armes Tier" (S. 72) und behauptet, er müsse ihr nur „die Hand auf die Schulter" (S. 72) legen und schon tue sie alles, was er sage. Shui Ta kann sich bei diesen Worten nur *„mühsam"* (S. 73) zurückhalten. Doch Sun beharrt darauf, dass Shen Te im Grunde seine Liebessklavin sei. Immerhin verspricht er auch weiterhin, sie zu heiraten, wenn er die benötigten 300 Silberdollar erhalte.

Shen Te als „armes Tier" und Spielball Suns

Sun bekräftigt noch einmal seine Forderung, greift sich eine Zigarrenkiste und geht. Kaum ist er weg, taucht die Shin aus dem Nebenraum auf, in den sie sich nach Suns Erscheinen zurückgezogen hat. Außer sich vor Enttäuschung und Wut schreit Shui Ta seine Verzweiflung heraus: „Der Laden ist weg! Er liebt nicht! Das ist der Ruin. Ich bin verloren!" (S. 73) Shen Tes Verzweiflung ist so groß, dass sie dabei erneut aus ihrer Rolle als Shui Ta fällt.

Shen Te fällt erneut aus der Rolle

Shui Tas in vier kurze Sätze gegliederter Aufschrei verbindet jeweils zwei Ursachen mit den entsprechenden Folgen. Ursache 1 „Der Laden ist weg!" mit Folge 1 „Das ist der Ruin." und Ursache 2 „Er liebt nicht!" mit Folge 2 „Ich bin verloren!". Während sich die erste dieser beiden Kausalketten noch auf Shui Ta beziehen lässt, spricht aus dem „Ich" der zweiten Kausalkette eindeutig Shen Te.

Shen Tes und Shui Tas doppelter Aufschrei

Verzweiflungsschrei von Shui Ta und Shen Te (vgl. S. 73)

	Ursache	Folge	
1. Kausalkette	„Der Laden ist weg!"	„Das ist der Ruin."	Shui Ta
2. Kausalkette	„Er liebt nicht!"	„Ich bin verloren!"	Shen Te

➔ **Shen Te fällt in ihrer Verzweiflung aus der Rolle des Shui Ta.**

In Sezuan ist die
Liebe ein Unglück

Auch als sich Shui Ta anschließend an die Shin wendet, ist es vor allem Shen Te, die aus ihm spricht. Shui Ta klagt darüber, dass die Liebe eine tödliche „Schwäche" (S. 73) sei, ohne die man aber auch kein glückliches Leben führen könne (vgl. S. 73). Das allerdings liegt nach Shui Tas bzw. Shen Tes Überzeugung nicht an der Liebe selbst, sondern an den äußeren Umständen, die aus der Liebe eine Bedrohung machen: „Die Zeiten sind furchtbar, diese Stadt ist eine Hölle" (S. 73). In diesen Zeiten und dieser Stadt, kurz: in dieser „Welt" (S. 73), bedeutet die Liebe den Untergang, wie es Shui Ta in vier freien Versen umschreibt (vgl. S. 73 f.).

Die Shin und
Shui Ta
verkuppeln
Shen Te mit
Shu Fu

Die Shin nutzt die Gelegenheit, um Shen Te nun doch mit dem Barbier Shu Fu zu verkuppeln. Schnell geht sie, um den Barbier zu holen. Als dieser eintrifft, „eilt" (S. 74) ihm Shui Ta bereits entgegen. Im inneren Konflikt zwischen Vernunft und Gefühl, zwischen Shen Te und Shui Ta, hat nun Shui Ta wieder die Oberhand gewonnen. Im „Augenblick [...] größter Gefahr" (S. 74) leitet er eine Verbindung zwischen Shen Te und Shu Fu in die Wege.

Shu Fu stellt sich
als Menschen-
freund dar

Dabei gibt sich Shu Fu als Menschenfreund aus, der Shen Te vor allem für die „Güte ihres Herzens" (S. 74) bewundert und sie bei ihren guten Taten unterstützen möchte, indem

Raphael Traub als Shu Fu, Bea Brocks als Shen Te und Nientje Schwabe als die Shin in Michael Talkes Inszenierung am Staatstheater Braunschweig aus dem Jahr 2013

er die Speisung von Armen finanziert und Obdachlosen eine Unterkunft stellt. Shui Tas Geschäftssinn und Shen Tes Gemeinsinn scheinen sich bei dieser Verbindung zu ergänzen. Shui Ta erklärt daher auch, Shen Te werde „so hohe Gedanken mit Bewunderung anhören" (S. 75).

Dass die noblen Worte Shu Fus nicht seinen Taten entsprechen und es sich dabei also vermutlich um leere Versprechungen handelt, legt der nun folgende Auftritt Wangs nahe, der gemeinsam mit einem Polizisten den Laden betritt. Das tyrannische Verhalten gegenüber dem Wasserverkäufer, den Shu Fu aus seinem Salon geworfen und mit dem Brenneisen verstümmelt hat, steht im krassen Widerspruch zu der von ihm angekündigten Hilfsbereitschaft. Shu Fu ist sich dessen offensichtlich bewusst. Deshalb dreht er sich weg und „studiert die Stellagen" (S. 75), um von Wang nicht erkannt zu werden.

Shu Fu verbirgt sich vor Wang

Wang möchte mit dem Polizisten zu Shen Te, damit diese bezeugt, gesehen zu haben, wie Shu Fu den Wasserverkäufer an der Hand verletzte. Der Polizist bestätigt, dass die Hand unzweifelhaft „[k]aputt" (S. 75) sei. Trotzdem ist Shui Ta nicht bereit, ihm entscheidend weiterzuhelfen. Er gibt ihm lediglich den Shawl, den Shen Te gekauft hat, um Sun zu gefallen. Da das, wie sich herausgestellt habe, nicht mehr nötig sei, könne sich Wang daraus eine Schlinge für seinen Arm binden. Gleichzeitig betont Shui Ta jedoch, dass Shen Te den Vorfall nicht bezeugen könne, da sie nicht dabei gewesen sei. „[V]erwirrt" (S. 76) entgegnet Wang, dass er doch erst auf Shen Tes Rat hin zum Richter gegangen sei, um, wie der Polizist ergänzt, den Barbier zahlen zu lassen (vgl. S. 76). In dem Moment gibt sich Shu Fu zu erkennen und Shui Ta erklärt, er wolle sich nicht in einen Streit zwischen seinen Freunden mischen. Wang versteht den Hinweis. Wenn Shui Ta und Shu Fu befreundet sind, wird Shen Te nicht gegen Shu Fu aussagen. „[T]raurig" (S. 76) gibt er den Shawl zurück. Wegen der angeblich

Shui Ta verhindert, dass Shen Te als Zeugin für Wang aussagt

falschen Anschuldigungen wird Wang nun auch noch vom Polizisten beschimpft.

Ehe zwischen
Shen Te und
Shu Fu wird
vorbereitet
Nachdem Wang und der Polizist den Laden wieder verlassen haben, vergewissert sich Shu Fu, ob die Beziehung zwischen Shen Te und Sun „wirklich vorüber" (S. 77) sei, wie Shui Ta zuvor im Gespräch mit Wang angedeutet habe. Shui Ta bestätigt das. Sun sei „durchschaut" (S. 77). Allerdings brauche Shen Te ein wenig Zeit, um das zu verarbeiten, ehe sie sich auf eine neue Beziehung einlassen könne. Ein vorbereitendes Gespräch sei freilich jetzt schon möglich. Shu Fu schlägt ein Abendessen in einem kleinen, aber feinen Restaurant vor. Shui Ta stimmt zu und geht in den Nebenraum, um, wie er Shu Fu gegenüber behauptet, alles Weitere mit Shen Te zu besprechen. Kaum ist Shui Ta gegangen, kehrt die Shin zurück und erkundigt sich bei Shu Fu, ob man „gratulieren" (S. 77) könne. „Man kann." (S. 77), antwortet Shu Fu. Die Ehe zwischen Shu Fu und Shen Te erscheint damit beschlossene Sache.

Shu Fu als
hinterhältiger
Charakter
Im Gespräch mit der Shin und in der langen Publikumsansprache Shu Fus deutet sich abermals an, dass Shu Fus wirkliche Absichten keineswegs so edel sind, wie er es gegenüber Shui Ta dargestellt hat. Zwar trägt er der Shin auf, Shen Tes „Schützlingen" (S. 77) auszurichten, sie könnten in Shu Fus Häusern hinter dem Viehhof einziehen. Die Shin aber quittiert dies mit einem Grinsen (vgl. S. 77), das darauf schließen lässt, dass diese Unterkünfte keineswegs angenehm sind. Shu Fu erscheint dadurch als ein hinterhältiger Charakter, der sich nach außen verstellt, um seine Ziele zu erreichen.

Publikums-
ansprache
offenbart Shu Fus
Selbstinsze-
nierung
Dass Shu Fu nur eine Rolle spielt, macht auch die Publikumsansprache deutlich, die Shu Fu mit den Worten beginnt: „Wie finden Sie mich, meine Damen und Herren?" (S. 77) Im selbstgefälligen Tonfall kündigt er an, sich in dem bevorstehenden Abendessen als „selbstlos[...]" und „feinfühlig[...]" (S. 77) zu inszenieren. Offenkundig aber

ist das nur eine Maskerade, die dazu dient, Shu Fus wahre Absichten zu verschleiern; nämlich das „Ordinäre[…]" und „Plumpe[…]" (S. 77), was man sich bei einem solchen Abendessen gewöhnlich denke. Wie wenig Shu Fus Außendarstellung mit der Wirklichkeit zu tun hat, lässt sich auch daran erkennen, dass er die ehemalige Prostituierte Shen Te gegenüber der Shin als das „keuscheste[…] Mädchen" (S. 78) der Stadt bezeichnet. Geht man davon aus, dass Shu Fu nach außen hin die Dinge bewusst in ihr Gegenteil verkehrt, erscheinen seine Absichten alles andere als keusch. Die unausgesprochene Wahrheit scheint vielmehr zu sein, dass sich ein alter, reicher Mann eine junge, hübsche Frau kaufen möchte.

Gerade als sich Shu Fu nach Sun erkundigt, erscheint dieser. Dass Shu Fu die Existenz Suns am liebsten ganz leugnen würde, zeigt abermals, wie unaufrichtig und manipulativ Shu Fu ist. Als Sun erfährt, dass Shen Te angeblich im Nebenraum eine Besprechung mit Shui Ta habe, möchte er unbedingt zu ihr, aber Shu Fu hält ihn zurück und teilt ihm mit, dass er (Shu Fu) und Shen Te in Kürze ihre Verlobung bekannt geben würden. Mitten im Gerangel der beiden Männer tritt Shen Te aus dem Nebenraum. Shu Fu und Sun treffen aufeinander

Zunächst bestätigt Shen Te gegenüber Sun, dass sie mit Shu Fu Pläne schmieden wolle, „wie man den Leuten in diesem Viertel helfen könnte" (S. 79). Auch die Beziehung zwischen ihr und Sun erklärt sie damit für beendet (vgl. S. 79). Dann aber legt Sun ihr die Hand auf die Schulter (vgl. S. 79), wie er es im Gespräch mit Shui Ta angekündigt hat (vgl. S. 72). Damit hat er sie sprichwörtlich im Griff. Und wie zuvor nennt er sie auch jetzt ein „armes Tier" (vgl. S. 72, S. 79). Angeblich um sie vor einer „Vernunftheirat" (S. 79) zu bewahren, vor einer Ehe, in der sie nur unglücklich wäre, erinnert er sie an ihre erste Begegnung. Vergleicht man Suns Auftreten gegenüber Shen Te mit der verächtlichen Art, mit der er bei Shui Ta über sie geredet hat, wird deutlich, dass er sich ähn- Sun hat Shen Te im Griff lich wie Shu Fu verstellt. Dennoch wischt Shen Te sofort alle Bedenken beiseite. In ihrer bedingungslosen Liebe folgt sie Sun und verlässt mit ihm den Laden.

Konflikt zwischen Shui Ta und Shen Te erreicht Höhepunkt

Der Konflikt zwischen Shui Ta und Shen Te erreicht in dieser fünften Szene seinen Höhepunkt. Der Gegensatz von Geschäft und Gefühl konkretisiert sich zu einer Wahl zwischen zwei möglichen Heiratskandidaten, Shu Fu und Sun. Während Shui Tas Geschäftssinn und kühle Vernunft für Shu Fu sprechen, spricht Shen Tes Herz für Sun. Zusätzlich zu diesem Konflikt von Verstand und Gefühl kommt jedoch noch der Widerspruch zwischen fremdem und eigenem Glück. Denn gerade dadurch, dass Shen Te ihrem Herzen folgt, stürzt sie das Teppichhändlerpaar in ihr Unglück. Shen Te handelt in ihrer Liebe egoistisch und rücksichtslos. Die Situation erweist sich als verfahren und letztlich ausweglos. Shen Te kann sich nur falsch entscheiden. Der Anspruch der Götter, sich und anderen zugleich Gutes zu tun (vgl. Vorspiel, S. 16), erweist sich als unerfüllbar.

Shen Tes verhängnisvolle Wahl

Vernunftheirat (Shu Fu)	Liebesheirat (Sun)
Verstand, Geschäftssinn	Herz, Gefühl
(Shui Ta)	(Shen Te)
eigenes Unglück	Unglück der anderen
➔ Shen Te kann sich nur falsch entscheiden.	

Shen Te folgt wider besseren Wissens ihren Gefühlen

Am Ende der Szene folgt Shen Te ihrer Liebe und verlässt gemeinsam mit Sun den Laden (vgl. S. 80). Vorläufig hat sich damit Shen Te gegen Shui Ta, Gefühl gegen Verstand, durchgesetzt. Shen Te selbst lässt diesen Widerspruch anklingen, wenn sie Shui Tas Standpunkt mit dem Bereich des Wissens („Er ist nicht einig mit mir, ich weiß es.", S. 80) und ihre eigene Ansicht mit dem Bereich des Fühlens („Aber er hat nicht recht, ich fühle es.", S. 80) in Verbindung bringt.

Das wird auch in den Worten deutlich, die Shen Te aber- Sehnsucht bestimmt Shen Tes Entscheidung
mals in Form freier Verse an das Publikum richtet. Ihre Ent-
scheidung orientiert sich nicht an Geschäftsinteressen, ver-
nünftigen Überlegungen oder moralischen Aspekten, nicht
einmal an der Realität, sondern einzig und allein an ihrer
Sehnsucht, an dem, was sie will bzw. nicht will. Dieses „Ich
will" (S. 80) leitet jeden der fünf Verse ein. Sie will lieben,
und zwar bedingungslos, auch wenn ihre Liebe nicht erwidert wird. Sie will ausschließlich und blind ihrem Herzen,
ihrem Gefühl folgen und eben nicht „ausrechnen", „nachdenken" oder „wissen" (S. 80).

In der fünften Szene erreicht der innere Konflikt Shen Tes Funktion der 5. Szene für das Stück
seinen Höhepunkt. Es ist die erste Szene, in der Shen Te
sowohl in der Maske des Shui Ta als auch als sie selbst erscheint. Gleichzeitig ist es die erste Szene, in der die beiden
gegensätzlichen Heiratskandidaten Shu Fu und Sun aufeinandertreffen. Während Shu Fu für die von Shui Ta favori-
sierte Vernunftheirat steht, repräsentiert Sun eine Ehe aus
blinder Leidenschaft und Liebe. Das Hin und Her in dieser
Szene veranschaulicht, wie sehr Shen Te bei ihrer Entscheidung mit sich selbst ringt. Deutlich wird außerdem, dass
sich Shen Te in jedem Fall falsch entscheidet. Weder Shu
Fu noch Sun sind ihr gegenüber aufrichtig. Und jede Wahl
fordert ein Opfer. Heiratet sie Shu Fu, muss Shen Te ihre
Gefühle und ihr Liebesglück opfern. Um die Verbindung
mit Shu Fu überhaupt zu ermöglichen, hat sie außerdem
bereits den Wasserverkäufer Wang im Stich gelassen. Heiratet sie Sun, ist nicht nur ihr Geschäft ruiniert, sondern
sie stürzt auch das Teppichhändlerpaar ins Unglück und
opfert damit ihre eigenen moralischen Ansprüche. Liebe
und Vernunft, Herz und Verstand, Gefühl und Geschäft,
fremdes und eigenes Glück, das zeigt die fünfte Szene
beispielhaft, sind unter den in Sezuan herrschenden Umständen (rücksichtsloser Kapitalismus) nicht miteinander
vereinbar.

Viertes Zwischenspiel „Zwischenspiel vor dem Vorhang": Shen Te zwischen Hoffen und Bangen

Publikumsan-
sprache auf dem
Weg zur Hochzeit

Wie zuletzt im dritten Zwischenspiel tritt auch in diesem vierten Zwischenspiel Shen Te vor den Vorhang. Diesmal wendet sie sich bereits *„im Hochzeitsschmuck auf dem Weg zur Hochzeit"* (S. 81) mit einem langen Monolog an das Publikum. Anders als die meisten Publikumsansprachen des Stückes ist diese Rede, abgesehen von einer kurzen, aber zentralen Passage, nicht in Versen verfasst.

Shen Te begegnet
der alten Frau des
Teppichhändlers

Stattdessen erzählt Shen Te dem Publikum von einem „schreckliche[n] Erlebnis" (S. 81), das sie hatte, als sie voller Vorfreude auf die Hochzeit vor die Tür trat. Sie begegnete nämlich der alten Frau des Teppichhändlers, die sie „zitternd" (S. 81) darum gebeten hat, ihr das geliehene Geld zurückzugeben. Ihr Mann traue weder Shui Ta noch Sun und sei vor Sorge bereits krank geworden. Shen Te „versprach es natürlich" (S. 81). Hinterher schämt sie sich dafür, die Alten „einfach vergessen" (S. 81) zu haben. Sie rechtfertigt es damit, dass sie Sun nicht habe widerstehen können, und die Götter doch auch gewollt hätten, dass sie zu sich selbst gut sei.

Ein guter Mensch
ist gut zu sich
selbst und
anderen

In zwei Versen fasst Shen Te anschließend zusammen, was ihrer Ansicht nach einen guten Menschen ausmacht. Ein guter Mensch ist demnach jemand, der ganz im Sinne des göttlichen Auftrages sowohl zu sich als auch zu anderen gut ist, der weder sich noch andere „verderben" (S. 81) lässt und dafür sorgt, dass alle, auch er selbst, glücklich sein können. Damit variiert sie das christliche Gebot der Nächstenliebe: „Du sollst deinen Nächsten lieben wie dich selbst".

Shen Te zwischen
Hoffnung ...

Was Shen Te nun erschreckt, ist, dass sie über ihr eigenes Glück das der anderen vergessen hat. Sie weiß, dass das an Sun liegt, verteidigt ihn jedoch sofort. Er sei „nicht schlecht" (S. 81) und liebe sie. „Das Böse" (S. 81), was er zu Shui Ta gesagt habe, tut sie als Wichtigtuerei unter „Männern" (S. 82) ab. Sie glaubt also nicht, dass Sun sich ihr gegenüber verstellt, sondern dass er gegenüber Shui Ta eine Rolle gespielt hat. Ihr gegenüber, glaubt oder zumindest hofft sie, zeige er sein wahres, gutes Gesicht. Deshalb hofft sie auch, dass er „nichts Schlechtes" (S. 81) tun werde, solange er mit ihr zusammen ist. Sie versucht, sich einzureden, dass er den beiden Alten das Geld für ihre Steuern zurückzahlen und lieber „in die Zementfabrik gehen" (S. 82) werde, als „sein Fliegen einer Untat verdanken zu wollen" (S. 82).

Dem Publikum muss diese Hoffnung angesichts Suns bisherigem Verhalten als reines Wunschdenken erscheinen. Und auch Shen Te plagen Zweifel, ob es ihr wirklich gelingen kann, „das Gute in ihm anzurufen" (S. 82). So „schweb[t]" (S. 82) Shen Te auf dem Weg zur Hochzeit zwischen Hoffnung und Zweifel, „Furcht und Freude" (S. 82).

... und Zweifel

Shen Te zwischen „Furcht und Freude" (S. 82)

Hoffnung (Freude)	Zweifel (Furcht)
• Sun zeigt gegenüber Shen Te sein wahres Gesicht.	• Sun zeigt gegenüber Shui Ta sein wahres Gesicht.
• Shen Te gelingt es, „das Gute" (S. 82) in Sun wachzurufen. Er will sein Glück keiner „Untat" (S. 82) verdanken.	• „Das Böse" (S. 81), das Sun zu Shui Ta gesagt hat, gewinnt bzw. behält die Kontrolle über ihn.
• Suns Liebe zu Shen Te ist stärker als seine „Leidenschaft" (S. 82) fürs Fliegen.	• Die „Leidenschaft" (S. 82) fürs Fliegen ist stärker als Suns Liebe.
• Shen Te	• Shui Ta

→ **Schwebezustand zwischen „Furcht und Freude" markiert den Wendepunkt im Konflikt zwischen Shen Te und Shui Ta.**

Dieses Zwischenspiel stellt auch insofern einen Wendepunkt dar, da Shen Te durch die Begegnung mit der alten Tep-

Shen Te besinnt sich ihrer Verantwortung für andere

pichhändlerin wieder zu sich selbst findet und sich ihrer Verantwortung für andere besinnt. War sie in der vorangegangenen Szene blind vor Liebe mit Sun gegangen, ohne an die Folgen ihres Verhaltens zu denken, ist sie sich jetzt wieder darüber im Klaren, dass sie das Teppichhändlerpaar nicht in den Ruin stürzen darf. Hat sie vor lauter Sehnsucht, gut zu sich selbst sein zu wollen, nicht mehr daran gedacht, auch zu anderen gut zu sein, hat das Gespräch mit der alten Frau ihr diese Tugend wieder ins Gedächtnis gerufen.

Funktion des 4. Zwischenspiels für das Stück

Mit Shen Tes Schwebezustand zwischen Hoffen und Bangen, Gut und Böse markiert das vierte Zwischenspiel den Wendepunkt im Handlungsverlauf des Stückes sowie im (inneren) Konflikt zwischen Shen Te und Shui Ta. War das bisherige Stück von Shen Tes Streben nach Gutem und nach Glück bestimmt, wird die zweite Hälfte von Shui Tas Gewinnstreben geprägt. Shen Tes Hoffnung erfüllt sich in der folgenden sechsten Szene nämlich nicht. Vielmehr bewahrheiten sich ihre schlimmsten Befürchtungen. Das Gute, das sie nicht länger nur für sich, sondern wieder für alle anstrebt, kann sich gegen das Böse (im Sinne Brechts: die in Sezuan herrschenden sozialen Verhältnisse) nicht behaupten.

Szene 6 „Nebenzimmer eines billigen Restaurants in der Vorstadt": Die Hochzeit fällt aus

Arme Hochzeitsgäste im „billigen" Restaurant

In einem „billigen" (S. 83) Restaurant in der Vorstadt soll die Hochzeit von Shen Te und Sun gefeiert werden. Sun wird von seiner Mutter, Frau Yang, begleitet. Shen Te hat drei Mitglieder aus der Großfamilie (den Großvater, die Schwägerin, die Nichte), die einst in ihrem Laden wohnte, eingeladen sowie die Shin und den Arbeitslosen. Die Armen von Sezuan sind ihre Ersatzfamilie.

Bonze verkörpert geldgierige, unmoralische Kirche

Außerdem steht abseits von der Hochzeitsgesellschaft ein „Bonze" (S. 83), bei dem es sich, wie sich später (vgl. S. 84, S. 90) herausstellt, um den Priester handelt, der die Trauung, die er sich offenbar gut bezahlen lässt (vgl. S. 84), durchführen soll. Die Kirche bzw. ihr Vertreter in Sezuan erscheinen in dieser Szene geldgierig und unsozial. Während Shen Te wie einst Jesus Christus die Armen um sich versammelt, steht der mächtige und reiche Priester allein in der Ecke. In dem „billigen" Restaurant, in dem die ärmliche Hochzeit stattfinden soll, wirkt der Bonze deplaziert.

Die Hochzeit verzögert sich zunächst, weil Shen Te ihrem Bräutigam Sun offenbart hat, dass sie den Laden nicht verkaufen könne, da sie dem Teppichhändlerpaar noch die 200 Silberdollar schulde. Sun teilt dies seiner Mutter mit und zeigt dabei kein Verständnis für Shen Tes Verhalten. Für ihn sind die beiden Händler nur „[i]rgendwelche Leute" (S. 83). Und da es keinen schriftlichen Vertrag gibt, sieht er keinen Grund, ihnen das Geld zurückzuzahlen. Moralische Bedenken hat er nicht.

Shen Te will ihren Laden nicht verkaufen

Für Suns Mutter, Frau Yang, ist sofort klar, dass die Hochzeit nicht stattfinden kann, wenn Shen Te den Laden nicht verkauft, um Sun die für die Fliegerstelle noch fehlenden 300 Silberdollar auszuhändigen.

Sun widerspricht seiner Mutter nicht. Stattdessen teilt er ihr mit, er habe nach Shen Tes Vetter Shui Ta schicken lassen, da die „dickköpfig[e]" (S. 83) Shen Te nicht mit sich reden lasse. Im Gegensatz dazu glaubt er, werde er Shui Ta davon überzeugen können, dass der Laden verkauft werden müsse. Da Sun die 200 Silberdollar nicht wieder zurückzahle, sei sonst nämlich sowohl der Laden als auch die Fliegerstelle weg. Frau Yang schickt Sun zu seiner Braut zurück, während sie draußen nach Shui Ta Ausschau halten will.

Sun möchte mit Shui Ta verhandeln

Shen Te verkündet derweil dem Publikum, sich in Sun nicht geirrt zu haben. Er habe ihre Entscheidung akzeptiert, ohne Enttäuschung zu zeigen. Sie fühlt sich dadurch in ihrer Liebe zu ihm bestätigt. Die Ironie, die Brecht mit dieser Publikumsansprache erzeugt, besteht darin, dass das Publikum, an das sich Shen Te wendet, längst weiß, wie sehr sich Shen Te irrt, wenn sie glaubt, sich in ihrem Bräutigam

Shen Te lässt sich von Sun täuschen

nicht geirrt zu haben. Dass das Publikum, zu dem Shen Te spricht, mehr weiß als sie selbst, lässt sie besonders naiv, gutgläubig, aber auch bedauernswert erscheinen.

Widersprüchliche Erwartungen an die Ehe

Wie unterschiedlich Sun und Shen Te sind, wird erneut deutlich, als sich beide über ihre Zukunftsvorstellungen unterhalten (vgl. S. 84 f.). Suns Wünsche sind materiell. Er möchte so wohlhabend sein, dass er sich einen Smoking kaufen kann und ihn nicht, wie offenbar jetzt zur Hochzeit, leihen muss. Shen Te dagegen träumt von romantischer Zweisamkeit. Sie möchte den Moment, in dem sich die beiden im Regen begegneten und ineinander verliebten, wiedererleben. Hier zeigt sich, dass Shen Te ihre Liebe zu Sun genügt. Das Zusammensein im Regen war für sie ein Moment vollkommenen Glücks. Die Ehe soll dieses Glück lediglich bewahren. Für Sun dagegen ist die Hochzeit nur ein Mittel zum (materiellen) Zweck.

Die unterschiedlichen Zukunftsvorstellungen Shen Tes und Suns

Sun: geliehener Smoking ➞ Heirat ➞ gekaufter Smoking
➞ Sun erhofft sich materiellen Aufstieg durch Heirat.
➞ Heirat als Mittel zum Zweck

Shen Te: Liebe im Regen ➞ Heirat ➞ Liebe im Regen
➞ Heirat soll das Liebesglück bewahren.
➞ Heirat als Vervollkommnung der Liebe

Sun hofft auf Shui Tas Vernunft

Frau Yang allerdings behauptet auf dem Weg nach draußen gegenüber der Shin genau das Gegenteil. Ihr Sohn habe zu ihr gesagt, er heirate „aus Liebe" (S. 84), schließlich sei „Geld [...] nicht alles" (S. 84). Eine „Liebesheirat" (S. 84) ist es in Wirklichkeit aber nur für Shen Te. Für Sun dagegen, der die mögliche Ehe zwischen Shen Te und Shu Fu noch als „Vernunftheirat" (S. 79) kritisierte, ist die Hochzeit mit Shen Te in erster Linie nichts anderes. Deshalb erhofft er sich auch von dem „vernünftige[n]" (S. 85) Shui Ta, dem

„Kopf"-Menschen (S. 85), die Zustimmung zum Verkauf des Ladens. Gerade dass Shui Ta die Liebe der „Vernunft" (S. 89) unterordnet, macht ihn jetzt für Sun zum ungeduldig erwarteten Verhandlungspartner. Die vermeintliche „Liebesheirat" (S. 84) entpuppt sich als kühl kalkulierter Handel. Ähnlich wie Shu Fu in der fünften Szene verstellen sich auch Frau Yang und Sun, wenn sie mit anderen reden. Da Shui Ta nicht auftaucht, kehrt Frau Yang zur Hochzeitsgesellschaft zurück und bittet den Priester, der ungeduldig auf seine Uhr zeigt, noch eine Weile zu warten. Als Shen Te mit ihr besprechen möchte, wie sie und Sun ihr gemeinsames Leben organisieren können, wiegelt Frau Yang ab: „Oh, bitte nichts von Geschäften heute! Das bringt einen so gewöhnlichen Ton in eine Feier, nicht?" (S. 85) Spätestens jetzt offenbart sich Suns Mutter als zynische Heuchlerin. Schließlich denken sie und Sun im Moment an nichts anderes als Geschäfte. Und sollte das Geschäft zwischen Sun und Shui Ta nicht zustande kommen, findet auch die Hochzeit nicht statt. Die ganze Hochzeit ist daher im Grunde nichts anderes als ein Geschäft. Von einer „Liebesheirat" (S. 84) kann keine Rede sein.

Auch Sun möchte Shen Te nicht heiraten, bevor nicht ihr Vetter Shui Ta erschienen ist und mit ihm den Handel abschließt. Dass das unmöglich ist, weiß er zwar nicht, aber Shen Te stellt ihn indirekt vor die Wahl zwischen ihr und Shui Ta: „Wenn du mich liebst, kannst du ihn nicht lieben." (S. 85) Sun entscheidet sich daraufhin scheinbar für Shen Te und wünscht Shui Ta zum Teufel. Tatsächlich aber macht er keine Anstalten, sie zu heiraten, sondern wartet auch weiterhin auf Shui Ta.

Als Shen Te erfährt, dass Sun und seine Mutter auf Shui Ta warten, ahnt sie, dass der Grund dafür nicht etwa ist, dass Suns Mutter „altmodisch" (S. 86) sei und finde, ein „so naher Verwandter" (S. 86) müsse bei der Hochzeit anwesend sein, wie Frau Yang und Sun behaupten, sondern dass es ihnen um die fehlenden „300 Silberdollar" (S. 86) geht.

Marginalien:

Hochzeit als Geschäft

Handel mit Shui Ta Voraussetzung für Hochzeit mit Shen Te

Sun will nicht auf Fliegerstelle verzichten

Während Frau Yang von Suns Fliegerstelle in Peking schwärmt, drängt Shen Te ihren Bräutigam deshalb, seiner Mutter zu sagen, dass „aus Peking nichts werden kann" (S. 86). Sun aber sieht das anders. Er möchte raus aus Sezuan, das er als deprimierend, beengend und hoffnungslos empfindet (vgl. S. 86f.). Dass Shen Te den Alten das Geld „zurückversprochen" (S. 87) hat, bezeichnet er als eine „Dummheit" (S. 87). Deshalb fordert er Shen Te auf, das Geschäftliche ihm und Shui Ta zu überlassen (vgl. S. 87).

Shen Te möchte Tabak vor der Zementfabrik verkaufen

„[E]ntsetzt" (S. 87) versucht Shen Te, Sun zu verdeutlichen, dass Shui Ta unmöglich kommen könne, da er nicht mehr da sei. Auf Suns Frage, wie sie sich dann die Zukunft vorstelle, erklärt sie, sie könnten zwar die Miete nicht zahlen, wenn sie die 200 Silberdollar zurückgäben, und also auch den Laden nicht behalten, aber immerhin den Tabak vor der Zementfabrik verkaufen. Für Sun kommt das überhaupt nicht infrage. Lieber würde er das Geld wegwerfen oder verjubeln. Noch immer hofft er, dass Shui Ta ihm die versprochenen 300 Silberdollar vorbeibringt.

Shen Te kann die beiden Alten nicht vergessen

Als Shen Te einwendet, ihr Vetter werde ihm das Geld nicht geben, da Sun nur eine Fahrkarte nach Peking gekauft habe, zeigt Sun ihr, dass er mittlerweile zwei Tickets erworben hat. Nun, gibt Shen Te zu, könne Shui Ta eigentlich nichts mehr gegen die Hochzeit einwenden (vgl. S. 88). Auch sie selbst würde am liebsten mit Sun nach Peking gehen. Anders als in der fünften Szene, vor der Begegnung mit der alten Teppichhändlerin im vierten Zwischenspiel, kann sie jetzt in der sechsten Szene, nach dieser Begegnung, die „beiden Alten" (S. 88) jedoch nicht einfach vergessen. Erneut erweist sich dieses im vierten Zwischenspiel geschilderte Aufeinandertreffen damit als zentraler Wendepunkt des Stückes.

Sun wirft Shen Te Verrat vor

Vergeblich appelliert Shen Te an Suns Mitgefühl mit dem alten Paar (vgl. S. 88). Weil sie und Sun an die Stelle in Peking „nicht ehrlich kommen" (S. 88) könnten, verlangt sie von Sun die 200 Silberdollar zurück. Sun aber möchte davon nichts hören. Er reagiert verärgert und wirft Shen Te vor, ihn zu verraten (vgl. S. 89).

Aglaja Stadelmann (Shen Te) und Raphael Westermeier (Sun) in Antje Schupps Inszenierung am Theater Ulm aus dem Jahr 2014

Suns Mutter, Frau Yang, zweifelt mittlerweile daran, dass Shui Ta erscheinen wird. Sun versucht, sie zu beruhigen. Gegenüber Shen Te betont er noch einmal, dass ihr Vetter mehr „Vernunft" (S. 89) habe als sie. Die „Liebe" (S. 89) interessiert Sun nicht. Unmissverständlich stellt er klar, dass er Shen Te nicht heiraten werde, wenn er das geforderte Geld von ihr bzw. ihrem Vetter nicht erhalte (vgl. S. 89). An dieser Stelle wird offensichtlich, dass die Ehe mit Shen Te für Sun nichts anderes wäre als eine „Vernunftheirat" (S. 79), wie er sie Shen Te in der fünften Szene noch erfolgreich ausredete. Shen Te will jetzt aus Liebe heiraten. Sun dagegen aus Kalkül. Diese gegensätzlichen Voraussetzungen formuliert die Shin in dem Satz: „Die Braut wartet auf die Hochzeit, aber der Bräutigam wartet auf den Herrn Vetter." (S. 89)

Shen Te möchte aus Liebe heiraten, Sun aus Kalkül

Konflikt zwischen Vernunft- und Liebesheirat

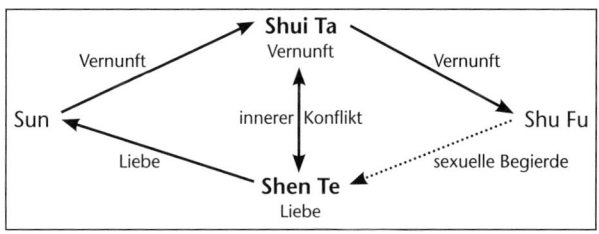

Shen Te erkennt
Suns wahren
Charakter

An das Publikum gewandt muss sich Shen Te nun endgültig eingestehen, dass Sun „schlecht" (S. 89) ist. Obwohl sie weiß, dass auch er sie moralisch verderben möchte (vgl. S. 89), liebt sie ihn so sehr, dass sie versucht ist, ihm seinen Wunsch zu erfüllen. Durch die Begegnung mit der alten Teppichhändlerin ist ihr jedoch bewusst geworden, dass zu viele Unschuldige darunter leiden würden. Deren Vertrauen schützt sie davor, selbst schlecht zu werden (vgl. S. 90).

„Das Lied
vom Sankt
Nimmerleinstag"

Vergeblich wartet die Hochzeitsgesellschaft noch eine Weile auf Shui Ta. Dann jedoch kommt der Kellner, um zu kassieren. Der Priester geht und kurz darauf folgen ihm die Gäste (vgl. S. 90f.). Nur Shen Te, Sun und dessen Mutter bleiben zurück.

Sun wirft Shen Te vor, nicht zu wissen, was Liebe sei (vgl. S. 91). Verbittert angesichts seiner zerplatzten Hoffnungen singt er „Das Lied vom Sankt Nimmerleinstag" (S. 91), das davon handelt, dass sich die Wünsche eines in Armut geborenen Jungen, wie er einer ist, erst an einem märchenhaften „Sankt Nimmerleinstag" (S. 91) erfüllen würden. Erst an diesem Tag, an dem sich „die Güte" auszahle und der Mensch „nur gut" sei (S. 92), werde er „Flieger sein" (S. 92). Für Sun ist klar, dass ein solcher Tag nimmer, also nie, kommen wird. Dennoch warten er und seine Mutter am Ende der Szene noch immer vergeblich auf Shui Ta.

Brecht formuliert
mit dem Lied eine
soziale Utopie

Brecht möchte mit dem Lied vermutlich jedoch etwas anderes ausdrücken. Unter den in Sezuan herrschenden (kapitalistischen) Verhältnissen, in denen sich „die Schlechtigkeit" auszahlt und „die Güte" einem, wie das Beispiel Shen Tes bis hierhin gezeigt hat, „den Hals" kostet (S. 92), können sich die Hoffnungen der armen Leute tatsächlich nicht erfüllen. In einer anderen, besseren (im Sinne von Brecht: sozialistischen) Gesellschaft, in der das genau umgekehrt wäre (vgl. S. 92), wäre das aber durchaus möglich. Indirekt formuliert Brecht mit dem scheinbar illusions- und hoffnungsloses Lied vom Sankt Nimmerleinstag eine gesellschaftliche Utopie.

Zugleich ist das Lied möglicherweise auch als ironische und religionskritische Anspielung auf das Jüngste Gericht in der Bibel zu verstehen. Anstatt auf Gerechtigkeit im Jenseits oder in einer fernen Zukunft zu hoffen, möchte Brecht sie im Hier und Jetzt gesellschaftlich verwirklichen.

Kritische Anspielung auf das Jüngste Gericht

Mit der gescheiterten Hochzeit platzen in dieser sechsten Szene auch die Hoffnungen Shen Tes auf ein glückliches Leben. In ihrem Bemühen, sowohl zu sich selbst als auch zu anderen gut zu sein, ist sie gescheitert. Den göttlichen Auftrag kann sie daher nicht erfüllen. Sie ist jedoch insofern ein guter Mensch geblieben, dass sie sich gegen ihr eigenes Wohl und für das der beiden alten Teppichhändler entschieden hat. Diese Gutmütigkeit bezahlt sie jedoch mit ihrem finanziellen Ruin. Am Ende der sechsten Szene muss Shen Te zudem erkennen, dass sie sich in Sun getäuscht hat. Shen Te steht vor einem Scherbenhaufen. Eine positive Zukunftsperspektive ist nirgends in Sicht.

Funktion der 6. Szene für das Stück

Fünftes Zwischenspiel „Wangs Nachtlager": Wang sorgt sich um Shen Te

Nachdem in den letzten beiden Zwischenspielen Shen Te aufgetreten ist, ist nun wieder Wang zu sehen, dem im Traum die Götter erscheinen. In einem imaginären Buch hat er ein Gleichnis über Bäume gelesen, die, je nachdem, wofür ihr Holz verwendet wird, früher oder später gefällt werden. Nur die Bäume, deren Holz nicht zu gebrauchen ist, entgehen diesem Schicksal. Das sei „[d]as [...] Leiden der Brauchbarkeit" (S. 93). Wang deutet das Gleichnis so, dass der „Schlechteste" zugleich „der Glücklichste" (S. 93) sei. In seiner Interpretation erhält die Qualität des Holzes eine moralische Dimension: Das gute, brauchbare Holz steht für einen guten Menschen und in diesem Fall für Shen Te.

Gleichnis vom „Leiden der Brauchbarkeit"

Götter sind als
Betrachtende
keine Hilfe

Wang sorgt sich um Shen Te, da er befürchtet, diese könne „wirklich zu gut für diese Welt" (S. 94) sein. Schließlich habe nicht einmal ihr Vetter verhindern können, dass ihr Laden schon so gut wie verloren sei. Die Götter weisen Wangs Sorgen zurück. Sie sind nicht bereit, einzugreifen (vgl. S. 94), und betonen abermals, dass sie „nur Betrachtende" (S. 95) seien. Nach einer kurzen Diskussion untereinander vertreten sie außerdem die Ansicht, dass sich gerade in der Not der gute Charakter eines Menschen bewähre: „Leid läutert!" (S. 94) Zugleich beklagen sie sich darüber, dass die einzigen „halbwegs guten Menschen" (S. 94), denen sie begegnen und die ihnen eine Unterkunft anbieten, „nicht menschenwürdig" (S. 94) leben. Sie sind jedoch nicht bereit, diesen Menschen zu helfen und ihre Lebensumstände zu verbessern. Von den Göttern, das wird hier abermals deutlich, ist keine Hilfe zu erwarten. Sie beschränken sich darauf, die Verhältnisse schönzureden, unternehmen aber nichts, um sie zu verbessern.

Funktion des
5. Zwischenspiels
für das Stück

Das Zwischenspiel veranschaulicht abermals, dass die Menschen in Sezuan nicht auf göttlichen Beistand hoffen können. Die Götter sind nicht bereit, Shen Te in ihrer Not zu helfen. Sie bleibt auf sich allein gestellt.

Szene 7 „Hof hinter Shen Te's Tabakladen": Schwangere Shen Te verwandelt sich in Shui Ta

Die Shin wirft
Shen Te vor,
„etwas Besseres"
sein zu wollen

Gemeinsam mit der Shin nimmt Shen Te im Hof Wäsche von der Leine. Die Shin hat sich mittlerweile zu einer Art Weggefährtin Shen Tes entwickelt. Sie rät Shen Te, um ihren Laden zu kämpfen. Diese aber entgegnet, dass sie noch heute den alten Leuten die geliehenen 200 Silberdollar zurückzahlen und daher den Tabak verkaufen müsse. Deshalb könne sie die Miete nicht bezahlen. Verärgert erklärt die Shin daraufhin, das komme davon, „wenn man etwas Besseres sein" (S. 96) wolle. Diese Bemerkung ist doppeldeutig. „Besser" als die anderen war Shen Te nämlich nicht nur, weil sie als Tabakladenbesitzerin auf der sozialen Leiter nach oben kletterte, sondern vor allem, weil sie sich um ihre Mitmenschen kümmerte. Dieses moralische „Besser sein" war es, das sie in Schwierigkeiten brachte.

Auf der Wäscheleine entdeckt die Shin Shui Tas Hose. Während sie sich noch darüber wundert, „stürzt" (S. 96) der Barbier Shu Fu herein. Er hat von der geplatzten Hochzeit erfahren und möchte nun die Gelegenheit nutzen, Shen Te für sich zu gewinnen. Er schmeichelt Shen Te als „Engel der Vorstädte" (S. 96) und gibt vor, sie in ihren guten Taten unterstützen zu wollen. Zu diesem Zweck überreicht er ihr einen Blankoscheck, damit sie ihren Laden, „diese kleine Insel der Zuflucht" (S. 97), nicht schließen müsse. Dabei kehrt er die scheinbare Uneigennützigkeit seines Handelns derart betont hervor (vgl. S. 97), dass sich ahnen lässt, dass er in Wirklichkeit sehr wohl eine Gegenleistung von Shen Te erwartet: nämlich, dass sie ihn heiratet. Dass er sich selbst als „still und bescheiden" und „selbstlos" (S. 97) charakterisiert, erscheint vor diesem Hintergrund als scheinheilig und verlogen. Wäre er wirklich bescheiden, würde er sich nicht selbst derart loben.

Shu Fu stellt Shen Te einen Blankoscheck aus

Die Shin drängt Shen Te, sofort 1000 Silberdollar in den Scheck einzutragen und das Geld bei der Bank abzuheben, bevor Shu Fu „wieder zur Besinnung" (S. 97) komme. Shen Te aber möchte das Geld zunächst nicht annehmen. Den Grund dafür spricht die Shin aus. Shen Te will Shu Fu nicht heiraten, weil sie noch immer an Sun hängt.

Shen Te will Shu Fu nicht heiraten

Tatsächlich entschuldigt Shen Te das rücksichtslose Handeln Suns mit der „Not" (S. 97), in der dieser lebt. In einer in freien Versen gehaltenen Publikumsansprache begründet sie Suns unmoralisches Verhalten mit den Umständen. Die vier Verse lassen sich nach diesem Verteidigungsprinzip in zwei Verspaare unterteilen. Im jeweils ersten Vers eines Paares beschreibt Shen Te die negativen Eigenschaften Suns. Im jeweils zweiten Vers schildert sie

Shen Te verteidigt Sun

dann die widrigen Umstände, in denen Sun lebt. Ohne dass sie es ausdrücklich so formuliert, sollen die Umstände offensichtlich das Verhalten Suns erklären. Deutlich wird dies auch durch die im zweiten Verspaar geschilderten Reaktionen Shen Tes: Sein Verhalten flößt ihr „Furcht" (S. 98) ein, aber als sie die Gründe dafür begreift, weicht diese Furcht ihrer Liebe.

Shen Te entschuldigt Suns Verhalten mit den Umständen

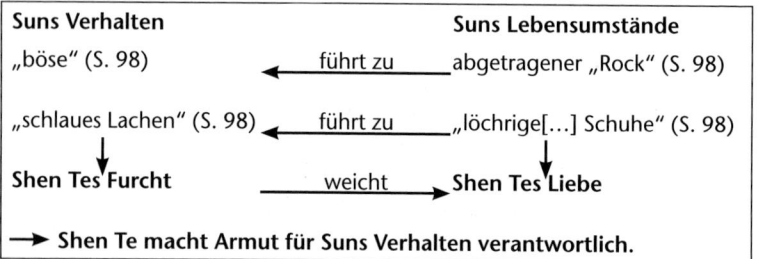

Suns Verhalten		Suns Lebensumstände
„böse" (S. 98)	←—— führt zu ———	abgetragener „Rock" (S. 98)
„schlaues Lachen" (S. 98)	←—— führt zu ———	„löchrige[…] Schuhe" (S. 98)
Shen Tes Furcht	——— weicht ——→	Shen Tes Liebe

—→ Shen Te macht Armut für Suns Verhalten verantwortlich.

Die Shin bemerkt Shen Tes Schwangerschaft
Die Shin ärgert sich darüber, dass Shen Te Sun verteidigt, obwohl er die Hochzeit platzen ließ. Als Shen Te beim Wäscheabhängen schwindelig wird, begreift die Shin sofort, dass Shen Te von Sun schwanger ist. Gleichzeitig steht für sie auch fest, dass Shen Te in diesem Fall nicht mehr mit Shu Fus Unterstützung rechnen darf. „Für solche Gelegenheit" (S. 98) sei der Scheck nicht gedacht gewesen. Die Shin durchschaut also Shu Fus scheinbare Selbstlosigkeit.

Shen Te träumt von glücklicher Zukunft mit ihrem Sohn
Als die Shin nicht mehr in Hörweite ist, bestätigt Shen Te deren Verdacht. Tatsächlich ist sie schwanger. Voller Vorfreude stellt sie sich an das Publikum gewandt vor, dass ihr Sohn den Traum seines Vaters verwirklichen und ein Postflieger werden wird (vgl. S. 98 f.).

Anschließend nimmt sie ihren imaginären Sohn in einer pantomimischen Einlage an die Hand und führt ihn durch die Stadt. Dabei wird deutlich, dass sie sich keine gemeinsame Zukunft mit Sun vorstellt. Ihren Sohn nennt sie einen „Vaterlose[n]" (S. 99). Sie rechnet außerdem damit, ihn unter ärmlichen Umständen großzuziehen und dabei nicht immer die Gesetze einhalten zu können. Dem „Polizist[en]" (S. 99) gehen Mutter und Sohn in ihrem Spiel lieber aus dem Weg, und die „Kirschen" (S. 99) müssen sie stehlen. Trotzdem aber träumt sie von einer glücklichen Zukunft. Der Diebstahl und die Flucht vor der Polizei erscheinen in dieser Fantasie als ein harmloses, unbeschwertes Spiel.

Diese Wunschvorstellungen Shen Tes werden jedoch von der harten Realität unterbrochen, als der Wasserverkäufer Wang mit einem Kind an der Hand erscheint. Es ist das Kind des Schreiners Lin To, der seine Werkstatt verlor, nachdem Shui Ta ihn um seinen Lohn betrogen hatte. Das obdachlose und hungrige Kind verkörpert die düstere Zukunft, die jenseits ihrer Fantasien auch Shen Tes Sohn droht. Shen Te nimmt das Kind Wang ab.

Kind des Schreiners als abschreckendes Beispiel

Bevor sie sich an den Wasserverkäufer wendet, fordert Shen Te das Publikum auf, sich um das Kind zu kümmern: „Einer von morgen bittet euch um ein Heute!" (S. 100) Mit diesem ans Publikum gerichteten Appell durchbricht Brechts episches Theater (vgl. Hintergründe, S. 146 ff.) einmal mehr die Ebene des Schauspiels und verdeutlicht, dass das auf der Bühne Gezeigte einen beispielhaften, belehrenden Charakter hat. Das für das Stück erfundene Schreinerkind steht stellvertretend für alle hilfsbedürftigen armen bzw. sozial schwachen Kinder, derer sich die Zuschauer bzw. Leser annehmen sollen.

Hilferuf an das Publikum

An Wang gewandt schlägt Shen Te anschließend vor, das Kind „in den Baracken des Herrn Shu Fu" (S. 100) unterzubringen. Da sie selbst schwanger und mittellos sei, werde sie vielleicht auch bald dort wohnen müssen.

Shen Te entschuldigt sich bei Wang

Bevor Wang loslaufen kann, um den Schreiner Lin To zu holen, entschuldigt sich Shen Te bei Wang noch dafür, dass sie nicht als Zeugin gegen Shu Fu ausgesagt habe und dann auch noch die Baracken vom Barbier angenommen habe. Wang aber wiegelt ab. Er komme mittlerweile auch ganz gut mit der linken Hand zurecht. Und dass die Obdachlosen in den Baracken wohnen könnten, sei doch wichtiger als seine Hand. Wangs Reaktion offenbart seinen gutmütigen Charakter und seine Verbundenheit mit Shen Te. Er ist nicht nachtragend und trotz seiner Betrügereien im Grunde seines Herzens freundlich und selbstlos.

Shen Te schenkt Wang den Wagen mit ihrem *„Hausrat"* (S. 96), damit er ihn verkaufen und wegen seiner Hand wenigstens den Arzt aufsuchen kann (vgl. S. 101).

Shen Te glaubt an das Gute im Menschen

Die Shin ärgert sich erneut über Shen Tes Gutmütigkeit, weil sie fürchtet, dass sie damit Shu Fu vergrault, mit dem sie Shen Te verkuppeln möchte. Shen Te kann nicht verstehen, warum die Shin so „böse" (S. 101) reagiert. Dem Publikum unterbreitet Shen Te in freien Versen erneut (vgl. Szene 1, S. 21) ihr positives Menschenbild. Gut und hilfsbereit zu sein, glaubt sie, sei ganz „[n]atürlich" (S. 101), „angenehm" (S. 101) und leicht. Böse und gierig zu sein dagegen koste den Menschen „Mühe" und sei „anstrengend" (S. 101). Brecht, der diese Aussage durch die Publikumsansprache hervorhebt, teilt diese Einschätzung weitgehend. An dieser Stelle überlässt er es dem Publikum, die unausgesprochene Frage zu beantworten, wieso die Menschen diese Anstrengung unternehmen. Für sie gilt das Gleiche wie für Sun (vgl. S. 97 f.): Es sind die äußeren Umstände, die ihr Handeln bestimmen.

Mann und Frau verstecken gestohlene Tabakballen bei Shen Te

Nachdem die Shin *„zornig"* (S. 102) gegangen ist, taucht das Paar aus der ersten Szene im Hof auf: der Mann und die Frau der achtköpfigen Familie. Sie schleppen einige Tabakballen an und bitten Shen Te, diese für sie unterzustellen. Shen Te willigt zunächst ein, zögert jedoch, als sich herausstellt, dass die Ballen offenbar gestohlen sind und vor der Polizei versteckt werden sollen. Schließlich gibt sie aber doch nach und begleitet das Paar in den Laden.

Im Laden sieht Shen Te zu ihrem Entsetzen, wie das Kind des Schreiners im Mülleimer nach etwas Essbarem sucht. Dieser Anblick löst in ihr eine Veränderung aus, die bereits in den vorangegangenen Szenen und Zwischenspielen vorbereitet wurde. Shen Te muss erkennen, dass ihre Wunschvorstellungen nicht mit der Realität in Sezuan in Einklang zu bringen sind. Deshalb beschließt sie, noch einmal als Shui Ta aufzutreten; ein letztes Mal, wie sie hofft (vgl. S. 104). Schnell schickt sie den Mann und die Frau weg und nimmt das Kind auf den Arm.

Shen Te beschließt Shui Tas Rückkehr

Dem Publikum gegenüber beklagt sie den Zustand einer Welt, die solche Armut zulässt. Dabei macht sie das Publikum für die Not des Kindes verantwortlich (vgl. S. 103). Abermals schlägt Brecht hier eine Brücke zwischen dem Geschehen innerhalb des Stückes und der Realität außerhalb desselben. Das Publikum soll sich nicht bequem zurücklehnen, sondern begreifen, dass es die Welt ist, in der es selbst lebt, die ihm in Brechts Stück beispielhaft vor Augen geführt wird. Jeder Zuschauer, jeder Leser ist für diese Welt verantwortlich und aufgefordert, sie zu verbessern.

Publikum für Armut verantwortlich

Shen Te jedoch fasst in dieser Publikumsansprache den Entschluss, sich fortan nicht mehr um das Wohl der anderen zu kümmern, sondern nur noch für ihren ungeborenen Sohn da zu sein. Nur ihn will sie retten, nur zu ihm „gut sein" (S. 104). Für sein Wohlergehen ist sie auch bereit, allen anderen gegenüber hart und unerbittlich zu sein, zum „Tiger" (S. 104) zu werden. Auch vor „Betrug" (S. 104) schreckt sie nicht zurück. Innerlich nimmt sie damit die anschließende Verwandlung in Shui Ta vorweg. Mit dieser neuen Haltung bringt Shen Te zugleich die Wende innerhalb des Stückes, die sich in den vorangegangenen Szenen und Zwischenspielen vollzogen hat, zum Abschluss. Die Publikumsansprache markiert einen grundlegenden Richtungswechsel im Handlungsgeschehen. Nachdem Shen

Shen Te vollzieht inneren Wandel

Tes Bemühungen gescheitert sind, ihre Hoffnungen zerplatzt sind, übernimmt nun Shui Ta das Ruder. Mit der folgenden Verwandlung in Shui Ta tritt das Geschehen nun in
eine neue Phase. Shen Tes Hilfsbereitschaft wird von Shui
Tas Eigensinn abgelöst.

Shui Ta als Retter von Shen Tes Sohn

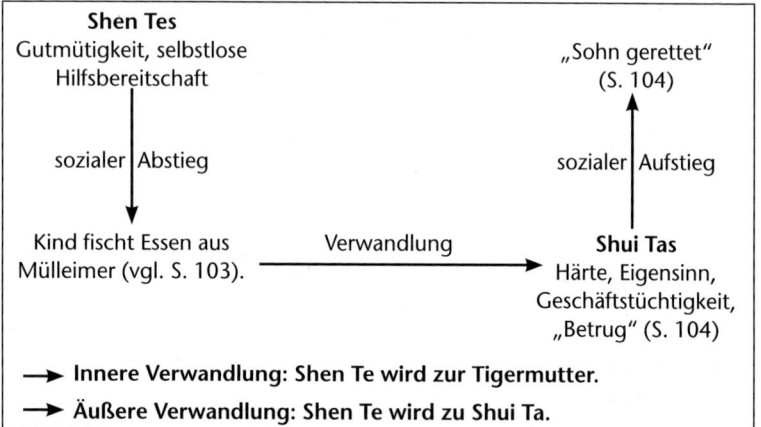

Shen Tes
Gutmütigkeit, selbstlose
Hilfsbereitschaft

„Sohn gerettet"
(S. 104)

sozialer | Abstieg

sozialer | Aufstieg

Kind fischt Essen aus
Mülleimer (vgl. S. 103).

Verwandlung

Shui Tas
Härte, Eigensinn,
Geschäftstüchtigkeit,
„Betrug" (S. 104)

→ **Innere Verwandlung: Shen Te wird zur Tigermutter.**

→ **Äußere Verwandlung: Shen Te wird zu Shui Ta.**

Shui Ta soll
Laden retten
In dem Moment, in dem Shen Te mit Shui Tas Hose weg-
geht, um sich in ihren Vetter zu verwandeln, kehrt die Shin
zurück und beobachtet sie „*neugierig*" (S. 104). Offensichtlich ahnt sie, dass etwas mit der Hose und dem vermeintlichen Vetter nicht stimmt. Kurz nacheinander treffen nun
auch die Schwägerin aus der achtköpfigen Familie und der
Arbeitslose ein. Die Shin schimpft über Shen Te, deren
„Leichtsinn[…]" (S. 104) sie nun „[h]inab" (S. 104) in die
„Baracken" (S. 104) Shu Fus führe. Die Schwägerin erklärt,
sie habe sich eigentlich gerade über die Zustände, die dort
herrschten, beschweren wollen. Es seien nämlich „[f]euch-
te Rattenlöcher mit verfaulten Böden" (S. 104). Der Widerspruch zwischen den schönen Worten Shu Fus und der
Wirklichkeit wird offenkundig.

Alle sind sich einig, dass nur noch der Vetter den Laden
retten könne, womit indirekt auch ihnen geholfen wäre.
Denn Shen Te „gibt ja dann" (S. 105).

Als Nächstes treffen Wang, der Schreiner und zwei seiner
Kinder ein, mit denen er hofft, in den Häusern von Shu Fu
unterzukommen. Shen Te, die jetzt in der Verkleidung des
Shui Ta vor den Laden tritt, ist jedoch nicht länger bereit,
das Versprechen einzulösen. Shui Ta erklärt, die Häuser
müssten geräumt werden, da er beabsichtige, darin eine
Tabakfabrik einzurichten. Jeder der Anwesenden könne
dort Arbeit finden. Die Schwägerin ist dazu zunächst nicht
bereit. Sie möchte ihren eigenen Tabak verkaufen. Den jedoch hat Shui Ta kurzerhand zu seinem Besitz erklärt. Als
der Schreiner und der Arbeitslose die Ballen holen, erkennt
die Schwägerin den Tabak wieder. Shui Ta, der weiß, dass
der Tabak gestohlen ist, schlägt ihr vor, sie könne ja die
Polizei holen, wenn sie wolle. Daraufhin gibt die Schwägerin klein bei und ist nun doch bereit, für Shui Ta zu arbeiten.

Shen Te kehrt als Shui Ta zurück

Zwischendurch hat Shui Ta auch der Hausbesitzerin Mi Tzü
angekündigt, die noch ausstehende Halbjahresmiete bis
zum Abend zu bezahlen. In den Blankoscheck von Shu Fu
hat er nämlich den Betrag von 10 000 Silberdollar eingetra-
gen. Zehnmal mehr, als die Shin ursprünglich vorgeschla-
gen hat (vgl. S. 97). Dies verdeutlicht, mit welcher Rücksichtslosigkeit und zugleich Entschlossenheit Shen Te in
ihrer Rolle als Shui Ta nun zu Werke geht. Jetzt genügt es
Shui Ta nicht mehr, irgendwie das Nötigste zu tun, um den
Laden zu retten. Stattdessen will er zusätzlich auch noch
eine Tabakfabrik gründen.

Shui Ta gründet Tabakfabrik

Shui Ta führt die versammelte Menge zu den Häusern Shu
Fus. Nur Wang und die Shin bleiben zurück. Die Shin hat
nun endgültig Verdacht geschöpft, weil der Vetter ausgerechnet jene Hose trägt, die Shen Te eben noch von der
Leine genommen hat. Sie beginnt zu ahnen, dass Shen Te

Die Shin schöpft Verdacht

und Shui Ta, der, wie Wang feststellt, „ja immer nur ganz kurz" (S. 108) da sei, ein und dieselbe Person sind.

Shui Ta kümmert sich nicht um die beiden Alten

Das alte Teppichhändlerpaar, über das sich Shen Te am Anfang der Szene mit der Shin unterhalten hat, trifft nun am Ende der Szene ein. Um den beiden Alten den Kredit zurückzahlen zu können, verzichtete Shen Te in der sechsten Szene auf die Hochzeit mit Sun. Am Anfang dieser siebten Szene wäre sie außerdem sogar bereit dazu gewesen, ihren Laden dafür zu opfern. Nach ihrer Verwandlung in Shui Ta hat sie das Paar jedoch vergessen. Obwohl sie jetzt genug Geld hätte, den beiden den Kredit zurückzugeben, kümmert sie sich in ihrer Rolle als Shui Ta nicht mehr darum. Die beiden Alten warten ebenso vergeblich auf Shen Tes Rückkehr wie Wang.

Kontrast zwischen Szenenanfang und Schluss

Anfang und Ende der siebten Szene bilden damit einen auffälligen Kontrast, der verdeutlicht, dass sich innerhalb der Szene etwas Grundlegendes geändert hat.

Funktion der 7. Szene für das Stück

Der Umschwung des Handlungsgeschehens, der zugleich im inneren Konflikt zwischen Shen Te und Shui Ta eine grundlegende Wende darstellt, kommt in dieser Szene zum Abschluss. Nach der Begegnung mit den beiden Alten, die Shen Te im vierten Zwischenspiel schildert, und der geplatzten Hochzeit in der sechsten Szene steht Shen Te zu Beginn der siebten Szene vor dem Ruin. Sie ist bereit, sich zu fügen, ehe ihre Schwangerschaft und der Anblick des hungernden Kindes, das aus dem Mülleimer isst, sie zu einem radikalen Umdenken veranlassen. Nachdem Shen Tes Bemühungen, zu sich und allen anderen gut zu sein, gescheitert sind, überlässt sie es nun Shui Ta, sich ohne Rücksicht auf andere um das Wohl ihres ungeborenen Sohnes zu kümmern. Nachdem in den ersten Szenen des Stückes Shen Te im Mittelpunkt stand, rückt nun Shui Ta ins Zentrum des Geschehens. Doch auch das Ende dieses Täuschungsmanövers deutet sich in dieser Szene bereits an: Die Shin ahnt, dass Shen Te und Shui Ta ein und dieselbe Person sind.

Sechstes Zwischenspiel „Wangs Nachtlager": Wang bittet die Götter vergeblich um Erleichterungen für Shen Te

In einem von Musik untermalten Traum begegnet der Wasserverkäufer Wang erneut den Göttern, die von ihrer „langen Wanderung" (S. 109) mittlerweile „müde" (S. 109) zu sein scheinen. Wang berichtet ihnen von einem anderen Traum, in dem er Shen Te im Fluss an der Stelle gesehen habe, „wo die Selbstmörder gefunden werden" (S. 109). Sie habe einen unsichtbaren „Ballen der Vorschriften" (S. 109) mit sich herumgetragen, der sie zu erdrücken drohte.

Wang sorgt sich um Shen Te

Aus Sorge um Shen Te bittet Wang die Götter für diese um „Erleichterung[en]" (S. 109). Sie sollen die göttlichen Gebote nicht so streng auslegen. Als der dritte Gott fragt, wie er sich das vorstelle, schlägt Wang vor, statt „Liebe" nur „Wohlwollen" (S. 109), statt „Gerechtigkeit" nur „Billigkeit" und statt „Ehre" nur „Schicklichkeit" (S. 110) zu verlangen. Die Götter, die ohnehin auf ihrem Weg nur kurz innehielten, um Wang anzuhören (vgl. S. 109), weisen das zurück. Der dritte Gott begründet das damit, dass die von Wang vorgeschlagenen Gebote in Wirklichkeit noch schwerer einzuhalten seien als die Gebote der Götter.

Götter weisen Wangs Bitte um „Erleichterung" zurück

Die Reaktion der Götter bestätigt deren mangelnde Bereitschaft, sich in das Leben der Menschen einzumischen und die Welt zu verändern. Indirekt geben die Götter damit außerdem zu, dass ihre Gebote unter den in Sezuan herrschenden Bedingungen umso schwerer einzuhalten sind, je konkreter und nachvollziehbarer sie ausgelegt werden. Um Shen Te die Einhaltung der göttlichen Vorschriften zu erleichtern, versucht Wang, die großen allgemeinen Tugenden „Liebe", „Gerechtigkeit" (S. 109 f.) und „Ehre" durch tugendhaftes Verhalten im Einzelfall, „Wohlwollen", „Billigkeit" und „Schicklichkeit", zu ersetzen.

Wangs Vorschläge konkretisieren die göttlichen Vorschriften

Dadurch aber werden die vagen, gefühlsbeladenen Vorschriften der Götter fassbarer und als Handlungsanweisungen nachvollziehbar. Während Liebe als abstrakter Begriff einen Gefühlszustand beschreibt, der sich auf unterschiedlichste Weise äußern kann, schlägt sich das Wohlwollen darin nieder, wie man sich gegenüber anderen in einer bestimmten Situationen verhält. Beschreibt Gerechtigkeit ein allgemeines moralisches Prinzip, verweist Billigkeit auf die konkrete Anwendung dieses Prinzips im Einzelfall. Und während sich die Ehre eher allgemein über Haltungen, Gefühle und Wahrnehmungen definiert, bezieht sich Schicklichkeit jeweils auf ein bestimmtes Benehmen bzw. Verhalten.

Göttliche Vorschriften entpuppen sich als scheinheilig

Wenn die Götter argumentieren, dass ihre Gebote durch die Vorschläge von Wang nur noch schwerer einzuhalten seien, entlarven sie ihre eigenen Vorschriften als Scheingebote, die wenig mit dem konkreten Leben der Menschen zu tun haben. Ihre allgemein gehaltenen Gebote erleichtern das Heucheln. Die Götter suchen offenbar also nicht wirklich einen guten Menschen, sondern lediglich jemanden, der den tugendhaften Schein aufrechterhält. Ihre Religion, die im Sinne Brechts beispielhaft für alle Religionen, insbesondere aber die christliche Religion, steht, erweist sich damit als scheinheilig. Wangs Missverständnis besteht darin, dass er die Tugenden der Götter inhaltlich ernst nimmt, wohingegen es den Göttern selbst nur auf den äußeren Anschein ankommt.

Göttliche Vorschriften im Vergleich zu Wangs Vorschlägen

Götter	Wang
● „Liebe", „Gerechtigkeit", „Ehre" (S. 109 f.)	● „Wohlwollen", „Billigkeit", „Schicklichkeit" (S. 109 f.)
● große Gebote	● kleine Gebote
● abstrakte Tugenden, schwer überprüfbar	● konkretes Handeln, nachvollziehbar

→ **Wangs vorgeschlagene Erleichterungen entlarven die abstrakte Tugendhaftigkeit der Götter als scheinheilig.**

Wangs Traum im Traum fasst das bisherige Geschehen thematisch zusammen: Shen Te droht, am göttlichen Auftrag zu scheitern. Deutlich wird erneut, dass die Götter nicht gewillt sind, den Menschen bzw. Shen Te zu helfen. Wangs Bitte um Erleichterung für Shen Te weisen sie im Vorbeigehen zurück. Dabei zeigt sich, dass die von ihnen geforderten Tugenden den Göttern selbst im Grunde nichts bedeuten. Es genügt ihnen, wenn der Schein der Tugendhaftigkeit aufrechterhalten wird. Die Götter und ihre Vorschriften entpuppen sich in diesem Zwischenspiel als scheinheilig.

Funktion des 6. Zwischenspiels für das Stück

Szene 8 „Shui Ta's Tabakfabrik": Suns „Aufstieg" zum brutalen Aufseher

Mit Shui Ta's Tabakfabrik wird in der achten Szene ein neuer Handlungsort eingeführt. Shui Ta, der bislang immer nur kurz in Erscheinung trat, hat sich jetzt dauerhaft in Sezuan niedergelassen. Im Übergang von der siebten zur achten Szene sind mehr als „drei Monate[…]" (S. 111) vergangen, in denen Shui Ta in den Baracken Shu Fus eine Fabrik aufgebaut hat. Shen Te tritt hinter der Maske des Shui Ta weitgehend zurück. Dies wird schon angesichts der *„entsetzlich[en]"* (S. 111), ausbeuterischen Arbeitsverhältnisse deutlich, die in

Shui Ta beutet Arbeiter in der Tabakfabrik aus

der Fabrik herrschen. Die Arbeiter, darunter ganze Familien mit alten Leuten und Kindern, hocken *„zusammenge-pfercht"* (S. 111) hinter „*Gittern"* (S. 111) wie in einem Gefängnis.

Wechsel zwischen Rahmen- und Binnenhandlung

Formal ist die achte Szene unterteilt in eine in der Erzählgegenwart angesiedelte Rahmenhandlung, in der sich Suns Mutter Frau Yang als Erzählerin ans Publikum wendet, und in eine in der Vergangenheit spielende Binnenhandlung, von der Frau Yang berichtet. Die Szene wechselt beständig zwischen diesen beiden Zeit- und Handlungsebenen hin und her. Der Wechsel zwischen den Zeitebenen erinnert an Rückblenden in Romanen oder auch Filmen. Durch diese Darstellungsweise verliert das auf der Bühne Gezeigte seinen unmittelbaren dramatischen Charakter ein wesentliches Element des epischen Theaters (vgl. Hintergründe, S. 146 ff.) episiert.

Kommentare und Spielszenen widersprechen einander

Auffällig ist, dass die Spielszenen, in denen das, was Frau Yang erzählt, dargestellt wird, ihren Einschätzungen, Kommentaren und Bewertungen oftmals widersprechen. Dies führt dazu, dass das Publikum genötigt wird, sich ein eigenes Urteil zu bilden, das die Schönfärbereien von Frau Yang entlarvt. Sie tritt in dieser achten Szene als eine kapitalistische Profiteurin auf, die das herrschende System verteidigt, während Brecht in den Spielszenen zeigt, wie der Sezuan-Kapitalismus seiner Ansicht nach wirklich funktioniert.

Rückblick auf Suns Verwandlung

Frau Yang kündigt zunächst an, zu berichten, wie ihr Sohn Sun durch „die Weisheit und Strenge" (S. 111) Shui Tas von einem „verkommenen Menschen in einen nützlichen verwandelt wurde" (S. 111). Nachdem Shui Ta die Tabakfabrik im Anschluss an die siebte Szene gegründet hatte, entwickelte sich diese rasch zu einem florierenden Unternehmen. „Vor drei Monaten" (S. 111), so erinnert sich Frau Yang, sprach sie dann gemeinsam mit ihrem Sohn bei Shui Ta vor.

Anschließend wird nun dieses Aufeinandertreffen geschildert bzw. auf der Bühne dargestellt. Frau Yang wechselt dazu aus der Rahmenhandlung in die Binnenhandlung und aus ihrer vermittelnden Rolle als Erzählerin in die Rolle einer das Geschehen unmittelbar miterlebenden Figur.

Frau Yang wechselt von der Rahmen- in die Binnenhandlung

Sie bittet Shui Ta, der im Namen Shen Tes ihren Sohn Sun wegen „Bruch des Heiratsversprechens und Erschleichung von 200 Silberdollar" (S. 111) angeklagt hat, „Gnade vor Recht" (S. 111) ergehen zu lassen. Das Geld sei ohnehin nicht mehr da, weil Sun es innerhalb von zwei Tagen verprasst habe, als klar gewesen sei, dass aus der Fliegerstelle nichts werde.

Shui Ta stellt Sun ein

Shui Ta schlägt vor, Sun in seiner Fabrik anzustellen, sodass dieser seine Schulden nach und nach zurückzahlen könne. Ein Vorschlag, den er, wie er sagt, nur unterbreite, weil Sun Shen Te einmal viel bedeutet habe.

Vor die Wahl „Kittchen oder Fabrik" (S. 112) gestellt, willigt Sun ein.

Nachdem sich Frau Yang bei Shui Ta bedankt hat und ihren Sohn ermahnt hat, fortan durch „ehrliche Arbeit" (S. 112) auf den „rechten Wege" (S. 112) zurückzukehren, wechselt sie wieder zurück in ihre Rolle als Erzählerin. Dem Publikum berichtet sie, dass die ersten Wochen in der Fabrik für Sun „hart" (S. 112) gewesen seien. Erst in der dritten Woche habe er eine Gelegenheit bekommen, „sich auszuzeichnen" (S. 112).

Frau Yang wechselt wieder in die Rolle der Erzählerin

Das, was Suns Mutter als ein erfreuliches Ereignis ankündigt, wird danach dargestellt. Sun und der frühere Schreiner Lin To schleppen jeweils zwei Tabakballen. Lin To stöhnt, er sei zu alt für diese schwere Arbeit. Während er eine Pause macht, gesellt sich Sun zu ihm. Lin To, der sogar seine Kinder mitarbeiten lässt, glaubt, dass Shen Te die in der Fabrik herrschenden Zustände nicht dulden würde. Sun stimmt ihm zu. Ähnlich wie Shen Te in der siebten Szene (vgl. S. 97 f.) macht auch er die „Verhältnisse"

Lin To und Sun unterhalten sich über Shen Te

(S. 113) und die Armut dafür verantwortlich, dass aus ihrer Heirat nichts geworden ist.

Sun profiliert sich auf Kosten Lin Tos

Als sich Lin To und Sun wieder an die Arbeit machen, sieht Sun Shui Ta kommen. Scheinheilig bietet er dem Schreiner an, einen Ballen für ihn mitzutragen. Tatsächlich geht es ihm dabei jedoch nur darum, vor Shui Ta möglichst gut dazustehen.

In ihrer Rolle als Erzählerin lobt Frau Yang ihren Sohn auch noch für diese Hinterlist. Sie nennt ihn einen „gute[n] Arbeiter, der keine Arbeit scheut" (S. 113).

Shui Ta handelt rücksichtslos und ungerecht

Tatsächlich fällt Shui Ta auf den Trick Suns herein. Shui Ta tadelt den ehemaligen Schreiner dafür, dass er nur einen Ballen trägt, während Sun drei Ballen schleppt. Lin Tos Entschuldigung will Shui Ta nicht hören. Stattdessen zwingt er den früheren Schreiner dazu, ebenfalls drei Ballen zu tragen. Lin To gegenüber lobt er Sun und bescheinigt diesem einen „guten Willen" (S. 113). Damit verkennt Shui Ta die Situation. In Wirklichkeit handelte Sun nämlich böswillig. Shui Ta tritt hier als rücksichtsloser und ungerechter Tyrann in Erscheinung, der seine Arbeiter nur nach dem beurteilt, was sie für seine Firma leisten. Als Mitmenschen interessieren sie ihn nicht.

Sun verleumdet den Aufseher, um dessen Stelle zu erlangen

Nach diesem Vorfall leitet Frau Yang kurz auf den nächsten Zwischenfall am folgenden Samstag über.

Bei der Lohnauszahlung, bei der Shui Ta selbst das Geld ausbezahlt, nennt der Aufseher (der frühere Arbeitslose) für Sun einen Wochenlohn von sechs Silberdollar. Sun aber korrigiert ihn, da er nur an fünf Tagen gearbeitet habe. „*Heuchlerisch*" (S. 114) erklärt er, er wolle „nichts bekommen, was ich nicht verdiene" (S. 114).

Shui Ta fällt auch darauf herein. Verärgert stellt er den Aufseher zur Rede und nimmt dann Sun beiseite. Zunächst lobt er ihn als einen „kräftige[n]" und „ehrliche[n] Mensch[en]" (S. 144), womit er sich abermals grundlegend in ihm täuscht. Dann fragt er ihn, ob sich der Aufseher öfter „zuungunsten der Firma" (S. 114) verrechne. Sun nutzt die Gelegenheit, den Aufseher zu denunzieren und sich selbst als dessen Nachfolger ins Spiel zu bringen. Das, was ihm bei der ersehnten Fliegerstelle nicht gelungen ist, versucht er nun erneut: Er verleumdet einen Arbeiter, um an dessen Stelle zu gelangen.

Frau Yang äußert sich dem Publikum gegenüber begeistert von Suns Verhalten. Sie habe ihren Sohn in seinem Ehrgeiz bestärkt. Aufgrund seiner „Bildung und Intelligenz" (S. 115) habe er „große Dinge" (S. 115) hervorgebracht und in der Fabrik wahre „Wunderwerke" (S. 115) verrichtet.

Suns Mutter ist stolz auf ihren Sohn

Die Lobrede seiner Mutter steht jedoch im Widerspruch zur szenischen Darstellung, die Sun bei seiner Arbeit als Aufseher zeigt. „[B]reitbeinig" (S. 115) kommandiert und schikaniert er die Arbeiter. Er beschimpft sie als „faule[…] Hunde" (S. 115) und zwingt sie, im Akkord zu arbeiten. Unerbittlich treibt er sie an und nimmt dabei weder auf Kinder noch alte Leute Rücksicht.

Aufseher Sun schikaniert die Arbeiter

Voller Stolz und ohne moralische Bedenken lobt Frau Yang ihren Sohn gegenüber dem Publikum für die „Erfüllung seiner Pflicht" (S. 115), von der dieser sich auch durch die „Anfeindung" und „Schmähung" seitens „ungebildeter Menschen" (S. 115) nicht habe abhalten lassen. Auf zynische Weise verkehrt sie mit diesen Worten die Rollen von Tätern und Opfern.

Frau Yang verkehrt Rollen von Tätern und Opfern

Die von Frau Yang erwähnten „Schmähung[en]" (S. 115) der Arbeiter drücken sich im „Lied vom achten Elefanten" (S. 116) aus, das einer der Arbeiter anstimmt und dessen Refrain alle gemeinsam singen. Das Lied handelt von sieben Elefanten, die von einem weiteren, dem achten Elefanten, bewacht und unterdrückt werden. Die Elefanten sollen für Herrn Dschin einen Wald roden. Während die sieben Elefanten arbeiten, schaut der achte zu und treibt sie an. Als die sieben Elefanten sich weigern, weiter zu schuften,

„Lied vom achten Elefanten"

schlägt der achte Elefant auf sie ein. Er ist der einzige Elefant, der genügend Futter bekommt und noch einen Stoßzahn hat. Während der achte Elefant seine Artgenossen drangsaliert, schaut Herr Dschin lachend dabei zu.

Lied fasst die Machtverhältnisse in der Tabakfabrik sinnbildlich zusammen

Formal eröffnet das Lied innerhalb dieser achten Szene eine dritte Darstellungsebene, in der das Geschehen der Binnenhandlung gleichnishaft gespiegelt wird. Im Sinne von Brechts epischem Theater (vgl. Hintergründe, S. 146 ff.) erfüllt es die Funktion eines didaktischen, also einen Lernprozess auslösenden Verfremdungseffektes, der die Aufmerksamkeit des Publikums von der reinen Handlungsebene auf die darin vermittelten Aussagen lenken soll. Wie ein Brennglas fasst das Lied die Situation in der Tabakfabrik zusammen. Zugleich hebt es das Beispielhafte der Binnenhandlung hervor, die für ein allgemeines Unrechtsprinzip steht, das auch außerhalb Sezuans bzw. des Theaters gilt.

Die Elefanten im Lied verkörpern sinnbildlich die armen Arbeiter, zu denen auch Sun gehört. Aber wie der achte Elefant wendet sich Sun als Aufseher gegen seine Kollegen, um sich bei seinem Herrn, in diesem Fall dem Fabrikbesitzer Shui Ta, einzuschmeicheln und dadurch ein bequemeres Leben führen zu können. Anstatt sich mit den anderen gegen den (kapitalistischen) Unterdrücker zu solidarisieren, stellt er sich in dessen Dienst. Der Unterdrücker schaut sich das an und lacht sich ins Fäustchen.

Fabrik als kapitalistischer Sklavenbetrieb

In der Fabrik lacht Shui Ta zwar nicht über die herrschenden Verhältnisse. Aber auch er profitiert davon. Während die Arbeiter schuften, kommt er *„gemächlich schlendernd"* (S. 117) nach vorne. Die *„Zigarre"* (S. 117) im Mund ist nicht nur ein Sinnbild seines Wohlstandes, sondern auch ein Statussymbol, das ihn als typischen kapitalistischen Bonzen kennzeichnet.

Drei Darstellungsebenen in der achten Szene

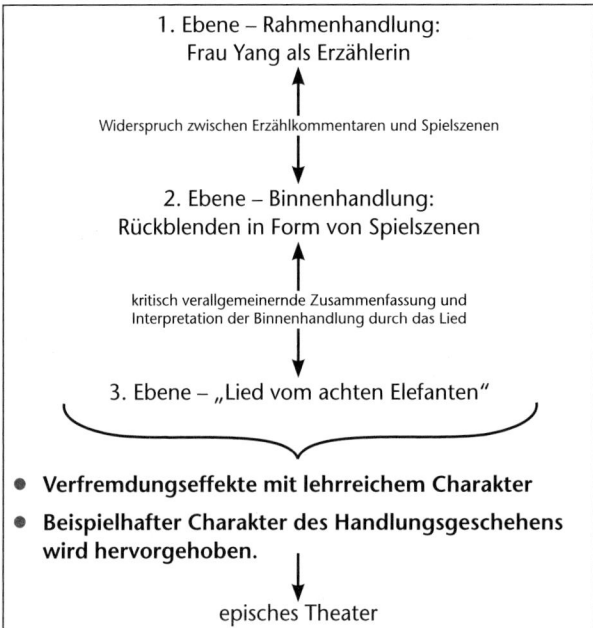

1. Ebene – Rahmenhandlung:
Frau Yang als Erzählerin

Widerspruch zwischen Erzählkommentaren und Spielszenen

2. Ebene – Binnenhandlung:
Rückblenden in Form von Spielszenen

kritisch verallgemeinernde Zusammenfassung und
Interpretation der Binnenhandlung durch das Lied

3. Ebene – „Lied vom achten Elefanten"

- Verfremdungseffekte mit lehrreichem Charakter
- Beispielhafter Charakter des Handlungsgeschehens
wird hervorgehoben.

episches Theater

Die Kritik der Arbeiter berührt ihn nicht. Und auch Sun lacht nur darüber. Anstatt seine Rolle zu überdenken und sich tatsächlich mit den Arbeitern zu solidarisieren, stimmt er höhnisch in ihr Lied ein und verwendet es gegen sie, indem er sie zu dessen Takt weiter schuften lässt und das Tempo sogar noch „*beschleunigt*" (S. 117). Das „Lied vom achten Elefanten" erhält dadurch den Charakter eines Arbeitsliedes, wie es früher von Sklaven oder Strafgefangenen gesungen wurde. Sun selbst trägt entsprechend Züge eines Sklaventreibers. Shui Ta entspräche in diesem Vergleich dem Sklavenhalter.

Die Szene endet damit, dass sich Frau Yang noch einmal ans Publikum wendet. Sie sei Herrn Shui Ta dankbar dafür, dass dieser mit „Strenge und Weisheit [...] alles Gute"

Frau Yang verklärt den moralischen Niedergang Suns

(S. 117) aus Sun herausgeholt habe. Dank „ehrlicher Arbeit" (S. 117) sei Sun nun ein „ganz anderer Mensch" (S. 117) geworden. Mit diesem Resümee stellt Suns Mutter die tatsächlichen moralischen Verhältnisse abermals auf den Kopf.

Widersprüche zwischen Rahmen- und Binnenhandlung

Frau Yangs Sichtweise (Rahmen)	Inszenierte Binnenhandlung
„aufblühende Tabakfabrik" (S. 111)	„*Baracken*" (S. 111), Arbeiter „*[h]inter Gittern [...] zusammengepfercht*" (S. 111)
Sun wird von einem „verkommenen Menschen in einen nützlichen verwandelt" (S. 111).	Sun verwandelt sich von einem egoistischen Träumer in einen sadistischen Sklaventreiber (vgl. S. 115 ff.).
„Gelegenheit, sich auszuzeichnen" (S. 112)	Sun profiliert sich heimtückisch und „*[h]euchlerisch*" (S. 114) auf Kosten anderer (vgl. S. 113 ff.).
„Bildung und Intelligenz" (S. 115), „bessere[...] Leute[...]" (S. 115), „[w]ahre Wunderwerke" (S. 115)	Sun schikaniert als Aufseher die Fabrikarbeiter (vgl. S. 115 ff.).
„alles Gute herausgeholt, was in Sun steckte" (S. 117)	Sun verhält sich schlecht (vgl. S. 113 ff.).
„ehrliche[...] Arbeit" (S. 117)	Lug und Trug (vgl. S. 113 ff.)

➜ Frau Yang beschönigt Suns unmoralisches Verhalten.

Suns sozialer Aufstieg führt zu moralischem Niedergang

In Wirklichkeit nämlich verdankt Sun seinen sozialen Aufstieg, wie die inszenierte Binnenhandlung gezeigt hat, nicht „ehrlicher Arbeit", sondern Lug und Betrug, heimtückischen Tricks und Heuchelei. Verändert hat er sich zwar tatsächlich, aber es ist nicht etwa das Beste, was die Stelle als Aufseher in ihm zutage fördert, sondern im Gegenteil das Schlechteste: Er ist von einem ungestümen Träumer zu einem rücksichtslosen, sadistischen Menschenschinder geworden. Der soziale Aufstieg geht einher mit einem moralischen Niedergang. Im Sinne von Brecht ist diese Entwicklung eine Folge des in Sezuan herrschenden Systems kapitalistischer Unterdrückung und damit ganz allgemein des Kapitalismus.

Suns widersprüchliche Entwicklung

sozialer Aufstieg — Sun als brutaler Fabrikaufseher — moralischer Abstieg

→ **Kapitalistische Verhältnisse in Sezuan befördern Unmoral.**

Nachdem in der siebten Szene der innere Wandel Shen Tes auch äußerlich nachvollzogen wurde, bestimmt in dieser achten Szene nun Shui Ta das Geschehen. Sun ist von Shen Tes Geliebtem zu Shui Tas Vorarbeiter geworden. Im Gegensatz zu Shen Te ist es Shui Ta damit gelungen, Sun an sich zu binden. Woran die Liebe versagt hat, gelingt der Macht des Geldes. Die achte Szene demonstriert diese Macht, indem sie die kapitalistischen Mechanismen in der Binnenhandlung beispielhaft in Szene setzt. Das „Lied vom achten Elefanten" kritisiert die unsolidarische Haltung Suns und anderer Arbeiter, die sich an der kapitalistischen Unterdrückung beteiligen. Frau Yang erfüllt in dieser Lesart die Rolle einer (kapitalistischen) Profiteurin, die das unmoralische Geschehen schönredet.

Funktion der 8. Szene für das Stück

Handlungslogisch überbrückt die achte Szene mithilfe der in der Binnenhandlung inszenierten Rückblenden einen Zeitraum von mindestens drei Monaten, der nach Ende der siebten Szene vergangen ist. Shui Ta hat eine profitable Tabakfabrik in den Häusern Shu Fus aufgebaut; allerdings nicht etwa mit „Strenge und Weisheit" (S. 117), wie Frau Yang es darstellt, sondern indem er seine Arbeiter brutal ausbeutet.

Szene 9 „Shen Te's Tabakladen": Shui Ta wird des Mordes verdächtigt

Drei Monate später

Ähnlich wie Shen Te, die sich als Shui Ta verkleidet, hat sich auch ihr Tabakladen verwandelt. Er ist zu einem vornehmen „*Kontor*" (S. 118), also Büro, von Shui Tas Tabakfabrik geworden. Wie sich herausstellt, sind zwischen der achten und neunten Szene weitere drei Monate verstrichen. Shui Ta ist „*dick*" (S. 118) geworden. In Wirklichkeit verbirgt sich dahinter jedoch nicht der „Wohlstand" (S. 119) des Fabrikbesitzers, sondern Shen Tes Schwangerschaft. Shen Te ist mittlerweile im „siebenten Monat" (S. 118). Seit sie sich in Shui Ta verwandelt hat (vgl. Szene 7), sind „[s]echs Monate" (S. 121) vergangen.

Die Shin als bezahlte Mitwisserin

Die Shin, die bereits gegen Ende der siebten Szene Verdacht geschöpft hat, ist mittlerweile in das doppelte Spiel Shen Tes eingeweiht. Sie weiß, dass Shen Te und Shui Ta ein und dieselbe Person sind, behält das Geheimnis aber für sich und steht Shen Te hilfreich beiseite. Sie spricht ihr Mut zu und tröstet sie in ihrer Verzweiflung (vgl. S. 119). Das tut sie freilich nicht aus reiner Nächstenliebe, sondern gegen gute Bezahlung. Zu Beginn der Szene erscheint die Shin „*auffallend neu gekleidet*" (S. 118). Sie trägt „*Handschuhe*" (S. 119), die derart teuer sind, dass sie Suns Argwohn hervorrufen. Auch bei der Geburt will die Shin Shen Te beiseitestehen. Doch auch das, kündigt sie an, „kostet freilich eine Kleinigkeit" (S. 119). Die Shin lässt sich ihre Freundschaft gut bezahlen.

Teppichhändler- paar fällt Shui Tas Aufstieg zum Opfer

Die neunte Szene beginnt damit, dass sich Shui Ta von dem Teppichhändlerpaar verabschiedet, das vergeblich versucht, mit Shen Te Kontakt aufzunehmen. Die beiden Alten haben einen anonymen Brief mit 200 Silberdollar erhalten und vermuten Shen Te dahinter. Offenbar hat sich Shen Te in ihrer Rolle als Shui Ta doch noch des alten Paares erinnert, das ihr einst das Geld geliehen hat. Allerdings „zu spät" (S. 118), wie die Shin bemerkt, nachdem die beiden gegangen sind. Sie haben mittlerweile ihren Laden verloren, weil sie die Steuern nicht bezahlen konnten. Die beiden Alten, die Shen Te uneigennützig und bereitwillig geholfen haben, sind damit Shui Tas Aufstieg zum Opfer gefallen. Ein weiteres Mal zeigt sich, dass die Interessen Shen Tes und Shui Tas nicht miteinander vereinbar sind. In Sezuan, so scheint es, kann man nur entweder zu sich selbst (Shui Ta) oder zu anderen (Shen Te) gut sein.

Für ihr Kind hofft Shen Te diesen Widerspruch jedoch überwinden zu können. Dafür ist sie sogar bereit, es in Pflege zu geben. Einerseits soll das Kind von Shui Tas Reichtum profitieren und die beste Pflege erhalten, „die für Geld zu haben ist" (S. 119). Andererseits jedoch soll es vom schädlichen Einfluss Shui Tas ferngehalten werden und „[i]mmer nur Shen Te" (S. 119) zu Gesicht bekommen. Doch auch hier zeigt sich, ähnlich wie bei der Shin und Shen Te, dass zwischenmenschliche Beziehungen in Sezuan (bzw. in Brechts Lesart: im Kapitalismus) immer auch von den materiellen Rahmenbedingungen bestimmt sind. Eine normale unbeschwerte Mutter-Kind-Beziehung ist für Shen Te nicht möglich. Die beste Pflege, „die für Geld zu haben ist" (S. 119), muss daher Shen Tes Mutterliebe ersetzen.

Shen Te will ihr Kind in Pflege geben

Kurz bevor Sun erscheint, kommen zwischen Shui Ta und der Shin die unter anderem vom Wasserverkäufer Wang gestreuten Gerüchte zur Sprache, die im weiteren Verlauf dieser Szene noch eine entscheidende Rolle spielen werden.

Sun tritt im *„flotten Anzug und mit der Mappe eines Geschäftsmannes"* (S. 119) auf. Offensichtlich ist er vom brutalen Aufseher mittlerweile zu einer Art Manager und Shui Tas rechter Hand aufgestiegen. Anstatt nur die Arbeiter zu

Sun ist zu Shui Tas rechter Hand aufgestiegen

kommandieren, kümmert er sich jetzt als „Prokurist" (S. 125) auch um geschäftliche Angelenheiten.

Shui Ta als skrupelloser Kapitalist

Sun informiert Shui Ta darüber, dass die Polizei in Zukunft nur noch „doppelt so viele Menschen pro Raum" (S. 120) in der Fabrik zulassen wolle, „als gesetzlich erlaubt" (S. 120) sei. Offenbar nimmt Shui Ta in seiner Fabrik weder Rücksicht auf das Gesetz noch auf die arbeitenden Menschen. Shui Ta verkörpert damit das Negativbeispiel eines skrupellosen Kapitalisten. Zugleich erweist sich der Polizeiapparat in Sezuan als korrupt und ungerecht. Die Polizei unterstützt die kapitalistische Ausbeutung und toleriert den Gesetzesbruch Shui Tas. Erst als Shui Ta mehr als doppelt so viele Arbeiter in die Baracken zwängt, als erlaubt ist, droht die Polizei, einzuschreiten und die Fabrik zu schließen (vgl. S. 119 f., S. 125).

Shen Te ist noch immer in Sun verliebt

Sun, dem Shui Ta einen neuen Melonenhut schenkt, fordert diesen dazu auf, mit dem Barbier Shu Fu wegen neuer Räumlichkeiten ins Geschäft zu kommen. Shui Ta weist das jedoch zurück, da Shu Fu „unerfüllbare Bedingungen" (S. 120) stelle. Gemeint ist damit wohl die Hochzeit zwischen Shen Te und Shu Fu. Eine Bedingung, von der Sun nichts weiß. Sun wiederum erklärt sich seinerseits bereit dazu, „der Mi Tzü bei einer Tasse Tee die dicken Knie" (S. 120) zu tätscheln, um auf diese Weise billiger an deren Gebäude heranzukommen. Doch auch das lehnt Shui Ta strikt ab. Er möchte, dass sich Sun der Hausbesitzerin gegenüber „persönlich zurückhaltend und kühl geschäftsmäßig" (S. 120) verhält. Tatsächlich jedoch ist es Shen Te, die hier aus Shui Ta spricht. Auch in ihrer Verkleidung als Shui Ta übt Sun noch immer einen spürbaren Einfluss auf sie aus. Shen Te ist es, die Sun den Melonenhut schenkt und diesen „prüfend" zurechtrückt, damit Sun hübsch aussieht. Sie ist eifersüchtig auf Mi Tzü und reagiert deshalb so „gereizt" (S. 120) auf Suns Vorschlag. Und weil sie noch immer in Sun verliebt ist, kann sie auch die Bedingungen Shu

Fus nicht erfüllen. Die Gefühle, die Shen Te einst für Sun empfunden hat und wohl noch immer empfindet, sind auch der Grund für Suns Karriere in der Tabakfirma (vgl. Szene 8).

Sun ahnt von alledem nichts. Die gereizte Stimmung Shui Tas führt er wahlweise auf die „unangenehmen Gerüchte im Viertel" (S. 120) oder das Regenwetter (vgl. S. 121) zurück. Draußen im Regen steht derweil Wang und versucht vergeblich, Wasser zu verkaufen. Er singt noch einmal die erste Strophe vom „Lied des Wasserverkäufers im Regen" (vgl. S. 50 f., S. 121). Aber anders als in der dritten Szene, in der Shen Te ihm trotz des Regens einen Becher Wasser abkaufte, bleibt er diesmal auf seinem Wasser sitzen. Umso mehr vermisst Wang Shen Te, um die er sich Sorgen macht. Von draußen fordert er Shui Ta lautstark auf, ihm mitzuteilen, wo sich Shen Te aufhalte. Ihre Freunde seien beunruhigt, ihr könne etwas zugestoßen sein. Und hier, in ihrem Laden, sei sie das letzte Mal gesehen worden. Wang zweifelt daran, dass Shen Te überhaupt verreist ist, wie Shui Ta behauptet. Schließlich stehe in letzter Zeit auch wieder Reis für Bedürftige vor der Ladentür.

Wasserverkäufer Wang sucht nach Shen Te

Shui Ta bittet Wang, nicht länger nach Shen Tes Verbleib zu fragen. Das sei auch in Shen Tes Sinne. Der Wasserverkäufer lässt sich darauf jedoch nicht ein. Sun reagiert deutlich ungehaltener auf das „Gehetze" (S. 121) Wangs und bietet Shui Ta sogar an, dem Wasserverkäufer „das Maul [zu] stopfen" (S. 121). Sun selbst scheint wenig daran interessiert, herauszufinden, wo Shen Te sich aufhält.

Sun möchte Wang ruhigstellen

Das ändert sich schlagartig, als Wang erklärt, Shen Te habe ihm vor ihrem Verschwinden mitgeteilt, dass sie schwanger sei. „[W]ie verwandelt" (S. 122) wendet sich Sun an das Publikum. Er empört sich darüber, „hereingelegt worden" (S. 122) zu sein. Er glaubt, Shui Ta habe die schwangere Shen Te „weggeschafft" (S. 122). Stolz verkündet er, „einen Sohn" (S. 122) zu haben. Ähnlich wie Shen Te in der

Sun erfährt von Shen Tes Schwangerschaft

siebten Szene, stellt auch er sich das ungeborene Kind sofort als Junge und damit wohl auch als seinen Nachfolger vor. Gleichzeitig zeigt er sich besorgt über Shen Te, die jetzt ja „praktisch ohne Beschützer" (S. 123) sei.

Christian Streit als Wasserverkäufer Wang in Antje Schupps Inszenierung am Theater Ulm aus dem Jahr 2014

Shen Tes verräterisches Schluchzen Als Sun in dem Nebenraum, in den sich Shui Ta zurückgezogen hat, ein Schluchzen hört, wird er hellhörig. Dem „ausgekochte[n] Hund Shui Ta" (S. 123) traut er einen solchen Gefühlsausbruch nicht zu. Zurecht vermutet er, dass es Shen Te ist, die da nebenan weint. Dass Shen Te und Shui Ta dieselbe Person sind, ahnt er nicht. Shen Te, von ihren Emotionen überwältigt, kann für einen Moment die Maskerade nicht länger aufrechterhalten.

Sun versucht, Shui Ta zu erpressen Nachdem Shen Te wieder in ihre Rolle als Shui Ta geschlüpft und in den Laden bzw. das Büro zurückgekehrt ist, erkundigt sich Sun nach dem Verbleib von Shen Te. Zuvor hat er gegenüber dem Publikum bereits angekündigt, die schwangere Shen Te „unbedingt auftreiben" (S. 123) zu wollen. Als Shui Ta den Grund dafür wissen möchte, behauptet Sun, dass „ihre Angelegenheiten" ihn „immer noch nicht ganz kalt" (S. 123) ließen. Bald stellt sich jedoch heraus, dass es in

Wirklichkeit nicht das von Shen Te erhoffte romantische Interesse ist, das Sun antreibt. Vielmehr wittert er eine Gelegenheit, jetzt auch noch Shui Ta aus dem Weg zu räumen und dessen Firma ganz zu übernehmen. Da Sun vermutet, Shui Ta halte Shen Te gegen ihren Willen fest, droht er ihm mit der Polizei für den Fall, dass Shui Ta ihm die Firma nicht überlasse. Als Shui Ta sich darauf nicht einlässt, kündigt Sun an, sich mit Wang zu besprechen. Dass er zuvor noch davon redet, die „Sehnsucht nach der Dame" seines „Herzens" werde „unstillbar" (S. 124), klingt geradezu zynisch angesichts der Tatsache, dass er vorher noch in Aussicht gestellt hat, die „Nachforschung" (S. 124) nach Shen Te aufzugeben, wenn er dafür die Leitung der Firma übernehmen dürfe.

Kaum ist Sun gegangen, rafft Shui Ta im Raum nebenan alle Kleider und Gebrauchsgegenstände Shen Tes zusammen und schnürt sie zu einem Bündel. Als die Hausbesitzerin Mi Tzü und der Barbier Shu Fu in den Laden kommen, versteckt Shui Ta das Bündel schnell unter einem Tisch.

Shui Ta versteckt Shen Tes Habseligkeiten

Shui Ta bittet Shu Fu und Mi Tzü auf seiner Suche nach neuen Räumlichkeiten für die Tabakfabrik um Hilfe. Schließlich habe die Polizei gedroht, die Fabrik zu schließen, wenn er keine anderen Gebäude in Aussicht stellen könne. Der Barbier Shu Fu weigert sich jedoch, Shui Ta zu helfen, bevor Shen Te zurückgekehrt sei. Mit ihr sei er „alles zu besprechen bereit" (S. 126). Ohne es offen auszusprechen, erklärt Shu Fu damit, Shui Ta nur dann weiter zu unterstützen, wenn Shen Te ihn heirate. Notgedrungen willigt Shui Ta darin ein und kündigt Shen Tes Rückkehr in etwa drei Monaten an. In dieser Übergangszeit könnte Shen Te das Kind, von dem Shu Fu nichts wissen darf, heimlich auf die Welt bringen und in Pflege geben.

Shui Ta verspricht Shu Fu die Rückkehr von Shen Te

Auch Frau Mi Tzü wäre bereit, Shui Ta ihre Fabrikräume zur Verfügung zu stellen. Aber auch sie fordert dafür eine Gegenleistung. Sie möchte Sun abwerben und als Verwalter bei sich einstellen. Ihr Interesse an dem „charmante[n]

Hausbesitzerin Mi Tzü möchte Sun für sich haben

Prokurist[en]" (S. 125) und „schreckliche[n] Damenkiller"
(S. 125) ist jedoch ähnlich wie das Interesse Shu Fus an
Shen Te vor allem erotischer Natur.

Shen Te opfert
ihre Liebe zu Sun
dem Wohlstand
ihres Kindes

Widerstrebend und schweren Herzens (vgl. S. 126 f.) erklärt sich Shui Ta schließlich mit der Forderung Mi Tzüs
einverstanden. Sun soll schon am nächsten Morgen in deren Büro „vorsprechen" (S. 127). Shui Ta entschuldigt sich
bei Shu Fu und Mi Tzü für sein „langes Zögern" (S. 127),
das er damit erklärt, dass Shen Te und Sun „einander einmal nahe[gestanden]" (S. 127) hätten. Mit dieser Aussage
beschreibt Shen Te in der Rolle des Shui Ta ihre Liebe zu
Sun als ein vergangenes Gefühl. Das scheint zwar ihrem
tatsächlichen Empfinden zu widersprechen, signalisiert jedoch zugleich, dass Shen Te ihr Liebesglück nun endgültig
verloren gibt und dem Wohle des Geschäftes und damit
auch dem materiellen Wohlergehen ihres ungeborenen
Kindes opfert. Shui Ta selbst betont, dass sein „langes Zögern" (S. 127) eines „Geschäftsmannes" (S. 127) „unwür-
dig" (S. 127) gewesen sei. Abermals stehen Gefühl und
Geschäft im Widerspruch.

„Tabakkönig
von Sezuan"
verdrängt „Engel
der Vorstädte"

Letztlich müssen sich Shen Tes Gefühle Shui Tas Geschäften
unterordnen. Shui Ta plant „zwölf schöne Läden, in denen
in Zukunft der gute Tabak der Shen Te verkauft werden
soll" (S. 127). Der „Engel der Vorstädte" (S. 54, S. 96), wie
Shen Te einst genannt wurde, musste dem „Tabakkönig
von Sezuan" (S. 127), wie „das Volk" (S. 127) Shui Ta mittlerweile nennt, Platz machen.

Dass es Shen Te in der Maske Shui Tas jedoch nicht um
persönlichen Reichtum und eigene Macht geht, verdeutlicht ihre Schlussbemerkung im Gespräch mit Shu Fu und
Mi Tzü (vgl. S. 127). Darin erklärt Shui Ta, dass er seine
Geschäfte in Wirklichkeit „einzig und allein" (S. 127) im
Interesse Shen Tes sowie deren Kinder und Kindeskinder
führe. Wie in der siebten Szene angekündigt (vgl. S. 104),
stellt Shen Te die Zukunft ihres Kindes über alles andere.

Gleich an mehreren Beispielen führt diese neunte Szene vor Augen, dass sich in Sezuan Privates und Geschäftliches nicht voneinander trennen lassen. Grundsätzlich haben die Geschäfte den Vorrang, und auch die persönlichen Beziehungen zwischen den Figuren werden wie Geschäfte abgeschlossen. Die beiden alten Teppichhändler sind ruiniert, weil sie sich Shen Te gegenüber von ihren freundschaftlichen Gefühlen leiten ließen. Die Shin dagegen lässt sich ihr Stillschweigen und die Freundschaft mit Shen Te gut bezahlen. Shu Fu will sich die Beziehung mit Shen Te dadurch erkaufen, dass er Shui Tas Tabakfirma unterstützt. Mi Tzü wiederum versucht, Sun von Shui Ta zu erwerben, indem sie Shui Ta ihre Räumlichkeiten zur Verfügung stellt. Sun nutzt die mutmaßlich entführte Shen Te als Druckmittel gegen Shui Ta, um so dessen Firma übernehmen zu können. Und Shen Te ihrerseits ist bereit, ihre Liebe zu Sun der Firma zu opfern. Selbst auf die Nähe zu ihrem Kind will sie weitgehend verzichten, um diesem dadurch eine finanziell gesicherte Zukunft bieten zu können. Da Sezuan im Sinne von Brecht beispielhaft für eine kapitalistische Gesellschaft steht, kennzeichnet die neunte Szene die Dominanz des Geschäftlichen bzw. Materiellen in Privatbeziehungen als typisches Merkmal des Kapitalismus.

Geschäftssinn prägt persönliche Beziehungen

Dominanz des Materiellen im Privaten

- Freundschaftliches Handeln treibt Teppichhändlerpaar in Ruin (vgl. S. 118).
- Die Shin lässt sich von Shen Te für ihre Hilfe bezahlen (vgl. S. 118f.).
- Shen Te will ihr Kind in Pflege geben (vgl. S. 119).
- Sun benutzt Shen Te, um Shui Ta aus der Firma zu drängen (vgl. S. 122ff.).
- Shu Fu will sich Shen Tes Gunst erkaufen (vgl. S. 120, S. 125ff.).
- Mi Tzü fordert Sun als Preis für ihre Fabrikräume (vgl. S. 126ff.).
- Shen Te opfert ihrer Liebe zu Sun der Firma (vgl. S. 127).

Geld und Geschäfte sind wichtiger als Gefühle.

Beziehungen werden wie Geschäfte behandelt.

Umstände zwingen Shen Te, sich anzupassen

Dass sogar die gutmütige, gefühlsbetonte Shen Te aus Liebe zu ihrem Kind dazu gezwungen wird, sich (in der Maske des Shui Ta) diesem kapitalistischen Prinzip zu fügen, zeigt, dass selbst dem gutwilligsten Menschen innerhalb der kapitalistischen Sezuan-Gesellschaft keine andere Wahl bleibt, als sich anzupassen, wenn er nicht untergehen will. Shen Te kann ihrem Kind nur dann Gutes tun, wenn sie anderen schadet. Indirekt verbirgt sich hinter dieser Ausweglosigkeit jedoch auch ein Aufruf an die Zuschauer, anders als die Götter nicht innerhalb der bestehenden Gesellschaft nach guten Menschen zu suchen bzw. nach Güte zu streben, sondern vielmehr die gesellschaftlichen Rahmenbedingungen zu verbessern.

Shui Ta wird von der Polizei abgeführt

Unmittelbar nachdem sich Shui Ta mit Shu Fu und Mi Tzü geschäftlich und privat einig geworden ist, kehren Sun und Wang mit einem Polizisten zurück. Außerdem hat sich vor dem Laden bereits eine neugierige „*Volksmenge*" (S. 127) gebildet. Auf Drängen Suns inspiziert der Polizist den Nebenraum, in dem Sun das verdächtige Schluchzen gehört hat. Sun glaubt, dass Shui Ta seine Cousine Shen Te dort gefangen hält. Als dort aber niemand gefunden wird, entdeckt Sun das Bündel, das Shui Ta in aller Eile unter einen Tisch gestopft hat. Er öffnet es und findet darin Shen Tes Kleider. Sofort eilt Wang zur Tür und teilt den Fund der Menge mit. Da Shui Ta auch weiterhin behauptet, nicht zu wissen, wo sich Shen Te aufhalte, und sich im Volk bereits das Gerücht verbreitet, Shui Ta habe Shen Te „ermordet und verschwinden lassen" (S. 129), sieht sich der Polizist dazu genötigt, Shui Ta mit auf die Wache zu nehmen.

Bevor er geht, versichert Shui Ta seinen beiden Geschäftspartnern, der Hausbesitzerin Mi Tzü und dem Barbier Shu Fu, dass sich „alles in Kürze aufklären" (S. 129) werde. Wang dagegen ist davon überzeugt, dass ein „furchtbares Verbrechen" (S. 129) geschehen sei. Sun wiederum kann sich nicht erklären, woher das Schluchzen gekommen ist, das er im Nebenraum gehört hat.

Die neunte Szene ist nach der achten bereits die zweite Szene, in der Shen Te die Maske Shui Tas nicht ablegt. Shui Ta hat längst auch die Kontrolle über Shen Tes Tabakladen übernommen. Gegen Ende der Szene gibt Shui Ta die Beziehung zwischen Shen Te und Sun endgültig verloren. In ihrer Verkleidung als Shui Ta opfert Shen Te ihr persönliches Glück ebenso wie ihre Moral dem materiellen Wohlergehen ihres ungeborenen Kindes. Thematisch veranschaulicht die Szene damit die für das kapitalistische Sezuan typische Dominanz des Materiellen über das Ideelle, also über Gefühle und Moral. Mit dieser Szene erreicht die Dominanz des „Tabakkönig[s]" (S. 127) Shui Ta über Shen Te, den „Engel der Vorstädte" (S. 54, S. 96), ihren Höhepunkt innerhalb des Stückes.

Funktion der 9. Szene für das Stück

Gleichzeitig jedoch leitet die neunte Szene bereits zum Schluss über. Das Versteckspiel Shen Tes wird nach und nach enttarnt. Schon zu Beginn der Szene erfährt man, dass die Shin mittlerweile in Shen Tes Geheimnis eingeweiht ist. Außerdem kursieren Gerüchte über Shen Tes Verschwinden im Viertel, und der Wasserverkäufer Wang drängt auf Aufklärung. Schließlich verständigt Sun die Polizei, die Shui Ta abführt, nachdem Shen Tes Kleider aufgetaucht sind. Und auch wenn Shen Te als solche nicht zu sehen ist, kündigt ihr Schluchzen im Nebenraum ihre Rückkehr an.

Siebtes Zwischenspiel „Wangs Nachtlager":
Götter setzen ihre letzte Hoffnung auf Shen Te

Götter wirken demoralisiert

Im siebten und letzten Zwischenspiel des Stückes erscheinen die Götter dem Wasserverkäufer Wang zum letzten Mal im Traum. Sie sind von ihrer Suche gezeichnet, wirken heruntergekommen und erschöpft. Bei ihrer Suche nach guten Menschen haben sie vor allem schlechte Erfahrungen gemacht. Sie wurden geschlagen, vermutlich ausgeraubt und sind in Fallen getreten. Statt von guten Menschen können sie vor allem von „böse[n] Erlebnisse[n]" (S. 130) berichten.

Wang bittet die Götter, nach Shen Te zu suchen

Wang begrüßt die Götter ungeduldig und berichtet ihnen von Shen Tes ungeklärtem Verschwinden. Er selbst glaubt nicht, dass sie ermordet wurde. Shen Te sei ihm nämlich in einem Traum erschienen und habe ihm erzählt, dass ihr Vetter Shui Ta sie gefangen halte. Aufgeregt bittet er die Götter, Shen Te aufzuspüren.

Erster Gott erklärt Suche für gescheitert

Die Götter reagieren entsetzt auf Wangs Nachricht. Für den ersten Gott ist mit Shen Tes Verschwinden die „ganze Suche [...] gescheitert" (S. 130). Denn die wenigen anderen guten Menschen, die sie getroffen hätten, hätten „nicht menschenwürdig" (S. 130) gelebt. Deshalb hätten sie sich bereits dazu entschieden, Shen Te als guten Menschen zu präsentieren. Sollte Shen Te aber verschwunden bleiben, müssten sie „abdanken" (S. 130).

Hier wird ein weiteres Mal deutlich, dass die Götter bei ihrer Suche keineswegs unvoreingenommen sind. Sie wollen unbedingt einen guten Menschen finden, weil sie sonst selbst für das Scheitern ihrer Mission verantwortlich gemacht werden.

Weil der erste Gott den Zustand der Welt als katastrophal beschreibt („Elend, Niedrigkeit und Abfall überall!", S. 130), schlägt der dritte Gott vor, alle „sittlichen Vorschriften" (S. 131) zu streichen. Die Menschen hätten genug damit zu tun, ihr „nackte[s] Leben" (S. 131) zu retten. Damit gibt er zwar zu, dass die göttlichen Gebote unter den in Sezuan herrschenden sozialen Bedingungen nicht einzuhalten sind. Anstatt die Welt zu verbessern, will er aber lieber die Gebote abschaffen. Abschließend stellt er, an die beiden anderen Götter gewandt, jedoch resigniert fest, dass die Welt „unbewohnbar" (S. 131) sei. Damit gibt er den im Vorspiel des Stückes erwähnten Klagen recht, dass es „mit der Welt, so wie sie ist" (S. 10), nicht weitergehe. Das bedeutet gemäß des eingangs erwähnten „Beschluß[es]" (S. 10), dass die Welt verändert werden müsste.

Dritter Gott hält Welt für unbewohnbar

Das aber weist der erste Gott „*heftig*" (S. 131) zurück. Er behauptet, dass nicht die Lebensumstände für das Elend auf der Welt verantwortlich seien, sondern die Menschen selbst, weil diese „nichts wert" (S. 131) seien. Im Gegensatz zu Shen Te (vgl. S. 21, S. 49, S. 101) zeichnet der erste Gott damit ein negatives Menschenbild.

Erster Gott hält die Menschen für verantwortlich

Dem widerspricht jedoch der dritte Gott, der die äußeren Einflüsse für das unmoralische Verhalten der Menschen verantwortlich macht. Die Welt sei „zu kalt" (S. 131).

Der erste Gott vertritt eine idealistische Weltsicht. Grundsätzlich geht der Idealismus davon aus, dass das menschliche Bewusstsein das gesellschaftliche Sein bestimmt. Menschliche Ideale, Wertvorstellungen und Moral prägen demnach den Charakter der Welt bzw. einer Gesellschaft. Der dritte Gott dagegen argumentiert materialistisch. Der Materialismus kehrt im Vergleich zum Idealismus Ursache und Wirkung um. Demnach ist es das gesellschaftliche Sein, welches das menschliche Bewusstsein bestimmt. Der Zustand einer Gesellschaft, die herrschenden Strukturen,

Idealistische und materialistische Erklärung

Macht- und Besitzverhältnisse prägen das menschliche Denken und Handeln.

Konflikt zwischen menschlicher Natur und sozialen Verhältnissen

Brecht vertritt als bekennender Kommunist eine tendenziell materialistische Sichtweise. Zugleich aber geht er ähnlich wie Shen Te davon aus, dass der Mensch von seiner Natur aus im Grunde gut ist (vgl. S. 21, S. 49, S. 101). Dies führt dazu, dass die gute Natur des Menschen und die negativen äußeren Umstände in einen Konflikt geraten können. Sezuan steht in Brechts Stück stellvertretend für eine solche (kapitalistische) Gesellschaft, in der die Menschen durch die äußeren Umstände wider ihre eigene Natur zu einem unmoralischen Denken und Handeln gezwungen werden. Die Verwandlung Shen Tes in Shui Ta führt dies beispielhaft vor Augen.

Menschliche Schwäche als Mittelposition des zweiten Gottes

Die Begründung dafür, dass die schlechten äußeren Umstände über die eigentlich gute Natur des Menschen triumphieren können, liefert möglicherweise der zweite Gott mit seiner Bemerkung, dass die Menschen „zu schwach" (S. 131) seien. Damit nähme er eine Art Mittelposition zwischen den gegensätzlichen Sichtweisen des ersten und dritten Gottes ein: Das Sein prägt zwar das Bewusstsein, allerdings nur, weil der Mensch schwach ist. Neben den äußeren Umständen wäre demnach auch die Schwäche der Menschen für den Zustand der Welt verantwortlich.

Brechts indirekter Aufruf zu Veränderungen

Diese Position des zweiten Gottes entspricht am ehesten der Konzeption von Brechts epischem Theater (vgl. Hintergründe, S. 146ff.). In seinem Stück erklärt er das soziale und moralische Elend in Sezuan materialistisch: Die kapitalistischen Verhältnisse sind schuld daran. Gleichzeitig ruft er das Publikum indirekt dazu auf, diese Verhältnisse zu ändern, weil sie der eigentlich guten Natur des Menschen (vgl. S. 21, S. 49, S. 101) widersprechen. Im Hinblick auf die Aussagen des zweiten Gottes wäre das dann zugleich ein Appell, die eigene Schwäche zu überwinden.

Gründe für das in Sezuan herrschende Elend

Erster Gott	Zweiter Gott	Dritter Gott
„[D]ie Menschen sind nichts wert!" (S. 131).	Die Menschen sind „zu schwach" (S. 131).	„Die Welt ist unbewohnbar" (S. 131), weil sie „zu kalt" (S. 131) ist.
Die menschliche Natur bestimmt den Zustand der Welt.	Der Mensch ist schwach und lässt sich von den äußeren Verhältnissen beeinflussen.	Die sozialen Verhältnisse bestimmen den Zustand der Welt.
Der Mensch verhält sich schlecht, weil er schlecht ist.	Der Mensch verhält sich schlecht, weil er sich den Verhältnissen anpasst.	Der Mensch verhält sich schlecht, weil die Umstände ihn dazu zwingen.
idealistische These	**Brecht**	**materialistische These**

➔ Brecht vertritt mit seinem Stück einen materialistischen Ansatz, glaubt aber auch, dass der Mensch die Verhältnisse verändern kann.

Die Aussage des zweiten Gottes ist allerdings nicht eindeutig. Sie lässt sich auch als Widerspruch zur (materialistischen) Aussage des dritten Gottes und Zustimmung zur (idealistischen) Aussage des ersten Gottes deuten. In dieser Lesart wäre auch nach Ansicht des zweiten Gottes die moralische Schwäche des Menschen für den erbärmlichen Zustand der Welt verantwortlich.

Alternative Lesart der Aussage des zweiten Gottes

Gemeinsam ist allen Argumenten jedoch, dass sie vom Scheitern der göttlichen Mission ausgehen. Das aber will der erste Gott, der die Suche zunächst noch selbst für „gescheitert" (S. 130) erklärt hat, nun doch nicht eingestehen. Deshalb fordert er die beiden anderen Götter gegen Ende des Zwischenspiels dazu auf, gemeinsam mit ihm nach Shen Te zu suchen, die ja „nur verschwunden" (S. 131) sei. War im Vorspiel noch davon die Rede, dass „genügend gute Menschen" (S. 10) gefunden werden müssten, damit die Welt unverändert bleiben könne, deutet der erste Gott diesen Auftrag nun so, dass es schon genüge, nur einen zu

Erster Gott will Shen Te doch noch als „guten Menschen" präsentieren

finden, „der diese Welt aushält" (S. 131). Offensichtlich geht es den Göttern jetzt nicht mehr darum, ihren Auftrag inhaltlich bzw. tatsächlich zu erfüllen. Sie suchen jetzt nur noch einen Weg, ihn formal bzw. scheinbar zu erfüllen, indem sie vorgeben, mit Shen Te einen guten Menschen gefunden zu haben.

Funktion des 7. Zwischenspiels für das Stück

Gleich zu Beginn des siebten Zwischenspiels leitet die Bemerkung, die Götter würden Wang das „letzte Mal" (vgl. S. 130) im Traum erscheinen, zum Schluss des Stückes über. Die Suche der Götter nach einem guten Menschen ist mit diesem Zwischenspiel abgeschlossen. Obwohl die Götter mit ihrem Auftrag eigentlich „gescheitert" (S. 130) sind, erklären sie ihre Mission am Ende doch für erfüllt. Shen Te, die als guter Mensch von Sezuan präsentiert werden soll, muss jetzt nur noch aufgestöbert werden.

Thematisch bringt das Zwischenspiel die Kernfrage, die das Stück aufwirft, auf den Punkt: Wer ist für den elenden Zustand der Welt verantwortlich? Die sozialen Verhältnisse oder die menschliche Natur? Der erste Gott, der die Welt auf keinen Fall verändern möchte, da er dann „abdanken" (S. 130) müsste, gibt den Menschen die Schuld. Brechts Stück aber legt das Gegenteil nahe. Es sind die in Sezuan herrschenden gesellschaftlichen Bedingungen, die das Schlechte im Menschen hervorrufen.

Szene 10 „Gerichtslokal":
Shen Te offenbart den Göttern ihre Doppelrolle

Gerichtslokal als neuer, neutraler Schauplatz

Mit dem Gerichtslokal führt Brecht in der letzten Szene seines Stückes noch einmal einen neuen Schauplatz ein. Im Gegensatz zu Shen Tes Tabakladen und Shui Tas Tabakfabrik stellt das Gerichtslokal einen Ort dar, der weder Shen Te noch Shui Ta eindeutig zugeordnet werden kann.

Shui Ta ist zu mächtig, um verurteilt zu werden

Hier soll unter Anwesenheit der wichtigsten Figuren des Stückes Shui Ta der Prozess gemacht werden. Shui Ta wird beschuldigt, seine Cousine Shen Te „beiseite geschafft"

(S. 133) zu haben. Die armen Leute aus Sezuan befürchten jedoch, dass es kein faires Verfahren geben werde, weil Shui Ta „zu mächtig" (S. 132) sei. Er und der zuständige Richter hätten mit Shu Fu und Mi Tzü gemeinsame Freunde. Außerdem habe Shui Ta den Richter mit einer „fette[n] Gans" (S. 132) bestochen.

„[N]ur die Götter" (S. 132), bemerkt Wang resigniert, „könnten die Wahrheit ausfindig machen" (S. 132). Zu seiner Überraschung und Freude betreten die drei Götter anschließend tatsächlich den Gerichtssaal. Sie sind als Richter verkleidet und haben sich mithilfe gefälschter Zertifikate Zutritt verschafft. Der eigentliche Richter kann wegen einer angeblichen „Magenverstimmung" (S. 132) nicht erscheinen. Ob die Götter den Richter möglicherweise bestochen oder vergiftet haben, bleibt offen. Götter treten als Richter auf

Shui Ta betritt unter Pfiffen, aber *„in herrischer Haltung"* (S. 133) den Gerichtssaal. Als er in den neuen Richtern aber die drei Götter erblickt, fällt er in Ohnmacht. Shui Ta fällt in Ohnmacht

Nachdem Shui Ta wieder zu sich gekommen ist, konfrontieren ihn die göttlichen Richter mit der Anklage. Shui Ta bekennt sich nicht schuldig. Lobreden auf Shui Ta

Danach hören die Richter zunächst den Polizisten als Zeugen, der Shen Te zwar als gutherzig und freundlich, aber auch als allzu naiv und vetrauensselig (vgl. S. 133) charakterisiert. Auch hielte sie es mit den Gesetzen nicht immer so genau. Im Gegensatz dazu lobt der Polizist Shui Ta als einen „Mann von Prinzipien" (S. 133), den die Leichtfertigkeit seiner Cousine zu „strengen Maßnahmen" (S. 133) gezwungen habe. Shui Ta sei ein „respektabler" (S. 134) und gesetzestreuer Bürger.

Der Barbier Shu Fu und die Hausbesitzerin Mi Tzü bestätigen diese Einschätzung des Polizisten. Während Shu Fu ihn als „angesehene[n] Geschäftsmann" (S. 134) beschreibt, stellt Mi Tzü ihn als fürsorglichen Arbeitgeber und Wohltäter dar.

Nach den Fürsprechern lässt der erste Gott, der in der Verhandlung als Vorsitzender Richter in Erscheinung tritt, aber auch den Chor der Kritiker zu Wort kommen (vgl. S. 134 f.). Die Armen beschimpfen Shui Ta, sie „[b]etrogen", „[be]logen" und „ausgebeutet" (S. 135) zu haben. Shui Ta weist diese Vorwürfe zurück und rechtfertigt sein Verhalten mit den „Verhältnisse[n]" (S. 135), die ihn gezwungen hätten, zu bleiben, um Shen Te zu helfen. Er habe für seine Cousine die „schmutzige Arbeit" (S. 135) verrichten müssen.

Es folgt ein Schlagabtausch zwischen Shui Ta und Wang, in den sich zwischendurch immer wieder auch andere einmischen (vgl. S. 135 ff.). Während Shui Ta argumentiert, er hätte Shen Te beistehen müssen, weil ihre Gutmütigkeit von den Armen in Sezuan sonst hemmungslos ausgenutzt worden wäre, behauptet Wang, Shui Ta habe Shen Te daran gehindert, Gutes zu tun.

Der Streit offenbart das grundsätzliche Dilemma, in dem sich Shen Te befand. Shen Te wollte Gutes tun. Dadurch aber drohte ihr der Ruin. Deshalb schlüpfte sie in die Rolle des Shui Ta, der das Geschäft rettete, indem er Shen Te daran hinderte, Gutes zu tun. Dieses Paradox beschreibt die Ausweglosigkeit von Shen Tes Lage. Insofern haben

Shui Ta und Wang sowohl jeweils recht als auch unrecht: Shui Ta wollte verhindern, dass die „Quelle der Güte" (S. 137) versiegte, was aber zur Folge hatte, dass aus der Quelle nicht länger „geschöpft" (S. 137) werden konnte.

Wangs Urteil fällt eindeutig aus: Shen Te ist gut und Shui Ta ist schlecht. Einerseits stimmt das, andererseits ahnt Wang aber nicht, dass beide ein und dieselbe Person sind. In Wirklichkeit bzw. unter den in Sezuan herrschenden Verhältnissen lassen sich gut und schlecht eben nicht so einfach voneinander trennen. Denn auch Shui Ta hat recht, wenn er feststellt: „Gute Taten, das bedeutet Ruin!" (S. 137) Tatsächlich hätten die armen Leute von Sezuan die gutmütige Shen Te ohne den Schutz Shui Tas förmlich „zerrissen" (S. 138).

Zugleich zeigen die Erklärungsversuche Shui Tas (vgl. S. 135ff.), dass sich sein bzw. Shen Tes Handeln vom Vorsatz, Gutes zu tun, immer mehr dahingehend veränderte, dass Shui Ta auf die äußeren Sachzwänge und aktuellen Entwicklungen reagierte. So führte eins zum anderen. Shen Te brauchte einen Kredit, weil die Miete „zu hoch" (S. 136) war. Sie konnte ihn nicht zurückzahlen, weil sie sich in den Flieger Sun „verliebt" (S. 136) hatte. Als sich dann herausstellte, dass der Mann, den sie liebte, ein „Lump" (S. 136) war, erklärte sie sich bereit, den Barbier Shu Fu zu heiraten, um mit seinem Geld anderen zu helfen. Dann aber erfuhr sie, dass sie schwanger war, und sie entschied sich, das Geld für ihr Kind zu verwenden. Shen Te erscheint so als eine Getriebene äußerer Entwicklungen, die ihr Schicksal nicht länger in eigenen Händen hält. Die Maske des Shui Ta, die sie zuletzt gar nicht mehr ablegen konnte, verdeutlicht das sinnbildlich.

Shen Te als Getriebene äußerer Umstände und Entwicklungen

Als Shui Ta erklärt, dass er Sun nur deshalb Mi Tzü überlassen habe, weil sie ihm sonst ihre Räumlichkeiten nicht gegeben hätte, streitet diese alles ab. Hat sie gerade noch für Shui Ta Partei ergriffen, bezichtigt sie ihn jetzt der Lüge und nennt ihn einen „Mörder" (S. 136). Einmal mehr wird hier deutlich, wie sehr die zwischenmenschlichen Beziehungen in Sezuan von Eigeninteressen geleitet sind. Kaum verliert Shui Ta für Mi Tzü seinen Nutzen, weil er ihre geheimen Motive aufdeckt, wechselt sie das Lager.

Mi Tzü verliert das Interesse an Shui Ta

Die Götter mischen sich in die Diskussion nicht ein. Hellhörig werden sie erst, als Sun behauptet, Shen Te im Nebenraum des Ladens schluchzen gehört zu haben (vgl. S. 136f.). Schließlich wollen sie noch immer mit Shen Te ihren guten Menschen präsentieren.

Götter mischen sich nicht ein

Die Chance dazu erhalten die Götter, als Shen Te in der Maske Shui Tas das Versteckspiel und die Anschuldigungen

Shen Te offenbart ihre Doppelrolle

nicht länger erträgt (vgl. S. 138). Shui Ta erklärt sich bereit, unter Ausschluss der Öffentlichkeit den Richtern bzw. Göttern alles zu erklären. Sofort lässt der erste Gott den Saal räumen. Kaum ist Shui Ta mit den Göttern allein, nimmt er die Maske ab, legt die Verkleidung ab und gibt sich als Shen Te zu erkennen. Zugleich offenbart Shen Te damit ihre Doppelrolle: „Shui Ta und Shen Te, ich bin beides" (S. 139).

Shen Te gesteht ihr Scheitern

In einem langen Monolog, der analog zu den besonders eindringlichen Publikumsansprachen in freien Versen formuliert ist, erklärt Shen Te den Göttern und, wie die Versform nahelegt, zugleich dem Publikum ihr Scheitern. Sie habe den göttlichen Auftrag, „[g]ut zu sein und doch zu leben" (S. 139), nicht erfüllen können. Weil sie stets nur entweder das eine oder das andere erreichen konnte, drohte sie der göttliche „Befehl" (S. 139) in „zwei Hälften" (S. 139) zu zerreißen. Am Ende ihrer Ansprache übernimmt sie selbst die Verantwortung für ihr Versagen: „Für eure großen Pläne, ihr Götter/War ich armer Mensch zu klein." (S. 140)

„Etwas muß falsch sein an eurer Welt." (S. 139)

Dieser kausale Zusammenhang lässt sich freilich auch umkehren: Die Pläne der Götter waren zu groß bzw. sie wurden den in Sezuan herrschenden Verhältnissen nicht gerecht. Auch Shen Te legt diese Deutung der Geschehnisse in ihrer Rede nahe, wenn sie den Göttern vorhält, ihre Welt sei „schwierig! Zu viel Not, zu viel Verzweiflung!" (S. 139). „Etwas muß falsch sein an eurer Welt." (S. 139), kritisiert sie, wenn die „guten Vorsätze" (S. 139) bestraft würden und „Unrecht" (S. 139) belohnt werde.

Gleichzeitig stellt sie aber noch einmal klar, dass sie eigentlich viel lieber gut sein wollte: „Zu schenken/War mir eine Wollust." (S. 140) Die Umstände aber zwangen sie dazu, den Kreis derjenigen, die sie „vor dem Mangel [...] retten" (S. 140) wollte, immer enger zu ziehen, von ihren „Nachbarn" über ihren „Geliebten" bis zu ihrem „kleinen Sohn" (S. 140).

In dieser Rede fasst Shen Te den wesentlichen Befund von Brechts Stück in einem Satz zusammen: „Etwas muß falsch sein an eurer Welt." (S. 139) Indirekt ruft sie damit die Götter – und zugleich auch die Zuschauer – dazu auf, die Welt so zu verändern, dass sie wieder richtig funktioniert. Gute Taten sollen belohnt, schlechte Taten bestraft werden. Den Auftrag der Götter erklärt sie für gescheitert. Die Prüfung, der sie sich unterzogen hat, hat demnach ergeben, dass es einem Menschen in der Welt, der wie sie ist, nicht möglich ist, gleichzeitig zu sich selbst und anderen gut zu sein.

Indirekter Aufruf zur Veränderung

Die Götter aber wollen das nicht wahrhaben. *„[M]it allen Zeichen des Entsetzens"* (S. 140) weist der erste Gott die Schlussfolgerungen Shen Tes zurück. Stattdessen erklärt er, „froh" (S. 140) zu sein, in ihr endlich den „gute[n] Mensch[en]" (S. 140) gefunden zu haben, von dem „alle nur Gutes berichtet haben" (S. 140). Dass dieser gute Mensch, wie Shen Te zurecht einwendet, zugleich aber auch der „böse" (S. 140) Mensch ist, über den so viele Schlechtes berichten, tut der erste Gott kurzerhand als „Mißverständnis" (S. 140) ab. Bewusst ignoriert er, dass Shen Te und Shui Ta dieselbe Person sind. Als der zweite Gott ihn darauf hinweist, reagiert der erste Gott *„heftig"* (S. 140). Shen Te habe nur „Verwirrtes" und „Unglaubliches" (S. 140) gesagt. Der erste Gott leugnet die Wahrheit, weil diese ihn dazu zwingen würde, entweder auf die göttlichen Gebote zu „verzichten" (S. 140) oder aber die Welt zu verändern. Beides lehnt er entschieden ab. Stattdessen beharrt er unumstößlich darauf, dass „alles in Ordnung" (S. 141) sei.

Erster Gott leugnet die unbequeme Wahrheit

Mit einem Hammerschlag verkündet der erste Gott dieses offensichtlich falsche Urteil über die Welt. Damit erklärt er zugleich den göttlichen Prüfauftrag für erfolgreich beendet. In Shen Te sei der gesuchte gute Mensch gefunden geworden. Die Götter könnten daher nun in ihre eigene Welt zurückkehren. Die Musik, die auf sein Zeichen ertönt,

Götter verklären Shen Te zum guten Menschen

und die *„rosige Helle"* (S. 141), die entsteht, versinnbild-
lichen, dass die Welt, die der erste Gott hier beschreibt, eine
Scheinwelt ist, die mit der Wirklichkeit nichts gemein hat.
Die *„rosa Wolke"* (S. 141), auf der die Götter in den Himmel entschweben, symbolisiert ihre verklärte, weltfremde,
abgehobene Sichtweise. Absichtlich nehmen sie die Welt
durch eine rosa Brille wahr.

Shen Te bleibt auf sich allein gestellt

Auch die verzweifelte Bitte Shen Tes, sie nicht allein zurück-
zulassen, ignorieren die Götter. Ihre Fragen nach der Zukunft (vgl. S. 141) lassen sie unbeantwortet. Als Shen Te
mit *„gehetzt[em]"* Blick in Richtung ihrer *„Peiniger"*
(S. 141), die gleich eintreten werden, erklärt, sie könne
„nicht hier bleiben" (S. 141), beharren die Götter darauf,
dass sie das doch könne. Sie solle „nur gut" sein und alles
würde „gut werden" (S. 141). Dass dieser Rat in Shen Tes
Ohren wie Hohn klingen muss, hat das Stück bis hierhin
ausführlich demonstriert: Shen Tes Versuch, gut zu sein, ist
schon einmal gründlich missglückt.

Shen Te kann auch in Zukunft ohne Shui Ta nicht bestehen

Die Götter überlassen Shen Te am Ende des Stückes ihrem
Schicksal. Sie haben ihren „guten Menschen" (S. 142) gefunden. Shen Te hat damit ihren Zweck erfüllt; was in Zukunft aus ihr wird, ist den Göttern gleichgültig. Gegenüber
der eintretenden Menge präsentieren sie Shen Te als
„gute[n] Mensch[en] von Sezuan" (S. 143). Shen Te aber
weiß, dass sie auch in Zukunft ohne den schlechten Menschen Shui Ta nicht bestehen kann. Wenigstens einmal in
der Woche möchte sie weiterhin in die Rolle Shui Tas
schlüpfen. Die Götter erlauben ihr diesen Rollenwechsel
zwar, allerdings nur einmal im Monat.

„Terzett der entschwindenden Götter auf der Wolke"

Shen Tes flehentliche Bitte, sie nicht im Stich zu lassen (vgl.
S. 142), beantworten die drei Götter auf beinahe zynische
Weise mit ihrem „Terzett der entschwindenden Götter auf
der Wolke" (S. 142). In diesem für drei Stimmen ausgeleg-
ten Gesangsstück (Terzett) lassen sie den Grund für ihren
eiligen Abschied deutlich anklingen: „Lang besehn, ihn zu

beschreiben/Schwände hin der schöne Fund." (S. 142)
Ganz offensichtlich wollen die Götter die Wahrheit weder
sehen noch hören. Ihnen ist klar, dass sich die Illusion, bei
Shen Te handele es sich um den gesuchten „guten Menschen", auf Dauer nicht aufrechterhalten lässt. Deshalb wollen sie lieber schnell verschwinden, ehe die Illusion zerplatzt.
Entsprechend überhören die Götter Shen Tes Hilferufe (vgl.
S. 142). Auf ihr verzweifeltes Gestikulieren reagieren sie mit
fröhlichem Winken. Absichtlich missdeuten sie Shen Tes
ausgebreitete Arme als Abschiedsgeste. Weil sie die Wirklichkeit, wie sie ist, ignorieren, nehmen sie sich auch am
Ende des Stückes das letzte Wort: „Gepriesen sei, gepriesen
sei/Der gute Mensch von Sezuan!" (S. 143)

Eiliger Abschied der scheinheiligen Götter

Für das Publikum hat diese völlige Verkehrung der Realität
etwas Komisches. Brechts Stück endet mit diesem grotes-
ken, überschwänglichen Abgang und Abgesang der Götter
im Stile einer Komödie. Allerdings ist diese Komödie bei
Brecht nur gespielt. Und das Publikum durchschaut das falsche Spiel der Götter. Im Gegensatz zu einer klassischen
Komödie endet das Stück „Der gute Mensch von Sezuan"
nicht in Harmonie und Glück. Das Happy End in Brechts
Stück ist nur vorgetäuscht. In Wirklichkeit bleibt Shen Te
verzweifelt und allein zurück. Damit verkehrt Brecht das
Schlussmotiv der Komödie in sein Gegenteil.

Brechts Schluss stellt das Happy End einer Komödie auf den Kopf

Indem er Merkmale einer Komödie aufgreift und verändert,
erzielt Brecht einen seinem epischen Theater (vgl. Hintergründe, S. 146 ff.) entsprechenden Verfremdungseffekt.
Die Aufmerksamkeit des Publikums wird geweckt. Es soll
das Geschehen hinterfragen und eigene Schlüsse ziehen.
Ähnliche Verfremdungseffekte finden sich in dieser letzten
Szene gleich mehrfach. Wiederholt greift Brecht hier literarische oder auch religiöse Schluss- bzw. Endzeitmotive auf,
um sie in ihr Gegenteil zu verkehren.
Die gesamte letzte Szene lässt sich mit ihrem Schauplatz in
einem Gerichtslokal, in dem die Götter als Richter in Erschei-

Verfremdungseffekte

nung treten, als Anspielung auf das biblische Jüngste Gericht interpretieren. Während im Jüngsten Gericht jedoch strenge, aber zugleich gerechte moralische Urteile gefällt werden (die Guten werden belohnt, die Bösen bestraft), lassen sich Gut (Shen Te) und Böse (Shui Ta) bei Brecht nur durch ein künstliches Rollenspiel trennen. Die Götter haben überhaupt kein Interesse, gerechte moralische Urteile zu fällen. Stattdessen verklären sie Shen Te zum „gute[n] Mensch[en] von Sezuan" (S. 143) und ignorieren Shui Ta. Damit verkehrt Brecht das biblische Motiv in sein Gegenteil und offenbart die Scheinheiligkeit der drei Götter.

Der Schlussauftritt der Götter erinnert außerdem an das dramaturgische Motiv des „Deus ex machina". Im Theater war der „Deus ex machina" ursprüngliche eine Gottheit, die mithilfe einer mechanischen Vorrichtung auf der Bühne auftauchte und durch ihr Eingreifen entscheidend zur Lösung des dramatischen Konfliktes beitrug. Brecht parodiert diesen Vorgang geradezu, indem er ihn ebenfalls in sein Gegenteil wendet. Auf einer rosa Wolke entschwinden die Götter eilends von der Bühne, ohne dass die Probleme tatsächlich gelöst wären. Von Göttern und Religionen, so lässt sich dieser Verfremdungseffekt deuten, ist keine Hilfe zu erwarten. Die Menschen müssen ihre Konflikte selbst lösen.

Zuletzt lässt das Terzett der Götter in Verbindung mit ihrem Entschweben und den Versen „Und lasset, da die Suche nun vorbei/Uns fahren schnell hinan!" (S. 142) auch an die Schlussszene aus Goethes Drama „Faust II" denken, in der Fausts Himmelfahrt von einem „Chorus Mysticus" mit den Worten begleitet wird: „Das Unbeschreibliche,/Hier ist's getan;/Das Ewig-Weibliche/Zieht uns hinan."[1] Während also bei Goethe, so zumindest kann man das „Faust"-Ende interpretieren, das weibliche Prinzip der Liebe über das männliche

---

[1] Goethe, Johann Wolfgang: Faust. Der Tragödie zweiter Teil. Stuttgart 1999, S. 214.

Machtstreben siegt, ist das bei Brecht abermals nur Fassade. Shen Te kommt auch weiterhin nicht ohne Shui Ta aus. Auf sich allein gestellt erscheint das weibliche Prinzip verloren. Abermals greift Brecht ein bekanntes – hier literarisches – Motiv scheinbar auf, verkehrt es tatsächlich aber in sein Gegenteil. Diese vielfachen Verkehrungen unterstreichen formal das, was Shen Te den Göttern in ihrem Monolg vorwirft: „Etwas muß falsch sein an eurer Welt." (S. 139) Tatsächlich nämlich stehen Liebe und Güte hier auf verlorenem Posten und die egoistischen Götter haben keinerlei Interesse, den Menschen zu helfen.

Verkehrte Motive als formale Entsprechung einer verkehrten Welt

Verfremdung literarischer oder religiöser Motive

Originalmotiv	Brechts Verfremdung
Happy End in der Komödie: Konflikte werden gelöst.	Scheinbares, von den Göttern inszeniertes Happy End, tatsächlich aber: Verzweiflung, Konflikte bleiben bestehen.
Jüngstes Gericht in der Bibel: Gott fällt gerechte Urteile, die Guten werden belohnt, die Bösen bestraft.	Götter im Gerichtslokal ignorieren das Böse (Shui Ta) und geben sich einen moralischen Schein. Tatsächlich sind sie an keinem gerechten Urteil interessiert.
„Deus ex Machina" im Theater: Gott erscheint auf der Bühne und trägt entscheidend zur Lösung der Konflikte bei.	Götter entschweben auf einer „rosa Wolke" (S. 141) von der Bühne und täuschen eine Konfliktlösung lediglich vor.
„Chorus Mysticus" und Fausts Himmelfahrt bei Goethe: Triumph des „Ewig-Weiblichen", der Liebe und Güte	„Terzett der entschwindenden Götter auf einer Wolk" (S. 142): Nur scheinbar setzt sich die weibliche Güte gegen männliches Machtstreben durch. Tatsächlich kann Shen Te auch in Zukunft ohne Shui Ta nicht bestehen.

Brecht greift bekannte Schlussmotive auf, verkehrt sie aber in ihr Gegenteil.
Traditionelle Lösungsmöglichkeiten scheitern.
Etwas ist falsch an der Welt, wie sie ist.
Welt bzw. Gesellschaft muss geändert werden.

Kritik an
verklärender
Kulturtradition

Dadurch, dass Brecht kulturhistorisch bedeutsame Schluss-motive und Lösungsstrategien aufgreift und verfremdet, geht er zugleich auch auf kritische Distanz zur vorherr-schenden Kulturtradition. Den gesellschaftlichen Realitä-ten, so die unterschwellige Botschaft, werden die traditio-nellen, beschönigenden Sichtweisen nur unzureichend gerecht. In dieser Schlussszene führt Brecht vor, wie das Stück in einer Komödie, in der Bibel, im populären Theater oder bei einem literarischen Klassiker wie Goethe enden könnte, demonstriert zugleich jedoch, dass die Wirklichkeit jeweils anders aussieht. Indirekt ruft Brecht damit zu einem (materialistischen) Bruch mit diesen (idealistischen) Traditi-onen auf, der dazu führen soll, dass die Welt nicht nur auf der Bühne oder in der Religion schön und gerecht er-scheint, sondern tatsächlich schöner und gerechter wird.

Funktion der
10. Szene
für das Stück

Innerhalb des dramaturgischen Aufbaus markiert diese Sze-ne den Schluss von Brechts Stück. In dieser Schlussszene werden die im Anschluss an das Vorspiel getrennt entwi-ckelten Ebenen der Götter (Zwischenspiele) und der Men-schen (Szenen) miteinander verknüpft. Die Welten der Göt-ter und der Menschen treffen im Gerichtslokal aufeinander. Shen Te begegnet den Göttern dort zum ersten Mal wieder, seit sie diese im Vorspiel bei sich aufgenommen hat (vgl. S. 15 ff.); diesmal jedoch zunächst in Gestalt von Shui Ta. Im klassischen Fünf-Akt-Schema, an dem sich das Stück zu-mindest tendenziell orientiert, führt der Schluss wahlweise zur Lösung des Konfliktes (Komödie) oder zur Katastrophe (Tragödie). Brecht dagegen präsentiert am Ende seines Stückes nur eine Scheinlösung. Tatsächlich bleiben die Konflikte ungelöst. Er verweigert das Happy End auf der Bühne, um dadurch das Publikum dazu zu animieren, im echten Leben ein Happy End bzw. gesellschaftlicheÄnde-rungen herbeizuführen. Ob das Ende auf der Bühne bzw. in Brechts Stück für Shen Te jedoch eine Katastrophe dar-stellt, lässt sich letztlich nicht eindeutig beantworten. Dennoch legen die am Ende nur scheinbar gelösten, tatsächlich aber weiter bestehenden Konflikte nahe, Brechts Stück als Tragikomödie zu beschreiben.

Epilog: Handlungsaufforderung an das Publikum

Nach Ende des Stückes tritt einer der Schauspieler noch einmal vor den bereits geschlossenen Vorhang. Mit diesem Verfremdungseffekt im Sinne von Brechts epischem Theater (vgl. Hintergründe, S. 146 ff.) tritt er symbolisch aus dem Stück heraus und verweist über es hinaus auf dessen Bedeutung für die Wirklichkeit. Zugleich stellt der „Spieler" vor dem Vorhang ein Verbindungsglied zwischen Stück und Zuschauer dar. In paarweise gereimten Versen entschuldigt er sich beim Publikum für das unbefriedigende Ende. Aus der eigentlich geplanten „goldene[n] Legende" (S. 144) sei ein „bitteres Ende" (S. 144) geworden.

„Spieler" entschuldigt sich beim Publikum

Bei der „goldenen Legende" oder auch „Legenda aurea" handelt es sich um eine vom Dominikanermönch Jacobus de Voragine um 1264 verfasste Sammlung von Heiligengeschichten. Dem irdischen Leid und der diesseitigen Opferbereitschaft der Heiligen steht darin ein ewiger himmlischer Lohn entgegen. Die geplante Heiligengeschichte scheitert in Brechts Stück jedoch an den irdischen Umständen. Die „heilige" Shen Te und der „sündige" Shui Ta sind untrennbar miteinander verbunden. Wie bereits in der Schlussszene verweist Brecht hier abermals auf eine literarische Quelle, um sie zugleich zu entkräften.

Brechts Stück entkräftet die „goldene Legende"

Mit dem berühmten Paarreim „Wir stehen selbst enttäuscht und sehn betroffen/Den Vorhang zu und alle Fragen offen." (S. 144) verweist der „Spieler" darauf, dass die Konflikte des Stückes am Ende nicht gelöst sind. Ob es sich bei dem Schluss aber tatsächlich um ein offenes Ende handelt, ist in der Literaturwissenschaft umstritten. Während einige argumentieren, Shen Te könne ihr Wechselspiel mit Shui Ta auch in Zukunft mit ungewissem Ausgang fortset-

Offener Schluss oder Katastrophe?

zen, sehen andere den Untergang Shen Tes als besiegelt. Ihr Doppelspiel sei mit der letzten Szene aufgeflogen, weshalb sie nun schutzlos der Rache ihrer *„Peiniger"* (S. 141) ausgeliefert sei.

Tatsächlich scheinen Shen Tes *„gehetzt[er]"* (S. 141) Blick und ihr *„verzweifelt[es]"* (S. 143) Gestikulieren am Ende der zehnten Szene eine solche Lesart nahezulegen. Dagegen spricht jedoch, dass die Götter Shen Te dem Volk als „guten Menschen" (S. 142) präsentieren, Wang auch weiterhin den Göttern „Respekt" (S. 142) entgegenbringt und Shen Te auch in Zukunft plant, in Shui Tas Rolle zu schlüpfen. Tatsächlich ließe sich das Stück sowohl auf die eine wie die andere Art fortsetzen. Der Fortgang der Handlung also bleibt offen. Letztlich belegen das auch die widersprüchlichen Interpretationen des Schlusses.

Offenes Ende von Brecht bewusst gewählt

Der „Spieler" begründet den offenen Schluss damit, dass „uns" (S. 144), also der Theatergruppe und dem Stückeschreiber, nichts eingefallen sei. Damit freilich signalisiert Brecht dem Publikum genau das Gegenteil. Dadurch, dass er das offene Ende in einem eigens dafür geschriebenen Epilog ausdrücklich thematisiert, hebt er indirekt hervor, dass er sich sehr bewusst dafür entschieden hat. Anders als es gelegentlich im Theater der Fall ist („Das kam schon vor.", S. 144), schreckt Brecht nicht aus „Furcht" (S. 144) vor negativen Publikumsreaktionen vor einem unglücklichen oder vielleicht auch revolutionären Ende zurück. Auch lässt er sich nicht „für Geld" zu einer populären, aber falschen „Lösung" (S. 144) im Stile eines Happy Ends verführen.

Publikum soll selbst einen Schluss finden

Stattdessen setzt Brecht mit der Schlussszene und dem Epilog sein didaktisches Konzept des epischen Theaters (vgl. Hintergründe, S. 146 ff.) konsequent um. Er formuliert eine (rhetorische) Frage an das Publikum. Am Ende der zehnten Szene bleibt diese (rhetorische) Frage noch unausgesprochen. Im Epilog fasst der „Spieler" die Frage dann in Worte: „Was könnt die Lösung sein?" (S. 144) Das Publikum wird ausdrücklich aufgefordert, „selber" (S. 144) nachzudenken und einen positiven Schluss zu finden.

Mögliche Antworten auf die Frage nach der besten Lösung formuliert der „Spieler" ebenfalls in Frageform: „Soll es ein andrer Mensch sein? Oder eine andre Welt?/Vielleicht nur andere Götter? Oder keine?" (S. 144) Nur scheinbar stellt Brecht hier mehrere Antwortmöglichkeiten zur Auswahl. In Wirklichkeit hat er sich mit seinem Stück bereits klar auf die Antworten festgelegt. Insofern handelt es sich um rhetorische Fragen, die nicht auf eine Antwort abzielen, sondern dazu dienen, die Bedeutung der bereits indirekt gegebenen Antwort zu betonen. Das Publikum wird durch den Verlauf des Stückes auf die von Brecht gewünschten Antworten hingelenkt. Gleichzeitig soll es jedoch das Gefühl haben, diese Antworten selbst gefunden zu haben. Dadurch soll das Publikum die Überzeugungen Brechts verinnerlichen und als eigene Erkenntnisse empfinden.

Rhetorische Fragen

Letztlich aber ist in der Doppelfrage „Soll es ein andrer Mensch sein? Oder eine andre Welt?" (S. 144) die gewünschte Antwort auf die Frage nach der „Lösung" (S. 144) bereits enthalten: Es soll eine „andre Welt" (S. 144) sein. Schließlich hat Brecht mit seinem Stück das Scheitern eines guten Menschen (Shen Tes) an einer schlechten Welt beispielhaft vor Augen geführt. Ein anderer Mensch würde also nicht weiterhelfen. Zumal Brecht diese Alternative in seinem Stück am Beispiel Shui Tas ebenfalls entwickelt hat. Die zentrale Antwort, die Brechts Stück nahelegt, lautet demnach: Die Welt muss verändert, die (kapitalistische) Gesellschaft (in eine sozialistische) umgestaltet werden.

Es soll eine „andre Welt" sein

Die religiöse Frage nach den Göttern erscheint da vergleichsweise zweitrangig. Doch auch hier lässt das Stück im Grunde nur eine Antwort zu: „keine" (S. 144) Götter. Zumindest keine, die den Menschen das Denken und Handeln abnehmen. Die Götter haben sich für die Menschen in Sezuan als nutzlos, egoistisch, manipulativ und letztlich

Keine Götter

hinderlich erwiesen. Die Menschen müssen ihr Schicksal selbst in die Hand nehmen und die Welt umgestalten, anstatt sich auf die Hilfe von Göttern zu verlassen.

Rhetorische Schlussfrage als Handlungsanweisung

Schlussfrage:

„Was könnt die Lösung sein?" (S. 144)

Antworten in Frageform, die das Stück…

… verwirft: … nahelegt:

„Soll es ein andrer Mensch sein?"   „Oder eine andre Welt?"

„Vielleicht nur andere Götter?"   „Oder keine?"

Aufruf an das Publikum, die Welt selbst zu verbessern

Eindeutige Schlussbotschaft

Das Stück kann nur dann zu einem glücklichen Ende geführt werden, wenn die Wirklichkeit, die es beschreibt, verändert wird. Darin sieht der „Spieler" – und mit ihm Brecht – den „einzige[n] Ausweg" (S. 144). Der Wandel zum Guten kann nicht innerhalb des Stückes, sondern muss außerhalb des Theaters stattfinden. Die Veränderungen sollen nicht ästhetischer, poetischer, sondern gesellschaftlicher und politischer Natur sein. Es sollen keine Ideale entworfen werden, sondern die konkreten materiellen Lebensbedingungen sollen sich verbessern. So offen das Ende des Stückes auf der Handlungsebene sein mag, so eindeutig ist es in dieser Schlussbotschaft.

Zuletzt verknüpft Brecht den Appell zur Veränderung noch mit der festen, beinahe trotzigen Überzeugung, dass ein solcher Wandel zum Guten auch möglich ist: „Es muß ein guter da sein, muß, muß, muß!" (S. 144)

Funktion des Epilogs für das Stück

Der Epilog verwandelt den auf der Handlungsebene offenen Schluss des Stückes in eine Handlungsaufforderung an das Publikum. Durch den Verfremdungseffekt des vor den Vorhang getretenen „Spielers" bildet das Publikum eine Brücke zwischen der fiktiven Welt innerhalb des Stückes und der realen Welt außerhalb des Theaters. Der beispielhaft belehrende Charakter des Stückes mündet auf diese Weise in einen Appell an die Zuschauer oder Leser, für eine bessere und gerechtere Gesellschaft zu sorgen. Da mit Sezuan eine kapitalistische Gesellschaft als Negativbeispiel herhalten musste, liegt es nahe, dass der Marxist Brecht das Publikum zum Kampf für den Sozialismus bzw. Kommunismus (vgl. Hintergründe, S. 136 ff.) aufruft. Mit seinem didaktischen Anspruch und dem Aufruf, die Welt zu verbessern, erfüllt der Epilog die wesentlichen Vorgaben von Brechts epischem Theater (vgl. Hintergründe, S. 146 ff.).

Hintergründe

Brechts Lebensstationen

Bertolt (auch: Bert; getauft: Eugen Berthold Friedrich) Brecht kam am 10. Februar 1898 in Augsburg zur Welt, wo er nach der Volksschule das Königliche Realgymnasium besuchte.

Pazifistischer Schulaufsatz

Während des Ersten Weltkrieges entging er nur knapp einem Schulverweis, nachdem er sich in einem Schulaufsatz über die Aussage „Dulce et decorum est pro patria mori" des römischen Dichters Horaz kritisch mit patriotischer Kriegspropaganda auseinandergesetzt hatte: „Der Ausspruch, daß es süß und ehrenvoll sei, für das Vaterland zu sterben, kann nur als Zweckpropaganda gewertet werden. Der Abschied vom Leben fällt immer schwer, im Bett wie auf dem Schlachtfeld, am meisten gewiss jungen Menschen in der Blüte ihrer Jahre. Nur Hohlköpfe können die Eitelkeit soweit treiben, von einem leichten Sprung durch das dunkle Tor zu reden, und auch dies nur, solange sie sich weit ab von der letzten Stunde glauben."[1]

Brechts Kritik an Patriotismus, Nationalismus und Krieg, die sich auch in seinem Werk niederschlug, lässt sich demnach bis in seine Schulzeit zurückverfolgen.

Militärdienst als Sanitäter

1917 schloss Brecht die Schule mit dem Abitur ab und begann in München ein Medizinstudium. Im Oktober 1918 wurde er als Sanitäter in einem Augsburger Lazarett zum Militär eingezogen. Ein Kriegseinsatz an der Front blieb ihm aufgrund eines Herzfehlers erspart. Noch 1918 entstand

„Baal": erstes Bühnenstück

mit „Baal" das erste umfassende Bühnenstück Brechts. Es trägt autobiografische Züge und handelt von einem jungen

---

[1] Hecht, Werner: Brecht Chronik. Berlin 2007.

Dichter, der seine „natürlichen" Triebe und Gelüste ohne Rücksicht auf die Gesellschaft auslebt.

Nach Ende des Krieges schrieb Brecht Theaterkritiken für die Augsburger Tageszeitung „Volkswille". Er pendelte zwischen Augsburg und München, wo er sich jedoch weniger an der Universität als in Künstlerzirkeln aufhielt. Er freundete sich mit dem Kabarettisten Karl Valentin[1] an und lernte u. a. den Schriftsteller Lion Feuchtwanger[2] kennen. Brecht arbeitete als Dramaturg an den Münchner Kammerspielen, wo er 1922 sein Stück über die Novemberrevolution 1918/19, „Trommeln in der Nacht", aufführte. Das erste Mal setzte er dabei Verfremdungseffekte als Stilmittel der Bühneninszenierung ein. Noch im selben Jahr wurde er für sein Schaffen mit dem renommierten Kleistpreis ausgezeichnet.

Dramaturg an den Münchner Kammerspielen

Verwendung von Verfremdungseffekten

Nach mehreren Berlinaufenthalten zog er 1924 in die Hauptstadt, wo er gemeinsam mit Carl Zuckmayer[3] Dramaturg am Deutschen Theater wurde (unter der Leitung von Max Reinhardt[4]).

Umzug nach Berlin, Deutsches Theater

1926 wurde in Darmstadt Brechts Lustspiel „Mann ist Mann" uraufgeführt. Das lehrreiche Parabelstück, das von Songs unterbrochen wurde und in dem sich die Darsteller teilweise direkt an das Publikum wandten, enthielt bereits wesentliche Elemente von Brechts didaktischer Theaterkonzeption, die er in den folgenden Jahren mit dem epischen Theater und seinen „Lehrstücken" weiterentwickelte.[5] Auch die kommunistische bzw. marxistische Weltanschauung (vgl. Hintergründe, S. 136 ff.), die fortan die Stücke Brechts

Anfänge des epischen Theaters und Hinwendung zum Marxismus

---

[1] Karl Valentin (eigentlich: Valentin Ludwig Fey) (1882 – 1948): ein berühmter Münchner Komiker, Schriftsteller und Schauspieler

[2] Lion Feuchtwanger (1884 – 1958): deutscher Schriftsteller, Sohn eines jüdischen Fabrikanten, ging 1933 ins Exil

[3] Carl Zuckmayer (1896 – 1977): deutscher Schriftsteller und Dramaturg

[4] Max Reinhardt (1873 – 1943): österreichischer Regisseur, Schauspieler und Theatergründer

[5] Vgl. hierzu Hintergründe, S. 146 ff.

wesentlich prägen sollte, schlug sich im Lustspiel „Mann ist Mann" bereits erkennbar nieder.

„Dreigroschen-oper"

1927 lernte Brecht den Komponisten Kurt Weill (1900 – 1950) kennen. Weill schrieb die Musik zur legendären „Dreigroschenoper", die 1928 in Berlin ihre Premiere hatte. Mit seinen gesellschaftskritischen Stücken wie etwa der 1930 in Leipzig uraufgeführten Anti-Oper „Aufstieg und Fall der Stadt Mahagonny" löste Brecht mehrere Theaterskandale aus. Zunehmend störten ab 1930 die Nationalsozialisten Aufführungen seiner Werke.

Flucht aus Deutschland, Exil in Skandinavien und den USA

Einen Tag nach dem Reichstagsbrand, am 28. Februar 1933, floh Brecht gemeinsam mit seiner Familie (vgl. S. 136 dieses Bandes) nach Dänemark. 1935 wurde ihm die deutsche Staatsbürgerschaft durch die Nationalsozialisten offiziell aberkannt. 1939 siedelte Brecht nach Schweden über, wo er u. a. das

Bertolt Brecht

Stück „Mutter Courage und ihre Kinder" niederschrieb und eine erste Rohfassung des Stückes „Der gute Mensch von Sezuan" erstellte. Nach dem Einmarsch deutscher Truppen in Dänemark und Norwegen am 9. April 1940 floh Brecht zunächst nach Finnland, von wo aus er 1941 in die USA übersiedelte.

Wie etliche weitere deutsche Emigranten, darunter Lion Feuchtwanger, Fritz Lang, Paul Dessau und Heinrich Mann,[1] ließ sich Brecht im kalifornischen Santa Monica in der Nähe

---

[1] Fritz Lang (1890 – 1976): österreichisch-deutsch-amerikanischer Filmregisseur („Metropolis", 1927); Paul Dessau (1894 – 1979): deutscher Komponist und Dirigent, vertonte u. a. das Stück „Mutter Courage und ihre Kinder"; Heinrich Mann (1871 – 1950): deutscher Schriftsteller („Professor Unrat", 1905; „Der Untertan", 1918), älterer Bruder von Thomas Mann

von Hollywood nieder. Er schrieb mehrere Drehbücher, es gelang ihm jedoch nicht, in der Filmbranche Fuß zu fassen. Schriftstellerisch aber blieb er weiterhin aktiv. 1944/45 entstand im amerikanischen Exil das Stück „Der kaukasische Kreidekreis".

Nach Ende des Zweiten Weltkrieges wurde Brecht Ende Oktober 1947 vom Komitee für unamerikanische Umtriebe[1] in Washington verhört. Aufgrund seiner marxistischen Überzeugungen wurde er fälschlicherweise verdächtigt, Mitglied einer kommunistischen Partei zu sein. Bereits einen Tag nach dem Verhör verließ Brecht die USA in Richtung Europa, wo er sich vorübergehend in der Schweiz niederließ.

Verhör vor dem Komitee für unamerikanische Umtriebe

1948 übersiedelte Brecht schließlich nach Ostberlin, wo er gemeinsam mit seiner Partnerin Helene Weigel das Berliner Ensemble gründete. Er wurde Mitglied der „Deutschen Akademie der Künste in Berlin (Ost)" und erhielt 1951 den Nationalpreis 1. Klasse der DDR. Nachdem der Aufstand vom 17. Juni 1953[2] von der sowjetischen Armee niedergeschlagen worden war, vertrat Brecht nach außen die Linie der Parteiführung. Im März 1954 erhielt das Berliner Ensemble mit dem Theater am Schiffbauerdamm ein eigenes

Die DDR und das Berliner Ensemble

---

[1] Komitee für unamerikanische Umtriebe: Ausschuss des US-Parlaments, der unter wechselnden Namen von 1934 bis 1975 bestand und die Unterwanderung der USA durch staatsfeindliche Gruppierungen (anfangs vor allem Nationalsozialisten, später Kommunisten) untersuchen und verhindern sollte

[2] An den Tagen des 16. und 17. Juni 1953 kam es zunächst in Ost-Berlin und später in der gesamten DDR zu Streiks, Demonstrationen und gewaltsamen Auseinandersetzungen. Die oftmals auch als Arbeiteraufstand oder Volksaufstand bezeichneten Proteste vom 17. Juni richteten sich gegen die Erhöhung der „Arbeitsnormen", die dazu führte, dass die Arbeiter zum gleichen Lohn deutlich mehr arbeiten mussten, sowie generell gegen den harten, stalinistischen (in Anlehnung an den sowjetischen Diktator Josef Stalin (1878 – 1953)) Kurs der SED. Bis zur Wiedervereinigung 1990 war der 17. Juni in der Bundesrepublik Deutschland unter der Bezeichnung „Tag der deutschen Einheit" ein gesetzlicher Feiertag.

Haus. Im Mai 1955 nahm Brecht in Moskau den Internationalen Stalin-Friedenspreis entgegen.

Frauen und Kinder

Brecht war zweimal verheiratet (mit der Sängerin Marianne Zoff und der jüdischen Schauspielerin Helene Weigel) und hatte zahlreiche Liebesverhältnisse, unter anderem mit der Schauspielerin und Schriftstellerin Margarete Steffin, die ihn während seines europäischen Exils auch als Sekretärin unterstützte, sowie der dänischen Schauspielerin, Journalistin und Fotografin Ruth Berlau. Aus Brechts Beziehungen gingen vier Kinder, zwei Söhne und zwei Töchter, hervor.

Herzinfarkt

Bertolt Brecht starb am 14. August 1956 im Alter von 58 Jahren infolge eines Herzinfarkts. Er wurde auf dem Dorotheenfriedhof in Ostberlin beigesetzt.

Brechts Gesellschaftskritik

Bertolt Brecht hat ein umfangreiches Werk hinterlassen, das Dutzende Stücke, Lieder, Drehbücher, über 100 Prosatexte, mehr als Tausend Gedichte und zahlreiche Fragmente (unvollendete Werke), Briefe sowie Tagebücher umfasst. Es ist kaum möglich, eine solche schöpferische Vielfalt auf einige wenige Themen zu reduzieren.

Sozialkritik prägt Brechts Werke

Dennoch lassen sich – insbesondere im Hinblick auf Brechts Stücke – rückblickend thematische Schwerpunkte und Tendenzen formulieren. Brechts Werk ist zu einem wesentlichen Teil gekennzeichnet von einer kritischen Auseinandersetzung mit der zeitgenössischen Gesellschaft.

Anarchistisch-nihilistische Frühphase

In der Frühphase – etwa in seinem ersten umfassenden Stück „Baal" – schlägt sich Brechts kritische Gesellschaftsanalyse noch in einer anarchistisch-nihilistischen[1] Haltung nieder. Baal, der Held des Stückes, ist ein junger Dichter, der rücksichtslos nach seinem eigenen sinnlichen Genuss

---

[1] Nihilismus: Weltanschauung, die alle Werte und jede gesellschaftliche Ordnung verneint

strebt. Baal wendet sich von den Menschen und ihrer Gesellschaft ab und der Natur zu. Er endet als Mörder und
stirbt einsam in einer Hütte im Wald.

Die nihilistische Alternative zur herrschenden Gesellschaft,
die Brecht in „Baal" entwirft, weicht ab der zweiten Hälfte
der 1920er-Jahre zunehmend einer sozialistischen Alternative. Ab diesem Zeitpunkt wendet sich Brecht dem Marxismus und Kommunismus[1] zu, ohne aber in die KPD (Kommunistische Partei Deutschlands) einzutreten. Brechts Gesellschaftskritik erhält dadurch eine konstruktive Seite. Die
Ablehnung der bestehenden Gesellschaft verknüpft sich
mit der Hoffnung auf eine revolutionäre Umgestaltung hin
zu einer sozialistischen Gesellschaft.

*Hinwendung zum
Sozialismus*

Die Gesellschaftskritik in Brechts Werken äußert sich zunehmend politisch als eine Auseinandersetzung mit Kapitalismus sowie Faschismus bzw. Nationalsozialismus. Brecht
beschreibt den Kapitalismus seiner Zeit als rücksichtslos und
unmenschlich und stellt die miserablen Arbeitsbedingungen, Arbeitslosigkeit und soziale Verelendung der Massen
dem unersättlichen Machtstreben einiger weniger Kapitalisten entgegen. Er macht den Kapitalismus nicht nur für
die auf den New Yorker Börsenkrach vom 29. Oktober
1929 folgende Weltwirtschaftskrise, sondern auch für das
Scheitern der Weimarer Republik, die nationalsozialistische
Machtergreifung und den Ausbruch des Zweiten Weltkrieges verantwortlich. Mit seinen Stücken will Brecht zum

*Kritik am
Kapitalismus*

---

[1] Karl Marx (1818 – 1883): vertrat als Kapitalismuskritiker die Lehre
vom Klassenkampf, wonach die Arbeiterklasse bzw. das Proletariat die
Gesellschaft nach einer erfolgreichen Revolution in einen sozialistischen Staat umwandeln würde, in dem alle Klassenunterschiede auf-
gehoben wären. Die Regierungen der kommunistischen Staaten des
Ostblocks (u. a. der ehemaligen DDR und der UdSSR) bezogen sich u.
a. auf die Lehren von Marx. Eine wesentliche Grundlage des Kommunismus bildete die Abschaffung des Privateigentums von Produktions-
mitteln; also die Verstaatlichung von Fabriken, Landwirtschaftsbetrie-
ben, aber auch von Banken etc.

Aufbau einer internationalen sozialistischen Gesellschaft beitragen. Seine von humanistischen Werten wie Menschlichkeit, Gerechtigkeit oder Gleichberechtigung gestützte marxistische Utopie bildet den sozialen Gegenentwurf zu einer kapitalistischen Ausbeutung und faschistischen Unterdrückung, die er anprangert und bekämpft. Mit seinem Werk übernimmt er gewissermaßen die Rolle des literarischen Anwalts der kleinen Leute bzw. des Proletariats.

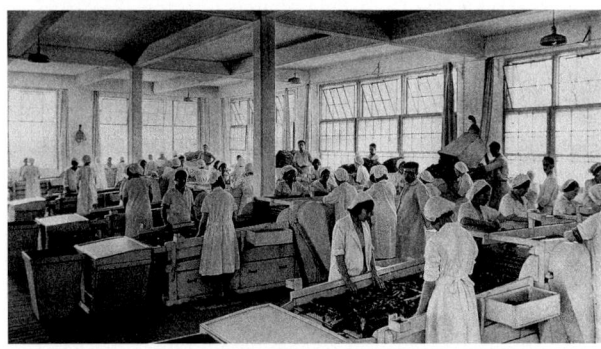

Arbeiter in einer Füll- und Packstation in einer Tabakfabrik (1941)

Kritik am Krieg   Ein weiteres zentrales Thema in den Werken Brechts ist der Krieg. Ob seine vor dem historischen Hintergrund des Ersten und (drohenden) Zweiten Weltkrieges formulierte Kritik am Krieg aber auf einen grundsätzlichen Pazifismus Brechts bzw. auf eine grundsätzlich pazifistische Botschaft seiner Werke schließen lässt, ist umstritten.

Religionskritik   Immer wieder spiegelt sich auch Brechts religionskritische Haltung in seinen Werken wider. Brecht wurde protestantisch, allerdings nicht streng religiös erzogen. Früh haderte er mit dem Widerspruch zwischen formelhaft religiöser Tugendhaftigkeit und wahrhaftiger Menschlichkeit. Die Kritik an religiöser Scheinheiligkeit schlug sich bereits in einem seiner frühen Schreibversuche nieder, dem aus drei Szenen bestehenden Einakter „Die Bibel", den Brecht mit 15 Jahren für die Schülerzeitung verfasste. Später übernahm er weitgehend die Ansichten der marxistischen Lehre, wonach die Religion als Herrschaftsmittel vor allem dazu diene, den Menschen abzulenken und von gesellschaftlichen Veränderungen abzuhalten, etwa, indem sie die Gläubigen aufs Jenseits vertröste.

Trotz seiner atheistischen Überzeugungen blieb Brecht von der Bibel fasziniert, die er als sein Lieblingsbuch bezeichnete. In seinen Werken ist es denn auch weniger der Gottesglaube an sich, den er kritisiert, als der durch Kirchen und Religionen zum Regelwerk geformte Glaube. Im Mittelpunkt seiner Kritik stehen die kirchlichen Amtsträger wie etwa der „Bonze" aus dem Stück „Der gute Mensch von Sezuan", die Kirche als Macht- und Unterdrückungsapparat sowie Doppelmoral, Intoleranz, Frömmelei und wirklichkeitsferne religiöse Gebote und Richtlinien. Neben der Kapitalismuskritik bildet die Religionskritik eines der zentralen Themen im Stück „Der gute Mensch von Sezuan".

Kirche als Machtapparat

Literarische Einflüsse

Thematisch ist Brechts Stück mit seiner Kapitalismus- und Religionskritik stark von den Konzepten und Schriften Karl Marx' beeinflusst. Die Religionskritik äußert sich bei Brecht zugleich jedoch in zahlreichen biblischen Anspielungen.

Auf der Handlungsebene erscheint die Bibel als eine der Hauptinspirationsquellen des Stückes. Bei den göttlichen Geboten, die Shen Te einzuhalten versucht (vgl. S. 16), handelt es sich offenbar um die Zehn Gebote aus dem Alten Testament. Sowohl „Das Lied vom Sankt Nimmerleinstag" (S. 91f.) als auch die Gerichtsverhandlung in der zehnten Szene (vgl. S. 132ff.) lassen sich als Hinweis auf das Jüngste Gericht deuten. Vor allem aber erinnern Besuch und Prüfauftrag der drei Götter an die biblische Erzählung von Sodom und Gomorra.

Biblische Anspielungen

Sodom und Gomorra

Im Alten Testament (1. Buch Mose bzw. Genesis 18 + 19) erscheint Gott Abraham in Gestalt von drei Männern. Gott berichtet Abraham vom Klagegeschrei über die sündigen Zustände in den Städten Sodom und Gomorra. Gott kündigt an, nach Sodom hinabgehen zu wollen, um selbst zu überprüfen, ob das Verhalten der Stadtbewohner wirklich dem Klagegeschrei entspreche. Abraham bittet Gott, zumindest die Gerechten in Sodom zu verschonen. Gott verspricht ihm daraufhin, die ganze Stadt zu verschonen, wenn er dort nur fünfzig Gerechte finde. Nach und nach handelt Abraham die Zahl der Gerechten, die gefunden werden müssen, damit Sodom nicht zerstört wird, bis auf zehn herunter.

Gott sendet zwei Engel nach Sodom, die am Stadttor von Lot, einem Neffen Abrahams, empfangen werden, der ihnen Unterkunft gewährt. Da die beiden Engel in Sodom keine zehn Gerechten finden, zerstören sie die Städte Sodom und Gomorra und verschonen lediglich Lot und dessen Familie.

„Die Flucht Lots und seiner Familie aus Sodom" (1625);
Gemälde von Peter Paul Rubens (1577 – 1640)

Brecht variiert biblisches Motiv

Brecht knüpft in seinem Stück an diese biblische Erzählung an. Auch hier dringen „Klagen" (S. 7) und „Geschrei"

(S. 10) über die Zustände in Sezuan zu den Göttern. Die drei Götter lassen sich ähnlich wie die drei Männer aus dem Alten Testament als göttliche Erscheinungsformen interpretieren. Wang, der am Eingang der Stadt auf die Götter wartet, ähnelt dem biblischen Lot. Im Gegensatz zur biblischen Erzählung macht Brecht jedoch die Suche nach den Gerechten zur eigentlichen Handlung seines Stückes. Und anders als in der Bibel haben die Götter bei Brecht kein Interesse daran, Sezuan zu zerstören oder die Menschen zu bestrafen. Sie wollen vielmehr alles so belassen, wie es ist. Darum senken sie am Ende selbst die Zahl der nötigen Gerechten auf nur eine einzige Person herab (vgl. S. 131). Damit wandelt Brecht das biblische Motiv entscheidend ab. Mit diesem Verfremdungseffekt (vgl. Hintergründe, S. 146 ff.) verlagert er den Blickpunkt vom göttlichen Strafgericht auf die Theodizee, also die Frage nach der Gerechtigkeit Gottes bzw. der göttlichen Rechtfertigung für das menschliche Leiden. Dies ermöglicht Brecht in seinem Stück sowohl eine kritische Auseinandersetzung mit der Religion als auch mit den gesellschaftlichen Ursachen für die Misere in Sezuan.

Ein ähnliches Motiv wie dasjenige von Sodom und Gomorra findet sich in Ovids[1] „Metamorphosen" (um 8 n. Chr.). In diesen mythischen Erzählungen werden die auf Erden wandelnden Götter Zeus und Hermes nur von Philemon und Baucis aufgenommen. Zur Belohnung werden beide später bei einer Sintflut verschont. Ovids „Metamorphosen"

Goethe greift diese Geschichte in seinem Drama „Faust" (1808/32) auf. Darüber hinaus zeigen sich jedoch weitere auffällige Parallelen zwischen Goethes Drama „Faust" und Brechts Stück. Die doppelte Wette im Drama „Faust I" zwischen Gott und Mephisto einerseits sowie Mephisto und Faust andererseits ähnelt dem doppelten Goethes Drama „Faust"

---

[1] Ovid (43 v. Chr. – 17 n. Chr.): römischer Dichter

Auftrag, der die Handlung in Brechts Stück in Gang setzt. Zunächst nämlich erfüllen die drei Götter selbst einen „Beschluß" (S. 10), handeln also im Auftrag einer übergeordneten Instanz. Anschließend erteilen sie Shen Te ihrerseits den Auftrag, zu sich und anderen gut zu sein (vgl. S. 16). Diese Prüfung ist erneut zweigeteilt. Das gilt auch für die zweite Wette im Drama „Faust", die zunächst in die kleine und später in die große Welt führt. Während Gretchen im Drama „Faust I" die kleine Welt und das weibliche Prinzip der Liebe repräsentiert, steht Faust im Drama „Faust II" für das männliche Streben nach Höherem, nach Macht und Erfolg. In ähnlicher Weise symbolisieren die Geschlechterrollen auch bei Brecht grundlegende Prinzipien. Shen Te erfüllt tendenziell die Rolle Gretchens, während Shui Ta oder auch Sun eher dem faustischen Prinzip gehorchen. Die Doppelrolle Shen Tes weist damit auch Parallelen zur inneren Zerrissenheit, den „zwei Seelen" Fausts auf, der zwischen der Liebe (zu Gretchen) und seinem Tatendrang schwankt. Doch auch hier variiert Brecht den Stoff. So handelt Shen Te in ihrer Rolle als Shui Ta nicht aus eigenem Antrieb, sondern reagiert lediglich auf die äußeren Umstände. Die Persönlichkeitsspaltung wird ihr von außen aufgezwungen, wohingegen sie bei Faust das Resultat widersprüchlicher innerer Bedürfnisse ist.

Vor allem aber verkehrt Brecht den Schluss der „Faust"-Dichtung ins Gegenteil. Anders als bei Goethe werden die Figuren bei Brecht nur scheinbar zum weiblichen Prinzip „hinan"- („Faust II", a.a.O., S. 214; „Der gute Mensch von Sezuan", S. 142) gezogen. Das Ende bei Brecht erscheint zugleich als Parodie auf Goethes Drama „Faust" und auf den damit indirekt als wirklichkeitsfern kritisierten Idealismus klassischer Dichtung.

Weitere Einflüsse   Der göttliche Blick von außen auf die Welt als eine Art Bühne, der das Geschehen im Stück „Der gute Mensch von Sezuan" einrahmt, ist möglicherweise von Pedro Calderón

de la Barcas[1] religiösem Drama „Das große Welttheater"
(1655) beeinflusst.

Die ins Typische und teilweise Karikaturenhafte übersteigerten Figuren erinnern ebenso wie Teile des Handlungsgeschehens an eine Verwechslungskomödie oder auch die italienische „Commedia dell'arte".

Mit der rosa Wolke stellt Brecht den „Deus ex machina" antiker Tragödien auf den Kopf.

Außerdem fließen chinesische Weisheiten, Überlieferungen und Sinnsprüche in Brechts Stück ein.

Ausdrücklich nimmt Brecht im Stück „Der gute Mensch von Sezuan" auf die „goldene Legende" (S. 144) des Dominikanermönchs Jacobus de Voragine (1228/29 – 1298) Bezug. Ähnlich wie viele andere von ihm zitierte literarische Motive wandelt Brecht auch die um 1264 verfassten Heiligengeschichten der „Legenda aurea" grundlegend ab, indem er dem irdischen Leid in seinem Stück den himmlischen Lohn versagt.

Die Entstehungsgeschichte des Stückes „Der gute Mensch von Sezuan"

Erste Motive, die später im Stück „Der gute Mensch von Sezuan" verarbeitet werden sollten, finden sich bereits 1926. In Brechts Spottgedicht „Matinee in Dresden" besuchen drei Götter eine Stadt, von deren Einwohnern sie ungastlich behandelt werden. Nur ein einziger Bürger kümmert sich um sie. Die wütenden Götter bedrohen die Stadt daraufhin mit einer Sintflut. In dem Gedicht verarbeitet Brecht seinen Ärger über die seiner Ansicht nach ungebührliche Behandlung, die er und seine Kollegen Alfred Döblin (1878–1957) und Arnolt Bronnen (1895–1959)

Erste Motive 1926

---

[1] Pedro Calderón de la Barca (1600–1681): spanischer Dichter

im Rahmen einer gemeinsamen literarischen Veranstaltung in Dresden im März 1926 erfahren hatten.

Die Prostituierte als Tabakhändler 1927/28 und 1930

In den Jahren 1927 und 1928 arbeitete Brecht am Entwurf eines Stückes, das „Fanny Kress oder Der Huren einziger Freund" heißen sollte. Eine Prostituierte verkleidet sich darin als Tabakhändler, um auf diese Weise ihre Kolleginnen unterstützen zu können. Die anderen Prostituierten interessieren sich jedoch nur für den Mann.

1930 entwickelt Brecht diese Grundidee für ein geplantes Stück mit dem Titel „Die Ware Liebe" weiter. Abermals schlüpft eine Prostituierte zeitweise in die Rolle eines Tabakhändlers. Die Prostituierte kommt unverhofft zu Geld und kauft sich einen Tabakladen. Als Mann verkleidet betreibt sie den Laden, nebenbei jedoch arbeitet sie als Prostituierte weiter. Der innere Konflikt dieser Doppelrolle ist in dem Entwurf bereits ebenso angelegt wie die Kritik am Kapitalismus, in dem die „wahre Liebe" zur „Ware" verkommt.

Hauptarbeit im skandinavischen Exil 1939 bis 1941

Im dänischen Exil beginnt Brecht auf der Basis dieses Entwurfes möglicherweise bereits 1938, intensiv jedoch erst ab Februar/ März 1939 die Hauptarbeit am Stück „Der gute Mensch von Sezuan". Zunächst überarbeitet er hierfür die fünf noch unter dem Titel „Die Ware Liebe" entworfenen Szenen.

Im April übersiedelt Brecht nach Schweden, wo er die Arbeit an dem Stück fortsetzt, die nach Ausbruch des Zweiten Weltkrieges im September jedoch ins Stocken gerät. Brecht wendet sich zwischendurch mehreren anderen Projekten, vor allem aber seinem kriegskritischen Stück „Mutter Courage und ihre Kinder" zu. Erst nachdem er im April 1940 nach Finnland gezogen ist, beschäftigt er sich wieder verstärkt mit dem Stück „Der gute Mensch von Sezuan". Am 20. Juni 1940 notiert er, das Stück sei „im Großen und Ganzen fertig"[1]. Die noch ausstehenden Feinarbeiten ge-

---

[1] Brecht, Bertolt: Arbeitsjournal. Band 1. Hrsg. v. Werner Hecht. Frankfurt am Main 1973, S. 116.

stalten sich offenbar jedoch unerwartet schwierig. Mehrere Selbstaussagen Brechts belegen, dass es ihm vor allem darum geht, das Formelhafte, allzu Konstruierte und Stereotype aus dem Stück zu verbannen. Shen Te und Shui Ta etwa sollen zwar tendenziell als „gut" und „böse" zu erkennen sein, aber zugleich nicht nur gut und nur böse wirken, sondern lebendig und glaubhaft. Erst Ende Januar 1941 schließt Brecht die Arbeiten an seinem Stück ab.

In einem Vermerk der Textausgabe notiert Brecht einen Entstehungszeitraum von 1938 bis 1940 (vgl. S. 4). Außerdem nennt er seine Weggefährtinnen (und Geliebten) Ruth Berlau und Margarete Steffin als Mitarbeiterinnen. Während sich das im Fall von Ruth Berlau nicht eindeutig nachweisen lässt, steht fest, dass Margarete Steffin Brecht beim Verfassen des Stückes im skandinavischen Exil entscheidend unterstützt hat. Auf der Reise von Finnland über die Sowjetunion in die USA erkrankt Steffin 1941 schwer. Während Brecht mit seiner Familie und Ruth Berlau auf dem Schiff weiterreist, muss Steffin in Moskau zurückbleiben, wo sie am 4. Juni 1941 verstirbt.

Mitarbeit von Margarete Steffin

Aufführungen des Stückes kommen in den USA nicht zustande. Erst am 4. Februar 1943 wird das Stück „Der gute Mensch von Sezuan" in Zürich uraufgeführt. Die konzeptionellen Vorgaben von Brechts epischem Theater werden dabei jedoch nicht umgesetzt. Die im Vermerk der Textausgabe genannte Musik von Paul Dessau (vgl. S. 4) entstand erst nach dieser Vorführung in den Jahren 1947/48. Sie war Teil der deutschen Erstaufführung des Stückes am 16. November 1952 an den Städtischen Bühnen in Frankfurt am Main. Im Jahr darauf, 1953, erschien der Erstdruck des Stückes. Das von Brecht und seiner Partnerin Helene Weigel in Ostberlin gegründete Berliner Ensemble spielte das Stück „Der gute Mensch von Sezuan" das erste Mal im Oktober 1957 – über ein Jahr nach Brechts Tod.

Uraufführung 1943, deutsche Premiere 1952, Erstdruck 1953

Episches Theater

Bertolt Brecht entwickelte sein Konzept vom epischen Theater vermutlich ab Mitte der 1920er-Jahre – zu einer Zeit also, in der er sich zunehmend auch der marxistisch-kommunistischen Idee zuwandte. Für Brecht stellte das epische Theater ein Mittel dar, diese Ideen in die Wirklichkeit umzusetzen. Es zielte von vornherein auf gesellschaftliche Veränderung.

Die Katharsis im klassisch-aristotelischen Drama

Mit diesem Anspruch unterschied sich Brechts Theaterkonzept grundsätzlich vom traditionellen Drama. Überhaupt verstand Brecht sein episches Theater als eine Art Gegenmodell zum klassischen Drama aristotelischer Prägung. Ein zentraler Begriff in der Poetik (Dramentheorie) von Aristoteles (384 – 322 v. Chr.) war die Katharsis (Reinigung), also die Vorstellung, dass die Tragödie, indem sie den Zuschauer emotional bewege, Jammer (griech.: eleos) und Furcht (griech.: phobos) bei ihm hervorrufe, zu einer befreienden, vergnüglichen Gemütsentladung (griech.: katharsis) führe.

Lessing interpretiert Katharsis als moralische Läuterung

Gotthold Ephraim Lessing (1729 – 1781) entwickelte diese Theorie in seiner „Hamburgischen Dramaturgie" (1767/69) weiter, indem er die Katharsis als eine moralische Läuterung auslegte, die dadurch erreicht werden könne, dass der Zuschauer sich mit den Figuren des Stückes identifiziere. Diese Identifikation führe dazu, dass der Zuschauer Mitleid mit dem ungerecht behandelten Helden oder auch dem bestraften Übeltäter empfinde. Die Furcht, ein ähnliches Schicksal erleiden zu müssen, führe beim Zuschauer dann zur moralischen Läuterung und einem tugendhafteren Verhalten. Für den Aufklärer Lessing erfüllte das Theater eine moralisch-erzieherische Funktion.

Belehrende Funktion durch kritische Distanz

Insofern knüpft Brecht an Lessing an. Denn auch bei Brecht erfüllt das Theater eine didaktische Funktion. Allerdings richtet sich Brechts episches Theater in bewusster Abkehr von Aristoteles und Lessing nicht an das Gefühl, sondern an den Verstand des Publikums. Brecht möchte das Publikum nicht zum Mitfühlen, sondern zum Nachdenken anregen. Der Zuschauer soll mit den Figuren nicht mitleiden, sondern diese durchschauen. Er soll also dazu gebracht werden, es besser zu wissen als die handelnden Figuren, um es hinterher anders zu machen. Statt auf Identifikation setzt Brecht auf eine kritische Distanz.

Ziel von Brechts epischem Theater ist es, eine solche Distanz zu ermöglichen. Anders als beim Drama, das in seiner idealtypischen Form den Eindruck unmittelbaren Miterlebens erwecken soll, existiert in der Epik eine vermittelnde Instanz: der Erzähler.

Der epische Erzähler gibt das Geschehen nicht einfach nur wieder, sondern bewertet, kommentiert, erläutert und strukturiert es oftmals auch. Er kann vergangene Geschehnisse zusammenfassen, zukünftige Geschehnisse vorwegnehmen oder einzelne Handlungen und Ereignisse in einen größeren, etwa politischen, sozialen oder philosophischen, Zusammenhang einordnen.

Mithilfe des epischen Theaters will Brecht solche erzählerischen Elemente in ein Stück einfließen lassen. Durch gezielte Verfremdungseffekte (verkürzt auch V-Effekte genannt) möchte er den Eindruck unmittelbaren Miterlebens stören. Deshalb vermeidet er es, seine Stücke als Dramen zu bezeichnen.

Brechts Verfremdungseffekte sollen eine Desillusionierung bewirken, das heißt, sie sollen die Identifikation des Zuschauers mit den Figuren verhindern. Der Zuschauer soll nicht in das Geschehen eintauchen, sich nicht der Illusion hingeben, das Geschehen auf der Bühne sei real, sondern es aus kritischer Distanz beobachten, hinterfragen und beurteilen. Trotz dieser Distanzierung legt Brecht jedoch Wert darauf, Figuren und Handlung realistisch und glaubwürdig darzustellen, weshalb er beispielsweise lange daran feilte,

Episierung des Theaters durch Desillusionierung

das Stück „Der gute Mensch von Sezuan" nicht allzu schematisch, sondern möglichst lebensnah zu gestalten.

Brechts
Verfremdungs-
effekte

Erzielt werden sollten die Verfremdungseffekte etwa durch: eine distanzierte, demonstrierende Darstellungsweise der Schauspieler[1], Publikumsansprachen, unterschiedliche Sprachebenen, Dialekt, den Wechsel zwischen Prosa und Vers, Songeinlagen, Musik, Plakate, Projektionen, Rückblenden (vgl. Szene 8) oder andere erzählerische Elemente, Filmausschnitte, Beleuchtungswechsel, ein betont nüchternes Bühnenbild, das nicht den Anspruch erhob, ein Szenario möglichst realgetreu nachzubauen, sondern den Aufführungscharakter betonte, und Drehbühnen, die einen schnellen Wechsel des Bühnenbilds ermöglichten, gleichzeitig aber auch den künstlichen Bühnenaufbau hervorhoben. Auch publikumsferne Schauplätze (Sezuan) oder Zeiten (z. B. der Dreißigjährige Krieg in Brechts Stück „Mutter Courage und ihre Kinder") zählen zu Brechts Verfremdungsmethoden.

Die Zuschauer als
„Änderer"

Mit solchen Mitteln versuchte Brecht, eine Distanz zwischen Publikum und Inszenierung herzustellen: „Das Prinzip besteht darin, anstelle der Einfühlung die Verfremdung herbeizuführen." Die angestrebte Desillusionierung des Zuschauers war für Brecht allerdings kein ästhetischer Selbstzweck, sondern zielte darauf ab, die Haltung des Zuschauers zu verändern. Der Zuschauer sollte sich nicht nur einem passiven Kunstgenuss hingeben, sondern sich in einen „Änderer" verwandeln, der in „die gesellschaftlichen

---

[1] Noch 1920, also vor der Hinwendung zum epischen Theater, hatte Brecht einem Schauspieler das genaue Gegenteil geraten: „Krieche in deinen Mann hinein, schaue aus seinen Augen heraus." Zwanzig Jahre später, 1940, lehnte er eine solche Identifikation des Schauspielers mit der Rolle dann ab: „Der Schauspieler läßt es auf der Bühne nicht zur restlosen Verwandlung in die darzustellende Person kommen. Er ist nicht Lear, Harpagon, Schwejk, er zeigt diese Leute." Zitiert nach: Bertolt Brecht: Kleines Organon für das Theater. In: Gesammelte Werke. Band 16. Frankfurt am Main 1967, S. 683.

Prozesse einzugreifen vermag, der die Welt nicht mehr nur hinnimmt, sondern sie meistert."[1]

Dies konnte nach Brechts Überzeugung[2] aber nur gelingen, wenn der Zuschauer auch die Figuren und ihr Handeln auf der Bühne als veränderbar begriff. Das wiederum setzte seiner Ansicht nach voraus, die gesellschaftlichen Verhältnisse, die das Handeln der Figuren prägten, offenzulegen und ebenfalls als veränderbar darzustellen. Das versuchte er, auf dreierlei Weise zu erreichen:

Gesellschaftliche Verhältnisse beeinflussen das Handeln der Figuren

- Den moralisch autonomen (unabhängigen), frei entscheidenden Helden des klassischen Dramas stellte Brecht seine von sozialen Umständen beeinflussten Protagonisten gegenüber.
- Die bei Aristoteles schicksalhaft festgelegte Weltordnung ersetzte er durch wandelbare gesellschaftliche Verhältnisse.
- Die klassischen allgemeinmenschlichen, überzeitlichen Konflikte wichen konkreten Konflikten, die wesentlich von den jeweiligen sozialen und historischen Rahmenbedingungen geprägt waren.

Brecht selbst fasste das so zusammen: „Verfremden heißt also Historisieren, heißt Vorgänge und Personen als historisch, also als vergänglich darstellen."[3]

Anders als etwa im idealistischen Theater, in dem tendenziell die Individualität, Einzigartigkeit oder das Genie der Helden im Vordergrund steht, sind die Figuren in Brechts epischem Theater grundsätzlich als beispielhafte Typen angelegt. Nicht ihre persönlichen Eigenschaften, sondern ihre sozialen Rollen stehen im Vordergrund. Sie erfüllen eine stellvertretende Funktion, die sich teilweise bereits aus der

Beispielhafte Typen statt individueller Charaktere

[1] Brecht, Bertolt: Über das experimentelle Theater. In: Texte zur Theorie des Theaters, Hrsg. v. Klaus Lazarowicz und Christopher Balme. Stuttgart 1991, S. 640.
[2] ab Mitte der 1920er-Jahre
[3] Brecht, Bertolt: Was ist Verfremdung? Zitiert nach: Große, S. 90 f.

Rollenbezeichung ablesen lässt: „Der Polizist", „Der Bonze", „Der Arbeitslose" (S. 6). Brecht interessiert sich weniger für die individuellen Unterschiede und den menschlichen Einzelfall als für die übergeordneten gesellschaftlichen Zusammenhänge. Erst in einem zweiten Schritt verleiht er seinen typischen Figuren auch individuelle Züge, um so die Glaubwürdigkeit seines Stückes nicht zu gefährden.

Offene statt geschlossener Form

Im Gegensatz zum geschlossenen klassischen Drama besitzt Brechts episches Theater eine offene Form. Die drei aristotelischen Einheiten von Ort (keine Schauplatzwechsel), Zeit (ein Tag) und Handlung (geschlossene Handlung, geradliniger Handlungsverlauf) lösen sich bei Brecht vollständig auf. Die Handlung vom Stück „Der gute Mensch von Sezuan" erstreckt sich über mehrere Monate. Vor und nach der achten Szene werden jeweils drei Monate übersprungen. In der achten Szene wird das, was in der Zeit davor geschah, in Form von Rückblenden erzählt. Die Handlungsorte wechseln zwischen Shen Tes Tabakladen, der Straße, unter einer Brücke, dem Stadtpark, einem Kanalrohr, einem Restaurant, der Tabakfabrik und dem Gerichtslokal. Das Handlungsgeschehen wird durch Zwischenspiele, Publikumsansprachen und Lieder unterbrochen bzw. ergänzt. Es setzt sich aus mehreren Erzählsträngen (Shen Tes Tabakladen, Shen Te und Sun, Shui Tas Fabrik, Gerichtsverhandlung) zusammen. Auch an die Regel einer möglichst überschaubaren Figurenzahl hält sich Brecht nicht.

Der szenische Aufbau des Stückes „Der gute Mensch von Sezuan" orientiert sich zwar tendenziell am klassischen Fünf-Akt-Schema (Exposition, steigende Handlung, Höhepunkt/Wendepunkt, fallende Handlung, Lösung/Katastrophe). Dennoch lassen sich die einzelnen Szenen nicht eindeutig in ein solches starres Raster einordnen. Nicht zuletzt der offene Schluss von Brechts Stück widerspricht den klassischen Vorgaben.

Allerdings war Brecht bei Weitem nicht der Erste, der gegen die Regeln des klassischen Dramas verstieß. Bereits seit Lessings „Hamburgischen Dramaturgie" (1767/69) ist die geschlossene Form des Dramas zunehmend offeneren Formen gewichen. Georg Büchners (1813–1837) 1836 verfasstes Dramenfragment „Woyzeck" gilt heute als Paradebeispiel eines offenen Dramas. Die formalen Vorgaben Aristoteles', wie etwa die drei klassischen Einheiten, waren im Drama des frühen 20. Jahrhunderts also längst kein verbindlicher Maßstab mehr. In dieser Hinsicht betrat Brecht mit seinem epischen Theater keineswegs Neuland. Auch war er zu seiner Zeit nicht der Einzige, der auf der Bühne mit Verfremdungseffekten arbeitete.

Episches Theater als eine Variante moderner Theaterform

Eine Sonderform des epischen Theaters stellten Brechts „Lehrstücke" dar. Nicht die Belehrung des Publikums, sondern der Lernprozess der an den „Lehrstücken" mitwirkenden (Laien-)Darsteller stand bei ihnen im Mittelpunkt.

„Lehrstücke" als Sonderform des epischen Theaters

Bei „Der gute Mensch von Sezuan" handelt es sich freilich nicht um ein solches Lehrstück. Entscheidend war für Brecht hier die Reaktion des Publikums. Der vermeintlich offene Schluss und die direkte Publikumsansprache im Epilog lassen sich als Aufforderung deuten, die auf der Bühne beispielhaft vorgeführten Grundkonflikte des Stückes in der Realität zu lösen. Der Zuschauer bzw. der Leser soll die Erkenntnisse, die er oder sie aus dem Stück gewonnen hat, auf die eigene gesellschaftliche Wirklichkeit übertragen. Das Publikum soll die Lehren aus den Fehlern der handelnden Figuren ziehen und es besser machen: sich beispielsweise nicht auf Religionen verlassen, sich solidarisch verhalten. Vor allem sollen die Zuschauer nicht das – nach Brechts Auffassung – Unmögliche versuchen, nämlich (wie Shen Te) innerhalb des kapitalistischen Systems Gutes zu tun. Stattdessen sollen sie den Kapitalismus grundsätzlich bekämpfen.

Parabel

Brecht selbst hat das Stück „Der gute Mensch von Sezuan"
als „Parabelstück" (S. 3) bzw. „Parabel" (S. 6) bezeichnet.

Gleichnishaftes
„Lehrgedicht"
Bei einer Parabel handelt es sich um eine gleichnishafte
Erzählung, die über das konkrete Geschehen hinaus auf eine zweite, allgemeinere Bedeutung verweist. Die Parabel
hat ihre Wurzeln in der antiken Rhetorik sowie den biblischen Gleichnissen. Brecht greift in seinem Stück also ge-
zielt auf eine biblische Erzählform zurück. Aufgrund ihres
meist moralisch belehrenden Charakters wurde die Parabel
auch als „Lehrgedicht" bezeichnet und war vor allem während der Aufklärungsepoche neben der Fabel eine beliebte
Erzählgattung.

Parabelcharakter
vom Stück
„Der gute Mensch
von Sezuan"
Figuren und Handlungen stehen in der Parabel nicht nur
für sich selbst, sondern weisen beispielhaft auf typische
Charaktereigenschaften, Verhaltensweisen und Sachver-
halte. So repräsentiert Sezuan einen zügellosen Kapitalismus, die Götter verkörpern eine heuchlerische, machtori-
entierte Religion und der innere Konflikt Shen Tes/Shui Tas
veranschaulicht den unauflösbaren Widerspruch zwischen
Menschlichkeit und Kapitalismus, Moral und Geschäft. Ergänzt wird der Parabelcharakter des Gesamtstückes durch
die parabolische bzw. gleichnishafte Struktur der einge-
streuten Lieder.

Brecht gibt
Deutungs-
richtung vor
Doch während sich in den Parabeln die Leser und Leserinnen die Deutung gewöhnlich selbst erschließen müssen,
gibt Brecht in seinem Stück die Deutungsrichtung von Anfang an vor. Die Vorbemerkung der Textausgabe offenbart
nicht nur den exemplarischen Charakter des Handlungsortes Sezuan, sondern liefert auch gleich noch die Interpretation mit: Sezuan steht für „alle Orte […], an denen Menschen von Menschen ausgebeutet werden" (S. 6). Brecht
geht es im Gegensatz zu den Aufklärern oder biblischen
Gleichnissen auch nicht darum, einen allgemeinen mora-

lischen Lehrsatz zu formulieren, vielmehr will er gerade dadurch, dass er mit seinem scheinbar offenen Schluss auf einen solchen Lehrsatz verzichtet, das Publikum zum Handeln aktivieren.

Es entspricht dem Verfremdungskonzept von Brechts epischem Theater, dass er mit der Parabel eine bestehende Erzählgattung grundlegend abwandelt, indem er sie an ihre Grenzen führt. Die Konflikte in Sezuan, so Brechts Botschaft, lassen sich eben nicht mehr in einem moralischen Leitsatz auflösen. Mit dem offenen Schluss sprengt Brecht die moralische Dimension der Parabel und verleiht seinem Stück eine gesellschaftliche und politische Bedeutung. Im Stück „Der gute Mensch von Sezuan" führt er gerade das Scheitern solcher moralischer Tugenden vor Augen, die traditionell (etwa in der Bibel) in Parabeln formuliert werden. Damit verlagert er den Fokus vom Verhalten des einzelnen Menschen auf die sozialen Rahmenbedingungen.

Eine Parabel, die scheitert

Der Modellcharakter der Parabel entspricht weitgehend dem Konzept von Brechts epischem Theater. Die Geschehnisse erfüllen keinen Selbstzweck, sondern dienen dazu, etwas zu veranschaulichen. Brecht sprach in diesem Zusammenhang auch vom „experimentellen Theater". Tatsächlich schildert er im Stück „Der gute Mensch von Sezuan" eine Art Experiment, das von den drei Göttern durchgeführt und am Ende so verfälscht wird, dass es scheinbar das von ihnen gewünschte Resultat erbringt. Letztlich aber handelt es sich um ein Experiment, das fehlschlägt, weil die Rahmenbedingungen nicht stimmen. Dieses Scheitern entspricht bei Brecht dem Scheitern der Parabel. Das experimentelle Modell bringt keine Lösungen hervor. Das, was Brecht veranschaulichen möchte, sind keine allgemeingültigen, zeitlosen Wahrheiten, sondern konkrete gesellschaftliche Verhältnisse, die es in der Wirklichkeit außerhalb des Stückes zu ändern gilt.

Experimentelles Theater

Wirkung und Rezeption

Ausbleibende Reaktionen

Nachdem Brecht das Stück Anfang 1941 im skandinavischen Exil endlich fertiggestellt hatte, verschickte er mehrere Exemplare an Freunde und Bekannte in aller Welt. Die erhofften Reaktionen blieben jedoch aus, was Brecht zerknirscht zur Kenntnis nahm. Ihm war freilich klar, dass die angespannte Weltlage nach der nationalsozialistischen Machtergreifung und dem Ausbruch des Zweiten Weltkrieges wenig Platz für literarische oder dramaturgische Debatten ließ. Entsprechend rechnete er auch nicht mit einer baldigen Aufführung seines Stückes.

Zürcher Uraufführung 1943

Tatsächlich wurde das Stück „Der gute Mensch von Sezuan" erst am 4. Februar 1943 in der neutralen Schweiz uraufgeführt. Die Inszenierung von Leonard Steckel am Zürcher Schauspielhaus wurde von Publikum und Kritik positiv aufgenommen, entsprach jedoch nicht der Konzeption von Brechts epischem Theater. Die sozialen und politischen Aspekte traten zugunsten poetischer Elemente in den Hintergrund.

Inszenierung in Frankfurt 1952

Ähnliches galt auch für die deutsche Erstaufführung durch Harry Buckwitz an den Städtischen Bühnen in Frankfurt am Main am 16. November 1952. Buckwitz verlagerte den thematischen Schwerpunkt von politischen auf allgemeinere ethische Fragen. Die Aufführung, an der Brecht beratend mitgewirkt hatte, war ein Publikumserfolg, und auch die Theaterbesprechungen fielen tendenziell wohlwollend aus. Es gab allerdings auch harsche Kritik, die sich vor allem an der Person Brechts entzündete. Nach dem Krieg hatte sich Brecht für ein Leben in der DDR entschieden, weshalb er von vielen in der Bundesrepublik als willfähriger Helfer des SED[1]-Regimes betrachtet wurde. So

---

[1] SED (Sozialistische Einheitspartei Deutschlands): alleinregierende kommunistische Staatspartei der DDR

geißelte die CDU-Fraktion im Frankfurter Stadtrat Brechts Stück als kommunistisches Propagandawerk und drängte letztlich vergeblich darauf, die Inszenierung abzusetzen.

Die Vorbehalte gegenüber Brecht erreichten in Westdeutschland ihren Höhepunkt, als sich dieser nach dem Aufstand vom 17. Juni 1953[1] nicht eindeutig vom DDR-Regime distanzierte, sondern in einem in der Parteizeitung „Neues Deutschland" zitierten Schreiben an die DDR-Führung seine Verbundenheit mit der SED formulierte. In der Bundesrepublik führte dies dazu, dass fast zwei Jahre lang keine Stücke Brechts mehr gespielt wurden. Der Brecht-Boykott endete am 31. März 1955 mit der Inszenierung des Stückes „Der gute Mensch von Sezuan" in Wuppertal.

Brecht-Boykott nach Aufstand vom 17. Juni

Doch nicht nur in der Bundesrepublik, auch in der DDR, wo das Stück „Der gute Mensch von Sezuan" das erste Mal im Januar 1956 am Rostocker Volkstheater aufgeführt wurde, hatte Brecht mit ideologischen Widerständen zu kämpfen. Seine Vorstellungen eines epischen Theaters widersprachen den offiziellen Vorgaben des sozialistischen Realismus. Dieser zunächst von der sowjetischen Parteiführung und anschließend auch in der DDR und anderen Ländern des sozialistischen „Ostblocks" von den Staatsführungen geforderte Kunststil setzte auf die idealisierende, scheinbar realitätsnahe, am Arbeitsalltag orientierte Darstellung sozialistisch-vorbildlicher Helden.

Widerspruch zum sozialistischen Realismus

---

[1] An den Tagen des 16. und 17. Juni 1953 kam es zunächst in Ost-Berlin und später in der gesamten DDR zu Streiks, Demonstrationen und gewaltsamen Auseinandersetzungen. Die oftmals auch als Arbeiteraufstand oder Volksaufstand bezeichneten Proteste vom 17. Juni richteten sich gegen die Erhöhung der „Arbeitsnormen", die dazu führte, dass die Arbeiter zum gleichen Lohn deutlich mehr arbeiten mussten, sowie generell gegen den harten, stalinistischen (in Anlehnung an den sowjetischen Diktator Josef Stalin (1878 – 1953)) Kurs der SED. Bis zur Wiedervereinigung 1990 war der 17. Juni in der Bundesrepublik Deutschland unter der Bezeichnung „Tag der deutschen Einheit" ein gesetzlicher Feiertag.

Trotz solcher Bedenken entwickelte sich das Stück „Der gute Mensch von Sezuan" in der DDR zu einem sozialistischen Klassiker. Bis zur Wiedervereinigung gestaltete sich die Rezeption in der Bundesrepublik dagegen weiterhin zwiespältig. Während Brechts Stücke in Teilen der Studentenbewegung in den 1960er-Jahren auf reges Interesse stießen, blieben die Konservativen skeptisch. Aus feministischer Perspektive wurden die polarisierenden Rollenbilder im Stück „Der gute Mensch von Sezuan" bemängelt. Brecht, so die Argumentation, bekräftige mit seinem Stück konventionelle Geschlechterrollen, die Frauen und Männer auf traditionelle Verhaltensweisen und Charaktereigenschaften festlegen würden.

Zugleich war „Der gute Mensch von Sezuan" in der Bundesrepublik eines der am häufigsten gespielten Stücke Brechts. Es wurde zur Schullektüre. Und der bedeutende Literaturkritiker Marcel Reich-Ranicki (1920 – 2013) beendete die von 1988 bis 2001 von ihm moderierte ZDF-Literatursendung „Das Literarische Quartett" stets mit einem leicht abgewandelten Zitat aus dem Stück: „Und so sehen wir betroffen den Vorhang zu und alle Fragen offen."

Zu den wichtigsten Aufführungen des Stückes außerhalb Deutschlands zählen die Inszenierungen Giorgo Strehlers. In seiner Inszenierung vom 21. Februar 1958 am Piccolo Teatro in Mailand verlagerte er das Geschehen in eine vorindustrielle Zeit. In einer weiteren Inszenierung am 14. April 1981 am Teatro Emilia Romagna in Modena ließ er das Stück in Baracken und hinter Stacheldraht in einer Umgebung spielen, die an die nationalsozialistischen Konzentrationslager erinnerte.

Ähnlich wie bei Strehler wurde Brechts Stück immer wieder aus dem historischen Kontext seiner Entstehung herausgelöst. Insbesondere nach der Wiedervereinigung traten bei den Inszenierungen und literaturwissenschaftlichen Deutungen des Stückes die marxistischen Überlegungen

Brechts in den Hintergrund. Stattdessen wurde das Stück vermehrt als zeitübergreifende Darstellung eines Konfliktes zwischen einem Individuum und einer (unmoralischen) Gesellschaft ausgelegt.

Inszenierung von Bernadette Sonnenbichler am Theater Aachen im Jahr 2013

Das Gesellschafts- und Kapitalismusbild, das Brecht unter dem Eindruck der Weltwirtschaftskrise, von Massenarbeitslosigkeit, Verarmung und ausbeuterischen Arbeitsverhältnissen entwarf, erschien vielen im Zeitalter der sozialen Marktwirtschaft und eines allgemeinen Wohlstandes ebenso wenig zeitgemäß wie die klassenkämpferische Rhetorik, die sich dahinter verbarg. Auch für eine moderne Kapitalismus- und Globalisierungskritik, wie sie angesichts der weltweiten Finanzkrise ab 2007 verstärkt geäußert wurde, bildet das Sezuan, wie es Brecht schildert, nur noch bedingt konkrete Bezugspunkte.

Historischer Kontext und aktuelle Bezugspunkte

Die grundsätzlichen Konflikte, die das Stück behandelt, lassen sich jedoch durchaus aktualisieren und auf eine zeitgemäße, differenzierte Gesellschaftskritik übertragen. Dass man Brechts Stück dazu aus seinem konkreten sozialen Rahmen herauslösen muss, widerspricht nur dann der Grundidee von Brechts epischem Theater, wenn dieser Rahmen nicht durch einen neuen, aktuelleren, aber ebenso konkreten politischen und kritischen Bezugspunkt ersetzt wird.

Das Stück „Der gute Mensch von Sezuan" in der Schule

Der Blick auf die Figuren: Die Personencharakterisierung

Eine literarische Figur charakterisieren – Tipps und Techniken

In einer literarischen Charakterisierung analysiert man neben den äußeren Merkmalen besonders die inneren Wesenszüge einer literarischen Figur. Auf diesem Wege gelangt man zu einer Gesamtinterpretation der Figur. Sämtliche Elemente der Charakterisierung – äußere Merkmale, charakterisierende Aussagen sowie weiterführende Deutungen – basieren auf der Textvorlage.

Bei einem dramatischen Text ist es dabei wichtig, nicht nur die Figurenrede zu untersuchen, sondern auch die Regieanweisungen. Durch direkte und indirekte Textbelege lassen sich die Aussagen über die charakterisierende Figur in nachvollziehbarer Weise begründen.

Für die Erarbeitung einer literarischen Charakterisierung können unter anderem folgende Aspekte und Leitfragen von Bedeutung sein:

1. Personalien und sozialer Status
- Was erfahren wir über den Namen, das Geschlecht, das Alter und den Beruf der Figur?
- Werden auffällige äußere Merkmale beschrieben?
- Wie stellen sich die Lebensverhältnisse und das soziale Umfeld der Figur dar?
- Gibt es Informationen zur Vorgeschichte der Figur?

2. Wesentliche Charaktereigenschaften[1]

- Zeigt die Figur typische Verhaltensweisen und Gewohnheiten?
- Was sind ihre hervorstechenden Wesensmerkmale und Charakterzüge?
- Welche Umstände prägen und bestimmen ihre Existenz?
- Welches Bild hat die Figur von sich selbst?
- Welche inneren Einstellungen, welches Weltbild hat die Figur?
- Steht sie stellvertretend bzw. beispielhaft für einen sozialen Typus?
- Zeigt die Figur eine Veränderung in ihren äußeren Merkmalen bzw. eine innere Entwicklung?
- Wie wird sie durch die anderen Figuren wahrgenommen?
- Welcher Art sind die Beziehungen zwischen der Figur und anderen Figuren?

3. Sprachgebrauch und Sprachverhalten

- Wie kann man den Sprachgebrauch der Figur allgemein beschreiben (Sprachebene, Sprachstil)?
- Welche Auffälligkeiten lassen sich auf Satz- und Wortebene erkennen (Satzbau, Wortwahl …)?
- Welche kommunikativen Aussagen werden durch die nonverbale Kommunikation (Gestik, Mimik, Körperhaltung) transportiert?
- Welches Gesprächsverhalten, welche Gesprächsstrategien verfolgt die Figur?

---

[1] Die individuellen Charaktereigenschaften der Figuren treten im epischen Theater tendenziell zugunsten von typischen sozialen Merkmalen in den Hintergrund. Dennoch verleiht Brecht seinen „Typen" bisweilen auch individuelle Züge.

4. Zusammenfassende Bewertung

- Wie lässt sich die Funktion der Figur für das Stück beschreiben?
- Welche Gesamtdeutung der Figur ergibt sich aus den gewonnenen Erkenntnissen?

Diese Zusammenstellung dient als „Checkliste" für die Erarbeitungsphase der Charakterisierung.

Die folgenden Kurzcharakterisierungen der wichtigsten Figuren des Stückes bieten die wesentlichen Anhaltspunkte für die Gestaltung einer Charakterisierung.

Shen Te/Shui Ta

1. Personalien und sozialer Status

Shen Te ist eine junge Prostituierte. In dem kleinen Zimmer, der „Kammer" (S. 15), in dem sie wohnt, empfängt sie auch ihre Kunden. Sie lebt allein, hat offenbar keine Familie und außer dem Wasserverkäufer Wang (vgl. S. 12 ff., S. 75) keine Freunde. Ihre Vorgeschichte bleibt im Dunkeln. Als Prostituierte verkörpert Shen Te für Brecht ein Opfer des kapitalistischen Systems, das sie dazu zwingt, sich selbst zur Ware zu machen. Innerhalb des Stückes rangiert sie anfangs ganz unten auf der sozialen Lei-

Aglaja Stadelmann als Shen Te/Shui Ta in Antje Schupps Inszenierung am Theater Ulm aus dem Jahr 2014

ter, was bereits daran deutlich wird, dass sie die Letzte ist, bei der sich Wang um eine Unterkunft für die Götter bemüht (vgl. S. 12). Hinterher versucht er, den Göttern das „Gewerbe" Shen Tes (S. 12) zu verheimlichen (vgl. S. 12f.). Shen Te ist jung, hübsch (vgl. S. 50, S. 58), aber arm. Es bleibt ihr nichts anderes übrig, als sich zu prostituieren. Nur mit Mühe bekommt sie das Geld für ihre Miete und ihren Lebensunterhalt zusammen (vgl. S. 12f.).

Durch den von den Göttern finanzierten Tabakladen gelingt Shen Te ein erster sozialer Aufstieg. Vom Rand der Gesellschaft rückt sie in die Mitte, entwickelt sich jedoch aufgrund ihrer Gutmütigkeit zunächst vor allem zum Mittelpunkt der Armen und Hilfesuchenden. Diese begegnen ihr vordergründig freundlich, sind jedoch neidisch und versuchen, sie auszunutzen. Der erneute soziale Abstieg erscheint vorprogrammiert.

Um diesen zu vermeiden, schlüpft Shen Te in die Rolle ihres erfundenen Vetters Shui Ta. Durch sein rücksichtsloses, aber geschäftlich erfolgreiches Handeln entwickelt sich Shui Ta rasch zu einer Respektsperson, die von den Armen gefürchtet und bewundert wird (vgl. S. 33ff.). Shui Ta setzt den sozialen Aufstieg Shen Tes fort, indem er sich rücksichtslos von den Armen abgrenzt und sich mit den Behörden (vgl. S. 36ff.) und Mächtigen der Stadt gut stellt. Am Ende des Stückes zählt Shui Ta zu den einflussreichsten Bürgern der Stadt. Er gilt als „angesehener Geschäftsmann", ist „zweiter Vorsitzender der Handelskammer und in seinem Viertel zum Friedensrichter vorgesehen" (S. 134).

Shen Te und Shui Ta sind ein und dieselbe Person. Die heimliche Verwandlung Shen Tes in Shui Ta ist jedoch nicht psychologisch motiviert. Shen Te lebt in der Rolle ihres Vetters keine unterdrückten Sehnsüchte oder dunklen Seiten aus. Es sind vielmehr die äußeren Umstände, die sie dazu zwingen, in eine Rolle zu schlüpfen, die ihr eigentlich widerstrebt (vgl. S. 104).

2. Wesentliche Charaktereigenschaften

2.1 Shen Te, der „Engel der Vorstädte" (S. 54)

Shen Te bildet mit ihrer selbstlosen Gutmütigkeit und Hilfsbereitschaft von Anfang an (vgl. Vorspiel, S. 12ff.) eine Ausnahmeerscheinung innerhalb Sezuans. Uneigennützig nimmt sie die Götter bei sich auf (vgl. S. 13). Mit dem Tabakladen will sie „Gutes tun" (S. 18). Sie teilt Reis aus und lässt Obdachlose bei sich wohnen (vgl. S. 18ff.). Sie ist nicht nachtragend, sondern verständnisvoll (vgl. S. 21) und unterstützt sogar diejenigen, die ihr selbst in der Vergangenheit die Hilfe versagt haben (vgl. S. 19f.). Shen Te glaubt an das Gute im Menschen (vgl. S. 49, S. 101) und führt deren schlechte Taten auf die äußeren Umstände zurück (vgl. S. 21). Mit ihrer Herzensgüte erscheint sie den in Sezuan herrschenden, unbarmherzigen Verhältnissen derart entrückt, dass die Armen sie einen „Engel der Vorstädte" (S. 54) nennen.

Die Kehrseite ihrer Uneigennützigkeit ist ihre Naivität bzw. ihr „Leichtsinn" (vgl. S. 57, S. 59, S. 104), durch den sie ihren Mitmenschen in Geschäfts- aber auch in Liebesangelegenheiten weitgehend schutzlos ausgeliefert ist.

2.2 Shen Tes Abhängigkeit von Shui Ta

Shen Te ist klug genug, diese Schwäche zu erkennen. Als Ausgleich dafür erfindet sie die Figur ihres Vetters Shui Ta. Ihre Hoffnung ist, in der Gestalt Shui Tas die geschäftliche Krise zu überwinden und anschließend wieder sie selbst sein zu können. Entsprechend hofft sie, dass die Anwesenheit Shui Tas nur vorübergehend nötig sei (vgl. S. 40, S. 63, S. 104). Stets will sie nur (noch) ein einziges bzw. „letzte[s] Mal" (S. 63, S. 104) in seine Rolle schlüpfen. Dabei aber übersieht sie, dass, sobald sie sich in Shen Te zurückverwandelt hat, das Geschäft abermals unter ihrer Gutmütigkeit leidet und damit zwangsläufig auf die nächste Krise zusteuert. Im kapitalistischen Sezuan, so Brechts Botschaft, kann die gütige Shen Te ohne Shui Tas Hilfe auf Dauer nicht als Geschäftsfrau bestehen.

2.3 Shui Ta, der „Tabakkönig von Sezuan" (S. 127)

In ihrer Rolle als Shui Ta legt Shen Te ein Verhalten an den Tag, das sie eigentlich ablehnt. Shui Ta ist ihr „zu hart und zu schlau" (S. 63). Aber im Gegensatz zu Shen Te tut Shui

Ta nicht das, was moralisch richtig, sondern das, was ökonomisch bzw. geschäftlich notwendig ist. Er handelt rein pragmatisch und nimmt dabei keine Rücksicht auf andere. Shui Ta verhandelt raffiniert, trickreich und, wenn es ihm nötig erscheint, auch hinterlistig (vgl. Szene 2, S. 32ff.) bzw. „verschlagen" (S. 41). Er ist unerbittlich gegenüber denjenigen, die auf der sozialen Leiter unter ihm rangieren, und beutet seine Arbeiter zu seinem eigenen Vorteil aus (vgl. Szene 8, S. 111ff.). Gleichzeitig verbündet er sich mit den Reichen und Mächtigen (vgl. S. 36 ff., S. 125ff.). Dabei schreckt er auch vor Gesetzesverstößen (vgl. S. 120) und Korruption (vgl. S. 132) nicht zurück. Auf diese Weise gelingt ihm der wirtschaftliche und soziale Aufstieg zum „Tabakkönig von Sezuan" (S. 127) und zur ebenso geachteten wie gefürchteten Respektsperson (vgl. S. 134). Der *„Zigarre rauchend[e]"* (S. 117) Shui Ta verkörpert den Typus des rücksichtslosen Kapitalisten.

Es ist kein Zufall, dass Shen Te mit Shui Ta in die Rolle eines Mannes schlüpft. Die unterschiedlichen Verhaltensweisen und Eigenschaften von Shen Te und Shui Ta entsprechen weitgehend den traditionellen bürgerlichen Vorstellungen typischer Geschlechtereigenschaften, die zwar im 20. Jahrhundert zunehmend infrage gestellt wurden, zum Teil aber bis heute bestehen. So verkörpert Shen Te als scheinbar typische Frau Gefühle und Leidenschaft (vgl. Szene 3, S. 44 ff., S. 73, S. 80), wohingegen Shui Ta als Mann Verstand und „Vernunft" (S. 89) repräsentiert und sich „vernünftiger" (S. 106) verhält. Shen Te handelt „[n]atürlich" (S. 101), sie orientiert ihr Verhalten an der menschlichen Natur (vgl. S. 49, S. 101). Shui Ta dagegen passt sich den in Sezuan herrschenden sozialen Gegebenheiten an. Er orientiert sich an der (kapitalistischen) Kultur bzw. Gesellschaft. Shen Tes Wirkungskreis ist überschaubar. Sie hilft den Menschen in den Vorstädten, in ihrer unmittelbaren Umgebung, kümmert sich um ihren Geliebten Sun und später um ihr unge-

2.4 Typische Geschlechterrollen

borenes Kind. Ihr Handeln hat privaten Charakter. Shui Ta dagegen gilt als Tabakkönig von ganz Sezuan. Sein Wirkungskreis ist größer. Als „zweiter Vorsitzender der Handelskammer" und „Friedensrichter" (S. 134) wird er zur öffentlichen Figur. Shen Te verhält sich passiv. Sie erduldet das boshafte Verhalten ihrer Umgebung und wird dadurch zum Opfer (vgl. Szene 1, S. 18 ff.). „Sie kann nicht nein sagen!" (S. 21) Shui Ta dagegen agiert als umtriebiger Geschäftsmann aktiv (vgl. Szene 8, S. 111 ff.). Er bestimmt die Spielregeln (vgl. S. 106). Shen Te ist fürsorglich, Shui Ta egoistisch.

2.5 Durchlässigkeit zwischen den Rollen

Auf einen Gegensatz zwischen gut und böse lassen sich die Unterschiede zwischen Shen Te und Shui Ta jedoch nur tendenziell reduzieren, zumal beide Figuren nicht immer klar voneinander zu trennen sind. So fällt Shen Te mehrfach aus ihrer Shui Ta-Rolle (vgl. S. 70, S. 73, S. 118 f.). Auch handelt Shui Ta in Shen Tes Sinne, wenn er ankündigt, sich weiterhin um die Armen kümmern zu wollen – wenn auch zu seinem eigenen Vorteil (vgl. S. 106) –, oder wenn er Sun in seiner Fabrik anstellt (vgl. S. 112).

Umgekehrt ist auch Shen Te nicht frei von negativen oder zumindest zweifelhaften Eigenschaften. In ihrer Verliebtheit erweist sie sich als eitel (vgl. S. 50, S. 58), leichtfertig und verantwortungslos, wenn sie etwa Suns Mutter die von dem alten Teppichhändlerpaar geliehenen 200 Silberdollar überlässt (vgl. S. 63). Als werdende Mutter ist auch Shen Te zu Gewalt, „Betrug" (S. 104) und rücksichtslosem Handeln bereit, um ihren Sohn zu schützen (vgl. S. 104). Zudem ist es natürlich stets Shen Tes Entscheidung, sich in ihren Vetter zu verwandeln. Auch in der Rolle Shui Tas bleibt sie es, die handelt.

3. Sprachgebrauch und Sprachverhalten

Die gegensätzlichen Eigenschaften Shen Tes und Shui Tas schlagen sich in deren jeweiligem Sprachgebrauch und Sprachverhalten nieder.

Shen Te verwendet eine einfache, ungezwungene Sprache. Die Regieanweisungen charakterisieren ihr Sprachverhalten als emotional. Sie spricht meist „*[f]reundlich*" (S. 20), „*höflich*" (S. 58), oft „*lachend*" (z.b. S. 21, S. 24, S. 52, S. 59) oder „*halb lachend, halb weinend*" (S. 46), gelegentlich aber auch „*aufgebracht*" (S. 21), „*zornig*" (S. 45), „*erschrocken*" (S. 86), „*entsetzt*" (S. 87). Lügen gehen ihr nur schwer über die Lippen (vgl. S. 25). Dafür schweift sie häufig ab, stellt das alltägliche Geschehen in einen größeren Zusammenhang (vgl. S. 57, S. 61, S. 62, S. 97, S. 103 f., S. 139 f.) und macht sich Gedanken über ihr eigenes Verhalten (vgl. S. 60, S. 81 f., S. 89 f., S. 104, S. 139 f.). Sie träumt (vgl. S. 99), malt sich die Zukunft aus (vgl. S. 18, S. 51 f., S. 64, S. 98 ff., S. 103 f.), philosophiert (vgl. S. 22 f., S. 46 f., S. 49, S. 57, S. 61, S. 101 f., S. 103 f., S. 139 f.) und wendet sich in lyrischen, mitunter gleichnishaften Ansprachen ans Publikum (vgl. S. 20, S. 21, S. 22 f., S. 47, S. 64, S. 80, S. 98, S. 101).

Shui Ta dagegen schlägt einen verbindlichen, förmlichen Ton an. Er verwendet gehobene, geschäftlich nüchterne Formulierungen (vgl. S. 32 f., S. 38 f., S. 42, S. 72, S. 127), die seine Aussagen gewichtig klingen lassen. Die Regieanweisungen charakterisieren sein Sprachverhalten als distanziert und kontrolliert. Er spricht „*ruhig*" (S. 33), wohlüberlegt (vgl. S. 42), „*höflich*" (S. 41), „*ernst*" (S. 76), aber auch „*hart*" (S. 34), „*kalt*" (S. 38) und „*scharf*" (S. 120). Wenn er doch einmal die Kontrolle verliert, liegt das fast immer daran, dass Shen Te aus der Rolle fällt (vgl. S. 73 f., S. 119, S. 138).

Shui Ta kommt meist direkt zur Sache (vgl. S. 38, S. 74) und sagt nur das für den jeweiligen Zweck Nötigste. Er versteht es, taktisch geschickt zu verhandeln (vgl. S. 34 ff., S. 107 f.), und verdreht die Aussagen seines Gesprächspartners (vgl. S. 34 f.) oder lügt (vgl. S. 107 f., S. 122), wenn es ihm weiterhilft.

Shen Te ist „beides" (S. 139), der gutmütige, selbstlose „Engel" (S. 54) und der skrupellose, gewiefte Geschäfts-

4. Zusammenfassende Bewertung

mann. In ihrer Rolle als Shui Ta folgt sie jedoch nicht einem inneren Bedürfnis, sondern sie reagiert auf soziale Zwänge. In einer besseren Welt, in der sie gleichzeitig zu sich und anderen gut sein könnte, wie die Götter es von ihr forderten, müsste es einen Shui Ta nicht geben. Da könnte Shen Te ihrem Herzen folgen. Sezuan aber ist kein solcher Ort. Shen Te kann den doppelten göttlichen Auftrag, „[g]ut zu sein und doch zu leben" (S. 139), ohne Shui Ta nicht erfüllen (vgl. S. 139). Nur mit Shui Tas Hilfe gelingt es Shen Te, ihre gute Natur mit den schlechten sozialen Verhältnissen in Einklang zu bringen.

Yang Sun

1. Personalien und sozialer Status

Sun wird als *„junger Mann in abgerissenen Kleidern"* (S. 44) eingeführt. Er ist ein arbeitsloser Flieger und darüber derart verzweifelt, dass er sich das Leben nehmen möchte. Von seinen ehemaligen Freunden im Stich gelassen (vgl. S. 49), ohne Arbeit und Perspektive will er sich im Stadtpark erhängen. Shen Te, die ihm zufällig begegnet, hält ihn jedoch davon ab. Die Beziehung zu Shen Te gibt Sun neue Hoffnung. Die geplante Heirat mit ihr eröffnet ihm die Chance auf eine Fliegerstelle in Peking. Als Shui Ta das nötige Bestechungsgeld jedoch nicht zur Hochzeit mitbringt, sagt Sun die Heirat ab. Durch Shui Ta, der ihn in seiner Tabakfabrik einstellt, erhält Sun eine neue Gelegenheit zum sozialen Aufstieg. Sun nutzt sie und arbeitet sich auf Kosten seiner Kollegen bis zum Geschäftsführer bzw. „Prokurist[en]" (S. 125) hoch. Unterstützt wird er von seiner Mutter, Frau Yang, und Shui Ta, mit dem ihm jedoch keine Freundschaft

2. Wesentliche Charaktereigenschaften

verbindet. Gegen Ende versucht Sun, die Leitung der Fabrik von seinem Chef zu erpressen (vgl. S. 123ff.).

Vom Flieger aus Leidenschaft zum skrupellosen Karrieristen

Bereits durch seine Selbstmordabsichten erscheint Sun von Beginn an als ein extremer Charakter. Ein einfaches Leben als Tabakverkäufer kann er sich nicht vorstellen (vgl. S. 69, S. 87). Er möchte höher hinaus. Er träumt davon, als Flieger zu arbeiten. Anfangs ist das Fliegen für ihn weniger Beruf als Berufung. Entsprechend verächtlich äußert er sich über Flieger, die nur Dienst nach Vorschrift machen (vgl. S. 46). Das Fliegen hat für ihn eine emotionale Bedeutung. Im kapitalistischen Sezuan kann man sich aber eine solche brotlos-romantische Leidenschaft nicht leisten. Ähnlich wie Shen Te, die zu Shui Ta wird, muss auch Sun sich verändern, um zu überleben. Im Gegensatz zu Shen Te erfindet Sun dafür jedoch keinen Vetter, sondern er selbst passt sich an und wandelt sich. Empörte er sich in der dritten Szene noch über diejenigen, die nur zu Fliegern werden, weil sie „den Hangarverwalter

Raphael Westermeier als Yang Sun in Antje Schupps Inszenierung am Theater Ulm aus dem Jahr 2014

schmieren" (S. 46), plant er in der fünften Szene, genau das zu tun (vgl. S. 68). Aus der Berufung ist ein Beruf geworden: „Meinen Sie, ich fliege umsonst?" (S. 69) Rücksichtslos und egoistisch versucht Sun, sich die Fliegerstelle in Peking zu sichern, auch wenn er anderen damit schadet (vgl. S. 68f., S. 71, S. 88). Schien er anfangs tatsächlich zärtliche Gefühle für Shen Te zu hegen (vgl. Szene 3, S. 44ff.), nutzt er deren Liebe bald nur noch aus, um dadurch an Geld zu kommen.

Spätestens nach der geplatzten Hochzeit hat Sun den Traum vom Fliegen begraben (vgl. S. 123). Als Shui Tas Arbeiter strebt er weiterhin nach oben, jetzt aber nur noch auf der sozialen Leiter. Hinterhältig und „[h]euchlerisch" (S. 114) steigt er zum brutalen Aufseher (vgl. S. 113ff.) und Geschäftsführer (vgl. Szene 9, S. 119ff.) auf. Im Sinne des kapitalistischen Sezuan-Systems hat sich Sun durch den sozialen Aufstieg, wie seine Mutter stolz erklärt, „aus einem verkommenen Menschen in einen nützlichen verwandelt"

(S. 111). Gleichzeitig aber ist aus dem leidenschaftlichen Flieger ein angepasster und moralisch verkommener Karrierist geworden, der nur dadurch „in die Höhe" (S. 115) gelangt, dass er andere ausbeutet und malträtiert. Vom „Flieger" (S. 115) ist bloß noch ein Zerrbild geblieben, das Suns Mutter kapitalistisch verklärt (vgl. Szene 8, S. 111 ff.).

3. Sprachgebrauch und Sprachverhalten

So grob und verschlagen, wie sich Sun verhält, spricht er auch. Shen Te, die er für eine Prostituierte hält, redet er mit „du" (S. 45) an. Er verwendet eine derbe Gossensprache (vgl. S. 45, S. 68, S. 73), nennt Shen Te verächtlich „Schwester" (S. 45, S. 87) und Shui Ta respektlos „Alter" (S. 70). Sein rauer Umgangston lässt ihn anfangs als einen kraftvollen, leidenschaftlichen, später als verbrecherischen und schikanösen (vgl. S. 115) Charakter erscheinen. Um seine Ziele zu erreichen, passt Sun sein Sprachverhalten dem jeweiligen Gesprächspartner an. Hemmungslos belügt er Shen Te und gaukelt ihr eine Liebesheirat vor, obwohl er in Wirklichkeit nur auf das Geld von Shui Ta wartet (vgl. Szene 6, S. 83 ff.). Er intrigiert gegen seine Kollegen und schmeichelt sich bei Shui Ta ein (vgl. S. 113 ff.).

4. Zusammenfassende Bewertung

Sun vertritt in Brechts Stück den Typus des skrupellosen Egoisten und kapitalistischen Kollaborateurs bzw. Verräters. Aus Brechts marxistischer Perspektive verrät Sun die Arbeiterklasse, indem er sich als Aufseher über seine Kollegen erhebt und sie im Dienste des Kapitalisten Shui Ta kommandiert und ausnutzt. Ebenso verrät er die Liebe zur Fliegerei und Shen Te. Am Ende sind es nur noch Geld und Macht, die für ihn zählen. Brecht deutet jedoch auch an, dass aus Sun unter anderen gesellschaftlichen Bedingungen ein anderer hätte werden können: ein romantischer Flieger und Liebhaber. Das kapitalistische System in Sezuan hat Suns Streben nach Höherem korrumpiert und pervertiert, sodass davon nur noch der gewaltsame Aufstieg auf der Karriereleiter durch Buckeln (nach oben) und Treten (nach unten) übrig geblieben ist.

Wang, der Wasserverkäufer

Der Wasserverkäufer Wang ist als armer Händler im kapitalistischen Sezuan dem Wechselspiel von Angebot und Nachfrage ausgeliefert. Wird das Wasser knapp, muss er „weit danach laufen" (S. 7). Regnet es, bleibt er „ohne Verdienst" (S. 7). Insgesamt führt er eine kümmerliche Existenz am Rande der Gesellschaft. Er ist obdachlos und schläft unter einer „Brücke" (S. 30) oder gar in einem „*Kanalrohr*" (S. 53). Er hat weder Verwandte und außer Shen Te auch keine Freunde. Mit Shen Te allerdings versteht er sich gut (vgl. S. 75), und er sorgt sich um ihr Wohlergehen (vgl. S. 53 ff., S. 94). Wang ist zu Beginn der Einzige, der die Götter erwartet (vgl. S. 7 ff.). Im weiteren Verlauf des Stückes fungiert er als deren Berichterstatter.

Nicht nur aufgrund seiner Armut steht Wang außerhalb der Gesellschaft in Sezuan. Er ist, ähnlich wie der biblische Lot aus der Erzählung von Sodom und Gomorra (1. Buch Mose bzw. Genesis 18 + 19), auch der Einzige, der zu Beginn des Stückes die Götter erwartet. Mit seiner Gottesfurcht und seinem Bestreben, sich moralisch richtig zu verhalten, fällt er aus dem Rahmen. Neben Shen Te ist er die einzige zentrale Figur des Stückes, die uneigennützig handelt. Um seine Freundin Shen Te kümmert er sich ebenso wie um die Familie des Schreiners Lin To (vgl. S. 100 f.). Während das ebenfalls uneigennützige alte Teppichhändlerpaar eine vergangene Zeit repräsentiert, sind sowohl Shen Te als auch Wang soziale Außenseiter. Gerade dadurch aber können sie es vermeiden, vom in Sezuan herrschenden Kapitalismus moralisch verdorben zu werden. Auch der eigentlich gutmütige Wang trickst und betrügt, wenn er als Wasserhändler zum Teil des Systems wird, und verwendet einen Maßbecher mit doppeltem Boden (vgl. S. 10).

Trotzdem erweist er sich wegen seines gutgläubigen Charakters und seiner gesellschaftlichen Randstellung als idealer

1. Personalien und sozialer Status

2. Wesentliche Charaktereigenschaften

Liebenswert komischer Außenseiter

Mittler zwischen Göttern und Menschen. Seine Funktion innerhalb des Stückes beschränkt sich weitgehend auf diese Rolle. Darüber hinaus erscheint er als harmlose, hilflose, in geradezu komischer Weise kindlich-naive Figur. Selbst wenn er schimpft und flucht, wirkt das eher lustig als bedrohlich (vgl. S. 12). Die Götter amüsieren sich über seinen durchschaubaren Versuch, vor ihnen geheim zu halten, dass Shen Te eine Prostituierte ist (vgl. S. 13 ff.). Den Göttern tritt Wang nicht nur ehrfürchtig, sondern geradezu untertänig gegenüber (vgl. S. 7 ff.). Unnötigerweise ergreift er die Flucht vor ihnen (S. 14 f.). Anstatt zu kämpfen, fügt er sich in sein Schicksal und resigniert, wenn er auf Widerstand trifft (vgl. S. 76). Bis zum Ende durchschaut er das doppelte Spiel von Shen Te und Shui Ta nicht (vgl. S. 108). Und er glaubt auch dann noch an die Götter, als diese ihn und Shen Te längst im Stich gelassen haben (vgl. S. 142).

3. Sprachgebrauch und Sprachverhalten

Als aufrichtiger Charakter sagt Wang meistens das, was er denkt. Er hat jedoch auch gelernt, dass es besser ist, nicht immer die Wahrheit zu sagen, weshalb er beispielsweise gegenüber den Göttern verschweigt, dass Shen Te als Prostituierte arbeitet (vgl. S. 13 ff.). Wangs naives Wesen schlägt sich in einfachen, bisweilen derben (vgl. S. 12) Wörtern und meist kurzen, grammatisch nicht immer korrekten Sätzen (vgl. S. 53) nieder. Seine Außenseiterrolle findet vor allem anfangs in den vielen Monologen bzw. Selbstgesprächen (vgl. S. 7 f., S. 11, S. 14 f., S. 30) ihren sprachlichen Ausdruck. Infolge von Shen Tes sozialem Aufstieg wird auch Wang als ihr Freund und göttlicher Berichterstatter stärker am sozialen Leben beteiligt, und die Monologe weichen Dialogen.

4. Zusammenfassende Bewertung

Wang zählt zu den Hauptfiguren des Stückes, spielt für das Handlungsgeschehen selbst jedoch nur eine untergeordnete Rolle. Seine zentrale Funktion besteht darin, die Götter an Shen Te zu verweisen und ihnen anschließend über deren Leben Bericht zu erstatten. Als Mittler und Bindeglied zwischen den Welten der Götter und der Menschen wird Wang weitgehend auf diese dramaturgische Funktion reduziert. Psychologisch wirkt er wenig glaubwürdig. Stattdessen verkörpert er den Typus des liebenswert komischen Kauzes. Gutgläubig, naiv und schicksalsergeben wird er nicht einmal von den Göttern, denen er als einer von wenigen mit Respekt begegnet, ernst genommen. Hinter den komödienhaften Zügen seines Charakters verbirgt sich eine grundlegende Tragik: Wang wirkt gerade deshalb so deplaziert und komisch, weil er mit seiner kindlich unschuldigen Art weder zu den heuchlerischen Göttern noch zu den harten, eigennützigen und intriganten Einwohnern von Sezuan passt.

Die drei Götter

Die drei Götter kommen aus dem „Nichts" (S. 142) auf die Erde. Sie haben keine Namen, sondern werden durch die Ordinalzahlen erster, zweiter, dritter voneinander unterschieden. Die Zahlen erfüllen offenbar auch eine hierarchische Funktion. Der Erste Gott tritt zugleich als Anführer der Gruppe in Erscheinung. In der Gerichtsverhandlung gegen Ende des Stückes schlüpft er in die Rolle des Vorsitzenden Richters (vgl. S. 133). In der Hierarchie am tiefsten angesiedelt ist der dritte Gott, der zugleich den engsten Kontakt zu Wang (vgl. S. 109, S. 133) und den Menschen pflegt, was ihm jedoch nicht immer gut bekommt (vgl. S. 94). Insgesamt erscheinen die Götter der Welt entrückt. Aus gesellschaftlichen bzw. „[w]irtschaftliche[n]" (S. 16) Fragen versuchen sie sich bewusst herauszuhalten (vgl. S. 16, S. 94 f.). Stattdessen wollen sie sich auf ihre Rolle als „Betrachtende" (S. 95) be-

1. Personalien und sozialer Status

Von links: Renate Steinle, Gunther Nickles, Florian Stern, Christian Streit als die drei Götter und Wang in Antje Schupps Inszenierung am Theater Ulm aus dem Jahr 2014

schränken. Den Kontakt zu Shen Te und den Menschen halten sie vor allem über Wang aufrecht.

Die drei Götter sind keinesfalls allmächtig, sondern handeln im Auftrag einer unsichtbaren Instanz, an deren „Beschluß" (S. 10) sie gebunden sind und der gegenüber sie Rechenschaft ablegen müssen (vgl. S. 16f., S. 130f.).

2. Wesentliche Charaktereigenschaften

2.1 Individuelle Unterschiede zwischen den drei Göttern

Die hierarchische Unterteilung der drei Götter geht einher mit unterschiedlichen charakterlichen Nuancen. Der erste Gott ist zugleich derjenige, der am weitesten von den Belangen der Menschen entfernt ist. Er will nichts sehen und hören, was das von ihm gewünschte Ergebnis des Prüfauftrages infrage stellen könnte (vgl. S. 140ff.). Sein Auftreten ist autoritär, aber er handelt pragmatisch (vgl. S. 17, S. 140f.). Offenbar geht es ihm bei seinem Auftrag nicht um Inhalte, sondern lediglich darum, einen würdevollen Schein (vgl. S. 131) zu wahren.

Der zweite Gott ist tendenziell näher an den Menschen, ihnen aber feindlich gesonnen. Aus seiner Missachtung der Menschen macht er keinen Hehl (vgl. S. 10, S. 131). Die Mission hält er wegen der in Sezuan herrschenden Gottlosigkeit von Anfang an für „gescheitert" (S. 10). Entsprechend überheblich (vgl. S. 9), hart und unerbittlich tritt er gegenüber den Menschen auf. Anders als der erste Gott will er den Auftrag korrekt ausführen (vgl. S. 55, S. 140). Auch gegenüber den Menschen drängt er darauf, dass die göttlichen Gebote buchstabengetreu ausgeführt werden (vgl. S. 54). Innerhalb des göttlichen Dreigestirns erfüllt er die Rolle des strengen, unnahbaren Gottes.

Der dritte Gott unterscheidet sich in seinem Auftreten grundlegend vom zweiten Gott. Während es dem zweiten Gott nichts ausmacht, wenn in seinem Zimmer Spinnen hausen, ekelt sich der dritte Gott davor (vgl. S. 9). Der zweite Gott verhält sich den Menschen gegenüber selbst wie eine Spinne. Gnadenlos setzt er sie einem Netz aus Geboten aus, denen diese nicht gewachsen sind. Erbarmungslos macht er sie für ihre Verfehlungen verantwortlich. Der dritte Gott dagegen ist „*freundlich*" (S. 9) zu Wang und den Menschen (vgl. S. 55, S. 133). Er nimmt Anteil an ihrem Schicksal (vgl. S. 131, S. 138) und macht im Gegensatz zum zweiten Gott nicht die Menschen, sondern die „sittlichen Vorschriften" und die „zu kalt[e]" (S. 131) Welt dafür verwantwortlich, dass die Menschen nicht gut sind. Der dritte Gott erscheint damit als gütiger Gott.

Trotz ihrer charakterlichen Unterschiede und einiger Meinungsverschiedenheiten (vgl. S. 130f., S. 140) treten die drei Götter nach außen stets als Einheit auf. Vermutlich spielt Brecht damit auf die christliche Dreifaltigkeit des einen Gottes an. Damit würden die einzelnen Götter nur unterschiedliche Facetten eines Gottes verkörpern. Die Entscheidungen trifft der erste Gott, dem sich die beiden anderen nicht widersetzen.

2.2 Welt-abgewandte Witzfiguren

Die Götter kommen als „Betrachtende" (S. 95) nach Sezuan, um zu prüfen, ob die Welt so bleiben kann, wie sie ist, oder geändert werden muss (vgl. S. 10). Da ihre Stellung jedoch davon abhängt, dass die Welt unverändert bleibt (vgl. S. 130), sind sie an keinem objektiven Urteil interessiert. Stattdessen grenzen sie ihre Suche nach „genügend gute[n] Menschen" (S. 10) auf „einen" (S. 131) ein und geben sich am Ende auch mit einem halben (Shen Te) zufrieden (vgl. S. 132 ff.). Sie reden sich in Gestalt des ersten Gottes die Welt und das Ergebnis ihrer Prüfung schön (vgl. S. 140f.) und entschwinden auf einer „*rosa Wolke*" (S. 141). Mit den drei Göttern stellt Brecht das Motiv des strafenden Gottes aus der biblischen Erzählung von Sodom und Gomorra ebenso auf den Kopf wie die Theatertradition des „Deus ex machina", bei der eine Gottheit aus heiterem Himmel zur Lösung eines Konfliktes beiträgt. Die drei Götter bei Brecht wirken verglichen damit wie Witzfiguren. Sie erscheinen als ohnmächtige Parodien allmächtiger Gottheiten. Sie bleiben weitgehend passiv und haben offenbar den Kontakt zur gesellschaftlichen Wirklichkeit völlig verloren. Von den meisten Menschen werden sie weder geachtet noch gefürchtet (vgl. S. 7ff.). Gegen Ende ihres irdischen Aufenthaltes wirken sie erschöpft, zerschlagen und zerlumpt (vgl. S. 130). Hinterher schweben sie auf einer „*rosa Wolke*" (S. 141) wieder über den Dingen. Ihre schöngefärbte Wahrnehmung hat mit den realen Lebensbedingungen in Sezuan nichts zu tun.

3. Sprachgebrauch und Sprachverhalten

Die unterschiedlichen Charakterzüge der drei Götter spiegeln sich auch in ihrem Sprachverhalten wider. Der erste Gott hat als Wortführer der Gruppe insgesamt den größten Redeanteil. Meistens hat er das erste und vor allem das letzte Wort und trifft die Entscheidungen (vgl. S. 130f.). Er argumentiert ebenso manipulativ wie eigennützig und verdreht die Wahrheit zu seinen Gunsten (vgl. S. 130f., S. 140ff.). Die Aussagen des zweiten Gottes sind eher barsch und distanziert. Insgesamt schlägt er einen militärischen Ton an, was sich beispielhaft in der von ihm eingeforderten „Haltung" (S. 130) ausdrückt. Der dritte Gott zeigt sich in seinem Sprachverhalten dagegen einfühlsam und freundlich. Gemeinsam ist den drei Göttern, dass sie auffällig viele Fragen stellen, was ihrer passiv betrachtenden Rolle, aber auch ihrer Ratlosigkeit entspricht (vgl. S. 54, S. 109, S. 132ff.). Immer wieder flüchten sie sich in allgemeine Aussagen (vgl. S. 54) und Gleichnisse und Vergleiche, die entweder rätselhaft bleiben (vgl. S. 109f.) oder nicht auf die in Sezuan herrschenden Lebensumstände übertragbar sind (vgl. S. 55).

4. Zusammenfassende Bewertung

Am Ende des Stückes kehren die drei Götter auf einer „*rosa Wolke*" (S. 141) in ihr „Nichts" (S. 142) zurück. Dieser Abgang macht ihr Verhältnis zu den Menschen und dem Leben auf Erden beispielhaft deutlich. Die Götter haben keinerlei Bezug zur gesellschaftlichen Realität. Ihre Vorschriften mögen zwar grundsätzlich sinnvoll sein (vgl. S. 16), aber die Götter tun nichts dafür, dass sie auch tatsächlich eingehalten werden können. Die sozialen und wirtschaftlichen Zustände in Sezuan ignorieren sie. Stattdessen fantasieren sie von einer Scheinwelt, die mit der Wirklichkeit wenig zu tun hat. Möglicherweise spielt Brecht mit dieser abgehobenen, verklärten Sichtweise auch kritisch auf die schöngeistige Literatur des klassischen Idealismus an. Die Verweise auf Goethes Drama „Faust" (das Götter-„Terzett" erinnert z. B. an den „Chorus Mysticus" aus „Faust II"; vgl. S. 142) deuten zumindest darauf hin.

Vor allem aber kritisiert er das weltabgewandte und eigennützige Verhalten der Götter, die keinerlei Interesse daran haben, den Menschen zu helfen und deren Lebensbedingungen zu verbessern, sondern den Prüfauftrag so auslegen, dass er scheinbar das gewünschte Ergebnis liefert und die Welt nicht verändert werden muss. Religion erscheint dadurch (im Sinne von Brechts kommunistischer bzw. marxistischer Überzeugung) als eine Ideologie, um die bestehenden sozialen und materiellen Verhältnisse zu rechtfertigen.

Der Blick auf den Text:
Die Szenenanalyse

Eine Szene analysieren – Tipps und Techniken

Für die Analyse (Beschreibung und Deutung) von Einzelszenen stehen grundsätzlich zwei verschiedene Methoden zur Auswahl: die Linearanalyse und die aspektgeleitete Analyse.

In der **Linearanalyse** werden die einzelnen Abschnitte des Aufgabentextes systematisch analysiert, das heißt ihrer Reihenfolge nach. Dies führt in der Regel zu genauen und detaillierten Ergebnissen. Allerdings besteht dabei die Gefahr, dass zu kleinschrittig gearbeitet wird und die übergeordneten Deutungsaspekte aus dem Blick geraten.

In der **aspektgeleiteten Analyse** werden diese Deutungsschwerpunkte von vornherein festgelegt. Daraus ergibt sich in der Regel eine sehr problemorientierte und zielgerichtete Vorgehensweise. Dabei werden jedoch die Deutungsaspekte, die nicht im Fokus des Interesses stehen, vernachlässigt.

Aufbauschema:

1. Einleitung:
- Basissatz: Autor; Titel; Textsorte; Erscheinungsjahr des Werks, aus dem der Text stammt
- Ort, Zeit und Figuren der Szene
- kurze Inhaltsangabe

↓

2. Einordnung der Szene in das Stück:
Was geschieht vorher, was nachher?

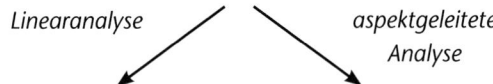

Linearanalyse   *aspektgeleitete Analyse*

3. Aufbau der Szene:
- Auflistung der Textabschnitte/Textgliederung

3. Untersuchungsschwerpunkte:
- Auflistung der ausgewählten Untersuchungsaspekte

↓   ↓

4. Beschreibung und Deutung der unter 3. angegebenen Textabschnitte:
- Aussagen zum Inhalt des Abschnitts
- Aussagen zur Deutung, Einbetten in den Zusammenhang des Stückes
- Einbezug der sprachlichen Gestaltung

4. Beschreibung und Deutung der unter 3. angegebenen Aspekte:
- Benennen des jeweiligen Aspekts
- Aussagen zur Deutung, Einbetten in den Zusammenhang des Stückes
- Einbezug der sprachlichen Gestaltung

5. Schluss
- Zusammenfassung der Ergebnisse
- Einordnung in einen größeren Deutungszusammenhang
- Bewertung

Zu beiden Analysemethoden wird im Folgenden je ein Lösungsvorschlag präsentiert.

Übungsvorschlag:
Erstellen Sie zuerst jeweils eine eigene Lösung und vergleichen Sie diese dann mit den unten angeführten Vorschlägen. Überprüfen Sie: An welchen Stellen erscheint Ihnen Ihre eigene Lösung schlüssiger? Welche zusätzlichen Anregungen und Einsichten können Sie den Beispieltexten entnehmen?

Beispielanalyse Szene 8 (linear)

Aufgabe: Analysieren Sie die Szene 8 „Shui Ta's Tabakfabrik" (S. 111 – S. 117) aus dem Stück „Der gute Mensch von Sezuan" von Bertolt Brecht nach inhaltlichen und sprachlichen Gesichtspunkten.

Einleitung mit kurzer Inhaltsangabe der Szene

Die Szene stammt aus Bertolt Brechts Theaterstück „Der gute Mensch von Sezuan". Das Stück wurde 1943 in Zürich uraufgeführt und 1953 erstmals in gedruckter Form veröffentlicht. Darin wird geschildert, wie drei Götter in die Hauptstadt der chinesischen Provinz Sezuan kommen, um zu prüfen, ob es unter den dort herrschenden Verhältnissen gute Menschen geben kann. In der Prostituierten Shen Te glauben sie einen solchen gefunden zu haben. Mithilfe der Götter übernimmt Shen Te einen Tabakladen. Ihr gelingt es jedoch nicht, gleichzeitig zu sich und anderen gut zu sein. Deshalb schlüpft sie in die Rolle ihres erfundenen Vetters Shui Ta, der die Geschäfte für sie regeln soll. Das doppelte Spiel lässt sich auf Dauer nicht aufrechterhalten. Am Ende offenbart sich Shen Te den Göttern, die aber darauf bestehen, dass sie der gesuchte gute Mensch sei. Andernfalls müssten sie nämlich die Welt ändern und selbst abdanken.

Die achte Szene spielt irgendwann in der ersten Hälfte des 20. Jahrhunderts in Shui Ta's Tabakfabrik in der Hauptstadt Sezuans. Frau Yang, die Mutter von Shen Tes einstigem Bräutigam Yang Sun, berichtet in Rückblenden von den vergangenen drei Monaten, in denen Sun eine Stelle in Shui Tas Fabrik erhalten hat und vom einfachen Arbeiter zum Aufseher aufgestiegen ist. Neben Frau Yang, Sun und Shui Ta treten auch der frühere Schreiner Lin To und der ursprüngliche Fabrikaufseher auf, auf deren Kosten sich Sun emporgearbeitet hat.

Die Szene beginnt damit, dass Frau Yang dem Publikum erzählt, wie sie gemeinsam mit ihrem Sohn drei Monate zuvor Shui Ta in dessen Tabakfabrik aufgesucht hat. Das folgende Gespräch wird in einer Rückblende szenisch dargestellt. Frau Yang bittet Shui Ta, seine Anzeige wegen „Bruch des Heiratsversprechens und Erschleichung von 200 Silberdollar" (S. 111) zurückzuziehen. Shui Ta bietet Sun daraufhin eine Stelle in seiner Fabrik an, um die Schulden abzuarbeiten. Im weiteren Verlauf der Szene wendet sich Frau Yang wiederholt an das Publikum, um voller Stolz den Aufstieg ihres Sohnes zu kommentieren. Indem Sun sich zum Nachteil des früheren Schreiners und des Aufsehers als besonders eifriger und ehrlicher Arbeiter ausgibt, gewinnt er die Gunst Shui Tas. In seiner neuen Position als Aufseher zwingt Sun seine ehemaligen Kollegen zu immer schnellerer Akkordarbeit.

Nach der geplatzten Hochzeit mit Sun steht die schwangere Shen Te in der siebten Szene kurz vor dem Ruin. Beim Anblick eines hungernden Kindes wirft sie deshalb alle guten Vorsätze über Bord und beschließt, sich fortan ohne Rücksicht auf andere für das Wohl ihres Kindes einzusetzen. Zu diesem Zweck schlüpft sie einmal mehr in die Rolle des Shui Ta und eröffnet in den Baracken des reichen Barbiers Shu Fu, der um Shen Te wirbt, eine Tabakfabrik. Das an die siebte Szene anschließende Zwischenspiel verdeutlicht abermals, dass von den Göttern keine Hilfe zu erwarten ist.

Einordnung der Szene in das Stück

Die Rahmenhandlung der achten Szene, in der Frau Yang als Erzählerin vor das Publikum tritt, ist drei Monate später angesiedelt. Die Rückblenden überbrücken die seitdem vergangene Zeit. Shen Te tritt in dieser Szene ausschließlich in Gestalt Shui Tas in Erscheinung.

Daran hat sich auch in der drei Monate später spielenden neunten Szene nichts geändert. Shen Tes Verschwinden sorgt jedoch zunehmend für Gerüchte. Es zeichnet sich ab, dass sich Shen Tes Maskerade nicht mehr lange aufrechterhalten lässt. Die Shin, der Shen Te einst den Tabakladen abgekauft hat, ist bereits in Shen Tes Geheimnis eingeweiht. Am Ende der neunten Szene wird Shui Ta von Sun bezichtigt, Shen Te entführt zu haben, und von der Polizei abgeführt.

Aufbau der Szene Die achte Szene kann entlang des Handlungsverlaufes in drei Textabschnitte gegliedert werden. Im ersten Abschnitt wird geschildert, wie Sun eine Stelle in Shui Tas Tabakfabrik erhält (S. 111 – S. 112). Der zweite Abschnitt handelt davon, wie Sun durch hinterhältige Intrigen Shui Tas Gunst gewinnt (S. 112 – S. 115). Im dritten Abschnitt wird dargestellt, wie Sun als Aufseher die Arbeiter schikaniert, die unter seinem Kommando im Akkord schuften müssen (S. 115 – S. 117). Jeder dieser drei Abschnitte beginnt mit der Rahmenhandlung, in der sich Suns Mutter, Frau Yang, als Erzählerin ans Publikum wendet (vgl. S. 111, S. 112, S. 115).

Deutung der Textabschnitte: I. Abschnitt (S. 111 – S. 112, „Frau Yang kehrt an die Rampe zurück.") Im ersten Abschnitt wird mit Shui Ta's Tabakfabrik ein neuer Handlungsort eingeführt. Mindestens „drei Monate[…]" (S. 111) sind seit der gescheiterten Hochzeit zwischen Shen Te und Sun vergangen. Shui Ta hat in Shu Fus Baracken eine Tabakfabrik aufgebaut, die wirtschaftlich floriert. Die Arbeiter hausen dort jedoch unter erbärmlichen Bedingungen (vgl. S. 111). Frau Yang, Suns Mutter, wendet sich ans Publikum und erzählt, wie sie und ihr Sohn vor drei Monaten Shui Ta in der Fabrik aufsuchten. Anschließend wechselt sie aus der Rahmenhandlung in die Binnenhandlung, in der die vergangenen Geschehnisse szenisch dargestellt werden. Frau Yang bittet Shui Ta, die Anklage „wegen Bruch des Heiratsversprechens und Erschleichung von 200 Silberdollar" (S. 111) fallen zu lassen. Dabei stellt sich heraus, dass Sun das Geld, das die beiden alten Teppichhändler Shen Te geliehen haben und das Shen Te an Sun weitergegeben hat, um ihm zu einer Fliegerstelle in Peking zu verhelfen, in nur „zwei Tagen" (S. 111) verprasst hat. Aufgrund der Gefühle, die Shen Te einst für Sun gehegt hat, erklärt sich Shui Ta bereit, die Anzeige zurückzuziehen und Sun in seiner Fabrik anzustellen, sodass dieser von seinem Lohn die Schulden zurückzahlen kann. Vor die Wahl „Kittchen oder Fabrik" (S. 112) gestellt, erklärt sich Sun widerwillig dazu bereit.

Obwohl Shen Te für Sun „nicht mehr [zu] sprechen" (S. 112) ist, zeigt sich in diesem Abschnitt, dass Shen Te auch in der Maske des Shui Ta noch immer etwas für Sun empfindet, weshalb sie ihm noch einmal eine Chance gibt. Ansonsten aber führt Shui Ta seine Fabrik im Stile eines ausbeuterischen Kapitalisten. Der wirtschaftliche Erfolg wird mit dem Elend der Arbeiter und deren Familien erkauft. Auch die Armen, um die sich Shen Te einst gekümmert hat, leben nun in miserablen Verhältnissen (vgl. S. 111).

Formal auffällig ist, dass Frau Yang zu Beginn des Abschnittes aus ihrer Rolle tritt und sich als Erzählerin ans Publikum wendet. In Form einer Rückblende, wie man sie sonst eher aus Büchern oder Filmen kennt, wird die Binnenhandlung in Szene gesetzt. Frau Yang wechselt hierfür zurück in die Rolle einer handelnden Binnenfigur. Dieser doppelte Rollenwechsel stellt ebenso wie der Wechsel zwischen den Zeitebenen und die Einführung einer Erzählerin einen Verfremdungseffekt im Sinne von Brechts epischem Theater dar. Das auf der Bühne dargestellte Geschehen verliert seinen unmittelbaren Charakter. Dadurch entsteht eine Distanz, die es dem Publikum oder auch den Leserinnen und Lesern ermöglicht, die Geschehnisse kritisch zu hinterfragen. Dies gilt umso mehr, da die Einschätzungen Frau Yangs als Erzählerin in einem auffälligen Widerspruch zur Bühnendarstellung stehen. Während Frau Yang von einer „schnell aufblühende[n] Tabakfabrik" (S. 111) schwärmt, hocken die Familien der Arbeiter wie in einem Gefangenenlager oder einem Viehkäfig „entsetzlich zusammengepfercht" hinter „Gittern" (S. 111). Damit macht Brecht die seiner Überzeugung nach menschenverachtende Logik des Kapitalismus augenscheinlich: Einige wenige profitieren vom Leid vieler.

II. Abschnitt
(S. 112,
„Frau Yang zum
Publikum"
– S. 115, „[...]
pure Muskel-
kraft.")

Auch der zweite Abschnitt beginnt damit, dass Frau Yang als Rahmenerzählerin zum Publikum spricht (vgl. S. 112). In der Binnenhandlung tritt sie in diesem Abschnitt nicht in Erscheinung. Als Erzählerin wendet sie sich jedoch noch zwei weitere Male an das Publikum (S. 113 f.).

Sun, der in den ersten beiden Wochen unter der harten Arbeit leidet, nutzt in der dritten Woche eine Gelegenheit, sich vor Shui Ta als besonders eifriger Arbeiter darzustellen. Er und der frühere Schreiner Lin To schleppen je zwei Tabakballen. Als Sun nach einer kurzen Arbeitspause Shui Ta kommen sieht, nimmt er Lin To einen der Ballen ab und trägt demonstrativ drei Ballen, wohingegen Lin To nur einen schleppt. Prompt wird der frühere Schreiner von Shui Ta zurechtgewiesen und dazu gezwungen, ebenfalls drei Ballen zu tragen. Als am darauffolgenden Samstag der Lohn ausgezahlt wird, wittert Sun die nächste Chance, sich auf Kosten eines anderen bei Shui Ta zu profilieren. Vor Shui Tas Augen weist er den Aufseher darauf hin, dass dieser ihm zu viel Lohn auszahle, da er wegen eines Gerichtstermins angeblich nur fünf statt sechs Tage gearbeitet habe. „Heuchlerisch" (S. 114) behauptet Sun, er wolle „nichts bekommen, was ich nicht verdiene" (S. 114). Shui Ta fällt auf das falsche Spiel Suns herein, lobt diesen als „kräftige[n]" und „ehrliche[n] Mensch[en]" (S. 114) und fragt ihn, ob sich der Aufseher öfter „zuungunsten der Firma" (S. 114) irre. Sun schwärzt den Aufseher daraufhin bei Shui Ta an (vgl. S. 114) und empfiehlt sich selbst für dessen Stelle (vgl. S. 115). Mit Erfolg, wie sich im nächsten Abschnitt zeigt.

Im Gespräch mit dem früheren Schreiner Lin To macht Sun die elenden „Verhältnisse" (S. 113) dafür verantwortlich, dass die Hochzeit zwischen ihm und Shen Te gescheitert ist. Brecht deutet damit an, dass die beiden unter anderen, besseren Umständen durchaus miteinander hätten glücklich werden können. Anstatt sich aber gegen die Verhältnisse zu wehren, passt sich Sun an. Seine Solidarität mit Lin To (vgl. S. 113) ist ebenso gespielt wie seine Ehrlichkeit bei der Lohnauszahlung (vgl. S. 114). In Wirklichkeit handelt Sun unsolidarisch, eigennützig, hinterhältig und heuchlerisch. Ähnlich wie einst an die Fliegerstelle versucht er nun, an die Stelle als Aufseher zu gelangen, indem er einen anderen mit List und Tücke verdrängt. In seiner kapitalistischen Gesinnung nimmt Sun die anderen Arbeiter nicht als Kollegen, sondern als Konkurrenten wahr. Für Brecht fungiert Suns Verhalten hier als Negativbeispiel, das indirekt mit einem Aufruf zu solidarischem Verhalten verknüpft ist. Scheiterte Suns Versuch, sich die Fliegerstelle zu ergattern, letztlich an Shen Tes Gewissen (vgl. S. 88 ff.), trägt sie in der Rolle ihres kapitalistischen Vetters Shui Ta diesmal entscheidend zu Suns Erfolg bei. Die eigentlich gütige Shen Te hat ihr Verhalten in der Maske Shui Tas den kapitalistischen Verhältnissen angepasst. In ihrer Rolle als Erzählerin rechtfertigt und beschönigt Frau Yang das Verhalten ihres Sohnes. Dadurch, dass er sich auf Kosten Lin Tos vor Shui Ta als fleißiger darstellt, als er tatsächlich ist, zeichnet (vgl. S. 112) er sich in ihrer Wahrnehmung als „guter Arbeiter" aus, „der keine Arbeit scheut" (S. 113).

Erneut spricht Frau Yang zu Beginn des dritten Abschnittes das Publikum an. Voller Stolz erklärt sie, ihr Sohn habe in der Fabrik „[w]ahre Wunderwerke" (S. 115) bewirkt. Abermals kommentiert sie das dargestellte Geschehen als Rahmenerzählerin (vgl. S. 115, S. 117).

III. Abschnitt (S. 115, „FRAU YANG *zum Publikum"* – S. 117)

In seiner neuen Stellung als Aufseher treibt Sun die Arbeiter unerbittlich zu immer schnellerer Akkordarbeit (vgl. S. 115). Auch auf Kinder und alte Leute nimmt er keine Rücksicht (vgl. S. 115). Einer der Arbeiter singt deshalb das „Lied vom achten Elefanten" (S. 116f.), die anderen Arbeiter stimmen in den Refrain ein. Das Lied handelt von acht Elefanten, die für Herrn Dschin einen Wald roden. Während sieben der Elefanten arbeiten, werden sie vom achten, dem einzigen, der ausreichend Futter erhält und noch einen Stoßzahn hat, unbarmherzig angetrieben. Die letzte Strophe des Liedes singt Sun lachend mit, während er die Arbeiter im Takt des Liedes antreibt, noch schneller zu arbeiten. Am Ende des Abschnittes und damit auch der achten Szene wendet sich Frau Yang ein letztes Mal ans Publikum und lobt Shui Ta dafür, dass er das Beste aus ihrem Sohn herausgeholt und einen „ganz andere[n] Mensch[en]" (S. 117) aus ihm gemacht habe.

Wieder steht das positive Urteil von Suns Mutter im krassen Gegensatz zu Suns Handlungen. Während sie von „Wunderwerke[n]" (S. 115) spricht, die ihr Sohn in „Erfüllung seiner Pflicht" (S. 115) mit „ehrlicher Arbeit" (S. 117) vollbracht habe, malträtiert Sun die Fabrikarbeiter (vgl. S. 115ff.). Dass Frau Yang ihren Sohn zu Beginn dieses Abschnittes als „Flieger" (S. 115) feiert, ist ein Hinweis darauf, dass Sun in ihren Augen nun tatsächlich sein ursprüngliches Ziel erreicht hat. Die Stelle als Aufseher ist für sie gleichwertig mit der einst ersehnten Fliegerstelle. Dies gilt jedoch nur aus materieller, kapitalistischer Sicht. Von Suns romantischen Fliegerträumen (vgl. S. 46) ist dagegen nichts mehr übrig geblieben. Tatsächlich hat Frau Yang recht, wenn sie sagt, Sun sei ein „ganz anderer Mensch" (S. 117) geworden. Was sie aus ihrer rein materiellen Perspektive positiv meint, stellt sich aus moralischer und charakterlicher Sichtweise negativ dar: Aus einem freiheitsliebenden romantischen Träumer ist der brutale Erfüllungsgehilfe eines ausbeuterischen Kapitalisten geworden.

Die „*Zigarre*" (S. 117), die Shui Ta „*gemächlich schlendernd*"
(S. 117) raucht, während Sun die Arbeiter kommandiert, ist
ein typisch kapitalistisches Statussymbol. Im „Lied vom achten Elefanten" ist es der lachende Herr Dschin (S. 117), der
Shui Tas Rolle einnimmt. Der achte Elefant selbst steht dagegen sinnbildlich für Sun, der sich zu seinem persönlichen
Vorteil gegen seinesgleichen wendet.

Formal eröffnet das „Lied vom achten Elefanten" innerhalb
der Binnenhandlung eine weitere Darstellungsebene. Der
durch den Wechsel von Rahmen- und Binnenhandlung er-
zielte Verfremdungseffekt wird so noch verstärkt.

In dieser achten Szene berichtet Frau Yang, wie ihr Sohn Schluss
Sun in Shui Tas Tabakfabrik eine Stelle erhalten hat und
dort vom einfachen Arbeiter zum Aufseher emporgestie-
gen ist. Während Frau Yang in der Rahmenhandlung ihren
Sohn voller Stolz lobt, lässt ihn die inszenierte Binnenhandlung als intrigant, heuchlerisch, rücksichtslos und brutal
erscheinen. Das „Lied vom achten Elefanten" versinnbildlicht Suns Rolle als Verräter an seinesgleichen bzw. aus
Brechts marxistischer Sichtweise als Verräter an der Arbeiterklasse und als kapitalistischer Handlanger. Innerhalb der
Binnenhandlung bleibt diese Kritik der Arbeiter jedoch wir-
kungslos. Sun verwendet das Lied gegen die Arbeiter, die
er im Takt des Liedes nur noch schneller schuften lässt (vgl.
S. 117). In der Rahmenhandlung tritt Frau Yang als kapitalistische Ideologin in Erscheinung, die das Vorgehen Suns
und die Zustände in der Fabrik beschönigt und rechtfertigt. Der von ihr gepriesene materielle und soziale Aufstieg
Suns geht jedoch einher mit einem Verlust seiner (Flieger-)
Träume und einem charakterlichen Niedergang. Nur aus
kapitalistischer Sicht hat Shui Ta „alles Gute herausgeholt,
was in Sun steckte" (S. 117). Aus moralischer Sicht hat er
vielmehr das Schlechte in ihm geweckt. Wie im gesamten
Stück sind es auch hier die „Verhältnisse" (S. 113), die
Brecht für diese Entwicklung verantwortlich macht.

Beispielhaft veranschaulicht die Szene diese unterdrückerischen kapitalistischen Verhältnisse und deren negative Auswirkungen auf diejenigen, die gezwungen sind, sich ihnen anzupassen. Auch Sun arbeitet zunächst ja nicht aus freien Stücken in Shui Tas Fabrik, sondern nur, um dem Gefängnis zu entgehen.

Der exemplarische Gehalt der Szene wird formal bereits dadurch deutlich, dass sie den zeitlichen Ablauf des Stückes unterbricht. Sowohl zur siebten Szene als auch zur neunten Szene herrscht jeweils ein zeitlicher Abstand von mindestens drei Monaten. Der Abstand zur siebten Szene wird durch Rückblenden überbrückt, die gemeinsam mit weiteren epischen Verfremdungseffekten (Erzählerfigur, Lied) zum beispielhaften Charakter der Szene beitragen. Insgesamt lässt sich die achte Szene in drei Darstellungsebenen unterteilen: die Rahmenhandlung, die Binnenhandlung und das „Lied vom achten Elefanten". Während sich in der Rahmenhandlung die kapitalistische Perspektive ausdrückt, spiegelt sich im Lied Brechts marxistische Sichtweise wider.

Beispielanalyse Szene 10 (aspektgeleitet)

> *Aufgabe: Analysieren Sie die zehnte Szene aus dem Stück „Der gute Mensch von Sezuan" von Bertolt Brecht, indem Sie herausarbeiten, wie die Suche nach einem guten Menschen aus der Sicht der Götter, der Sicht Shen Tes und aus einer beide Sichtweisen verknüpfenden, übergeordneten Deutungsperspektive ausfällt.*

Einleitung mit kurzer Inhaltsangabe der Szene

Die Szene entstammt dem Theaterstück „Der gute Mensch von Sezuan" von Bertolt Brecht. Das Stück wurde 1943 in Zürich uraufgeführt und 1953 erstmals in gedruckter Form veröffentlicht. Auf der Suche nach guten Menschen begeben sich darin drei Götter in die Hauptstadt der chinesischen Provinz Sezuan. Angesichts der Klagen über die dort herrschenden Verhältnisse wollen sie herausfinden, ob es Menschen gibt, denen es dennoch gelingt, zu sich und anderen gut zu sein. In der Prostituierten Shen Te glauben sie, einen solchen guten Menschen gefunden zu haben, weshalb sie ihr zu einem Tabakladen verhelfen. Shen Te kann die Bedingungen der Götter jedoch nur (scheinbar) erfüllen, indem sie heimlich in die Rolle ihres erfundenen Vetters Shui Ta schlüpft, der rücksichtslos ihre geschäftlichen Interessen vertritt.

Die zehnte Szene spielt irgendwann in der ersten Hälfte des 20. Jahrhunderts im Gerichtslokal der Hauptstadt von Sezuan. Anwesend sind:

- Shui Ta als Angeklagter, der sich gegen Ende als Shen Te zu erkennen gibt,
- die drei als Richter verkleideten Götter, die sich am Schluss der Szene ebenfalls offenbaren,
- der Polizist, der Barbier Shu Fu, die Hausbesitzerin Mi Tzü, die als Zeugen (zunächst) zugunsten Shui Tas aussagen,
- Wang, der Schreiner Lin To, das alte Teppichhändlerpaar, der Arbeitslose, die Schwägerin, die junge Prostituierte, die als Zeugen gegen Shui Ta aussagen,
- sowie Sun, Suns Mutter Frau Yang, der Großvater und die Shin.

In der im Verlauf dieser Szene dargestellten Gerichtsverhandlung wird Shui Ta vorgeworfen, seine Cousine Shen Te „beiseite geschafft [zu] haben, um sich ihres Geschäfts zu bemächtigen" (S. 133). Geführt wird die Verhandlung von den drei als Richter verkleideten Göttern, die so herausfinden wollen, wo sich Shen Te aufhält. Zunächst beschreiben der Polizist, Shu Fu und die Hausbesitzerin Mi Tzü den Angeklagten Shui Ta als einen „respektable[n] und die Gesetze respektierende[n] Bürger" (S. 134). Anschließend werfen ihm die Armen aus Sezuan jedoch vor, Shen Te auf rücksichtslose Weise daran gehindert zu haben,

Gutes zu tun. Shui Ta hält dem entgegen, dass er Shen Te nur davor habe schützen wollen, von ihnen ausgenutzt und „zerrissen" (S. 138) zu werden. Er behauptet, Shen Te sei verreist, weigert sich aber, ihren Aufenthaltsort zu nennen. Unter Ausschluss der Öffentlichkeit gesteht er den Richtern, in denen er die Götter wiedererkannt hat, die Wahrheit: Shui Ta und Shen Te sind ein und dieselbe Person. Shen Te legt ihre Verkleidung ab und erläutert in einem langen Monolog die Gründe für ihr Scheitern. Die Götter aber sind nicht bereit, das zu akzeptieren. Sie wollen in ihr noch immer den gesuchten guten Menschen sehen. Öffentlich feiern sie Shen Tes Rückkehr. Sie ignorieren deren Einwände und entschwinden eilig auf einer rosa Wolke.

Einordnung der Szene in das Stück

Mindestens sechs Monate sind vergangen, seit die schwangere Shen Te beschlossen hat, sich zum Wohle ihres ungeborenen Kindes noch einmal in Shui Ta zu verwandeln (vgl. Szene 7, S. 104). Seitdem ist sie nicht mehr als Shen Te in Erscheinung getreten, weshalb in der neunten Szene immer mehr Gerüchte über ihr Schicksal kursieren. Vor allem der Wasserverkäufer Wang sucht hartnäckig nach Shen Te und macht deren Vetter Shui Ta für ihr Verschwinden verantwortlich. Als er Shui Ta im Beisein von Sun damit konfrontiert, dass Shen Te schwanger sei, zieht sich Shui Ta schluchzend in sein Nebenzimmer zurück. Sun hört das und ist sofort davon überzeugt, dass das Schluchzen nur von Shen Te stammen kann. Tatsächlich findet die von Sun und Wang alarmierte Polizei im Tabakladen ein Bündel mit Kleidern von Shen Te. Shui Ta wird verdächtigt, seine Cousine beiseitegeschafft zu haben, und wird festgenommen. Im anschließenden Zwischenspiel in Wangs Nachtlager, das der zehnten Szene unmittelbar vorausgeht, erfahren die Götter von Shen Tes Verschwinden. Es stellt sich heraus, dass sie außer ihr keinen guten Menschen gefunden haben. Wenn ihre Suche aber ergebnislos verläuft, müssen sie

„abdanken" (S. 130). Deshalb setzen die Götter nun alles daran, Shen Te zu finden.

Zu diesem Zweck treten sie in der zehnten Szene als Richter in Erscheinung. Mit der Gerichtsverhandlung endet das Stück.

Anschließend tritt jedoch im Epilog noch einmal ein Darsteller vor den Vorhang, der sich beim Publikum für das offene Ende entschuldigt und die Zuschauer auffordert, sich selbst einen guten Schluss auszudenken. Wie dieser Schluss aussehen könnte, deutet er in mehreren rhetorischen Fragen an: „Soll es ein andrer Mensch sein? Oder eine andre Welt?" (S. 144) Die Antwort, die Brechts Stück darauf gibt, ist eindeutig: Die Welt bzw. die Gesellschaft muss geändert werden.

Die Frage, wie das Ergebnis der göttlichen Suche nach einem guten Menschen zu bewerten ist, lässt sich ausgehend von der zehnten Szene zunächst aus der Perspektive der Götter und anschließend aus der Sicht Shen Tes jeweils unterschiedlich beantworten. Daraus ergeben sich als Untersuchungsaspekte die folgenden drei Teilfragen:

Untersuchungsaspekte

1. Wie fällt die Suche nach einem guten Menschen aus der Sicht der Götter aus?
2. Wie fällt die Suche nach einem guten Menschen aus der Sicht Shen Tes aus?
3. Wie fällt die Suche nach einem guten Menschen aus einer allgemeinen Deutungsperspektive aus?

Bereits im Zwischenspiel, das der zehnten Szene vorangeht, wird deutlich, dass die Götter glauben, in Shen Te ihren guten Menschen gefunden zu haben (vgl. S. 130 f.). Die Gerichtsverhandlung dient ihnen lediglich dazu, Shen Tes Aufenthaltsort zu erfahren. Allerdings zeigt sich in diesem Zwischenspiel ebenfalls, dass die Götter durchaus Zweifel am positiven Ausgang ihrer Suche haben, die der erste Gott jedoch letztlich beiseitewischt (vgl. S. 130 f.).

Deutung der Aspekte 1. Wie fällt die Suche nach einem guten Menschen aus der Sicht der Götter aus?

Ähnlich stellt sich das dann auch in der Gerichtsverhandlung in der zehnten Szene dar. Die Verhandlung gegen Shui Ta dient den Göttern als Vorwand, um herauszufinden, ob Shen Te noch lebt bzw. wo sie sich aufhält. Entsprechend „gierig" (S. 136) reagiert der erste Gott, als Sun erklärt, Shen Tes Stimme im Nebenraum des Tabakladens gehört zu haben (vgl. S. 136). Die Anschuldigungen gegen Shui Ta nehmen die Götter dagegen ungerührt zur Kenntnis. Nachdem Shui Ta erklärt hat, alles aufzuklären, und die Zuschauer und Zeugen den Saal verlassen haben, fragt der zweite Gott Shui Ta, was dieser mit „unserm guten Menschen von Sezuan gemacht" (S. 138) habe. Das Possessivpronomen „unserm" signalisiert den Besitzanspruch der Götter. Den guten Menschen, den sie so dringend benötigen, damit ihre Mission für sie ein Erfolg wird, wollen sie nicht mehr hergeben. Gleichzeitig wird durch die Formulierung des zweiten Gottes die moralische Beurteilung Shen Tes relativiert. Möglicherweise handelt es sich bei ihr nur aus der Sicht der Götter um einen guten Menschen.

Als Shen Te sich den Göttern zu erkennen gibt und ihr Scheitern eingesteht, zeigt der erste Gott alle „Zeichen des Entsetzens" (S. 140). Anstatt aber seine Meinung über Shen Te zu ändern, fordert er sie auf, nicht weiterzusprechen (vgl. S. 140). Er beharrt darauf, dass sie der „gute Mensch" (S. 140) sei, den sie suchten, und tut alle Einwände als „Mißverständnis" (S. 140) ab. Offenkundig möchte er nichts hören, was den gewünschten Ausgang der göttlichen Mission infrage stellen könnte. Die Frage des zweiten Gottes, wie Shen Te nun „weiterleben" (S. 140) solle, lässt er unbeantwortet. Und den Hinweis des zweiten Gottes auf Shen Tes Geständnis tut er „heftig" (S. 140) ab. Würden die Götter nämlich zugeben, dass es ihnen nicht gelungen ist, einen guten Menschen zu finden, müssten sie entweder auf ihre Gebote „verzichten" (S. 140) oder die Welt müsste „geändert" (S. 141) werden. Beides weist der erste Gott „[v]erbissen" (S. 141) zurück. Mit einem Hammerschlag beendet er die Diskussion und feiert Shen Te als „guten Menschen" (S. 141).

Den Sorgen und Fragen Shen Tes begegnen die Götter mit Ausflüchten. Schließlich erlauben sie ihr sogar, sich einmal im Monat in Shui Ta zu verwandeln (vgl. S. 142). Die „*rosa Wolke*" (S. 141), auf der die Götter entschweben, verdeutlicht sinnbildlich, dass sie die Welt durch eine „rosa Brille" wahrnehmen. Mit der Wirklichkeit hat diese verzerrte, beschönigende Wahrnehmung nichts zu tun. Das wissen auch die Götter. In ihrem Terzett begründen sie ihren raschen Aufbruch mit den Worten: „Lang besehn, ihn zu beschreiben/Schwände hin der schöne Fund." (S. 142) Weil sie ihren „guten Menschen" aber unter keinen Umständen verlieren wollen, schauen sie lieber nicht so genau und lange hin, ignorieren die „Schatten" (S. 142) und fahren „schnell" (S. 142) zurück in ihr „Nichts" (S. 142).

Obwohl die Götter also selbst wissen, dass ihre Suche nach einem guten Menschen gescheitert ist, weigern sie sich, das einzugestehen. Stattdessen verkünden sie mit ihren letzten Worten zum Abschied noch einmal den vermeintlichen Erfolg ihrer Mission: „Gepriesen sei, gepriesen sei/ Der gute Mensch von Sezuan!" (S. 143)

Shen Te tritt während der Gerichtsverhandlung in der zehnten Szene zunächst als Shui Ta in Erscheinung. Als sie in den Richtern die drei Götter wiedererkennt, fällt sie in Ohnmacht (vgl. S. 133). Möglicherweise fürchtet sie, dass sich ihr doppeltes Spiel nun nicht länger aufrechterhalten lässt. Zudem schämt sie sich wahrscheinlich dafür, die Götter hintergangen zu haben. Dennoch lässt sie in ihrer Rolle als Shui Ta die Vorwürfe der Armen nicht gelten, Shui Ta habe Shen Te aus Eigennutz daran gehindert, Gutes zu tun (vgl. S. 134 ff.). Shui Ta rechtfertigt sein Verhalten damit, dass die „Verhältnisse" (S. 135) ihn dazu gezwungen hätten, für Shen Te die „schmutzige Arbeit" (S. 135) zu erledigen. Nur so habe er deren „nackte Existenz" (S. 135) ret-

2. Wie fällt die Suche nach einem guten Menschen aus der Sicht Shen Tes aus?

ten können. Ohne sein Eingreifen hätten die guten Taten Shen Te ruiniert (vgl. S. 137), weil die Armen sie schonungslos ausgenutzt und „zerrissen" (S. 138) hätten.

Nachdem Shen Te ihre Verkleidung abgelegt und sich den Göttern offenbart hat, gesteht sie, dass es ihr nicht gelungen sei, den Befehl der Götter, „[g]ut zu sein und doch zu leben" (S. 139), auszuführen. Zunächst macht sie die in Sezuan herrschende „Not" und „Verzweiflung" (S. 139) dafür verantwortlich und erklärt: „Etwas muß falsch sein an eurer Welt." (S. 139) Später gibt sie scheinbar auch sich selbst die Schuld, wenn sie erklärt, „zu klein" (S. 140), also zu schwach für die „großen Pläne" (S. 140) der Götter gewesen zu sein. Gleichzeitig aber bezeichnet sie sich als „armer Mensch" (S. 140) und legt damit nahe, dass kein Mensch unter den in Sezuan herrschenden Verhältnissen die Vorgaben der Götter hätte erfüllen können. Ihr Versagen ist demnach kein persönliches, sondern ein menschliches.

Als die Götter sie trotz allem als guten Menschen feiern, wendet sie ein, dass sie „auch der böse" (S. 140) Mensch sei. Aus Shen Tes Sicht ist die göttliche Suche nach einem guten Menschen damit gescheitert.

3. Wie fällt die Suche nach einem guten Menschen aus einer allgemeinen Deutungsperspektive aus? Obwohl Shen Te in dieser Schlussszene des Stückes ihr doppeltes Spiel den Göttern offenbart und ihnen ihr Scheitern eingesteht, weigern sich diese, das zu akzeptieren. Sie bestehen darauf, in Shen Te ihren guten Menschen gefunden zu haben, und wollen nichts hören, was dem widerspricht. Ganz deutlich zeigt sich hier, dass es den Göttern in Wirklichkeit nie darum gegangen ist, objektiv zu prüfen, ob es auf der Welt noch gute Menschen geben kann. Von vornherein suchen sie jemanden, den sie als guten Menschen präsentieren können, egal, ob er das tatsächlich ist oder nicht. Dass sie Shen Te trotz ihres Geständnisses weiterhin als guten Menschen loben, liegt daher auch nicht daran, dass sie ihr die menschlichen Schwächen und Verfehlungen in der Rolle des Shui Ta nachsehen, sondern ausschließlich daran,

dass sie persönlich daran interessiert sind. Schließlich müssten sie sonst ihre Gebote abschaffen, die Welt ändern (vgl. S. 140 f.) oder, wie es in dem vorangehenden Zwischenspiel heißt, „abdanken" (S. 130). Den Göttern geht es also nur um sie selbst und nicht um Shen Te.

Vergeblich bittet Shen Te die Götter am Ende dieser zehnten Szene um Hilfe. Während Shen Te „verzweifelt die Arme nach ihnen ausbreitet", „verschwinden" die Götter „lächelnd und winkend" (S. 143) nach oben. Größer könnten die Gegensätze kaum sein. Die Götter lassen die Menschen im Stich. Sie weigern sich, die Welt zu verbessern, weil sie fürchten, in einer besseren Welt überflüssig zu werden. Tatsächlich aber sind sie das für die armen Menschen in Sezuan jetzt schon. Ihre einzige Existenzberechtigung besteht nämlich darin, eine Rechtfertigung dafür zu finden, dass die Welt so elend und ungerecht bleiben kann, wie sie ist. Die Behauptung der Götter, Shen Te sei als guter Mensch der lebende Beweis dafür, erweist sich als gezielte Lüge, an die sie zwar selbst nicht glauben, die aber zumindest bei leichtgläubigen Charakteren wie dem Wasserverkäufer Wang funktioniert (vgl. S. 142).

Die Götter ignorieren, dass Shen Te und Shui Ta dieselbe Person sind. Tatsächlich haben sie am Ende mit Shen Te einen von Natur aus guten Menschen gefunden, der aber durch die sozialen Verhältnisse immer wieder auch in die Rolle eines bösen Menschen gezwungen wird. Anders als die Götter sollen die Zuschauer das erkennen und daraus die Schlussfolgerung ziehen, dass Shen Te nur dann dauerhaft als guter Mensch leben kann, wenn die Welt verbessert, die Gesellschaft umgestaltet wird.

Dass die Götter ihre Suche nach einem guten Menschen in dieser Schlussszene im Gegensatz zu Shen Te als einen Erfolg verkaufen, liegt daran, dass sie nicht wahrhaben wollen, dass Shen Te und Shui Ta eine Person sind. Bewusst ignorieren die Götter damit die elenden und ungerechten

Schluss

sozialen „Verhältnisse" (S. 135). Während Shen Te die gute Natur des Menschen verkörpert, ist Shui Ta nämlich ein Resultat dieser schlechten sozialen Bedingungen. Gleichzeitig zu anderen und zu sich selbst gut zu sein (vgl. S. 139) gelänge Shen Te nur, wenn sich ihre eigentlich gute Natur in einer ebenso guten Gesellschaft entfalten könnte. Dazu aber müsste man die Gesellschaft bzw. die Welt ändern. Dass dies nicht geschieht, rechtfertigen die Götter damit, dass sie Shen Te als guten Menschen darstellen. Ihre Religion entpuppt sich somit als Ideologie, die nur dazu dient, die bestehenden Verhältnisse zu legitimieren.

Im Gesamtzusammenhang von Brechts Stück lässt sich das Ergebnis der Suche nach einem guten Menschen in dieser zehnten Szene daher so zusammenfassen: Mit Shen Te ist zwar ein guter Mensch gefunden worden, der aber nur dann auch gut sein kann, wenn die Gesellschaft das zulässt. Dazu aber muss man die Gesellschaft ändern. Im anschließenden Epilog wird das Publikum dazu aufgerufen, genau das zu tun. Brechts Stück zeigt die Missstände auf, überwunden werden sollen sie jedoch in der sozialen Realität außerhalb des Stückes.

Für den überzeugten Marxisten Brecht bedeutet das, dass die kapitalistische Gesellschaft, die Sezuan versinnbildlicht, in eine sozialistische umgewandelt werden soll. Aus heutiger Sicht greift eine solche Schlussfolgerung jedoch zu kurz, da der moderne internationale Kapitalismus nur bedingt mit dem Industriekapitalismus in der ersten Hälfte des 20. Jahrhunderts vergleichbar ist. Auch die in der Bundesrepublik Deutschland eingeführte soziale Marktwirtschaft spiegelt sich in Brechts Sezuan-Kapitalismus nicht wider. Insgesamt haben sich die historischen Rahmenbedingungen grundlegend verändert. Zudem lässt sich auch über die Frage, ob der Mensch von Natur aus tatsächlich gut ist, wie Brecht es in seinem Stück voraussetzt, zumindest streiten.

Der Blick auf die Prüfung: Themenfelder

Dieses Kapitel dient zur unmittelbaren Vorbereitung auf die Prüfung: Schulaufgabe bzw. Klausur oder schriftliche bzw. mündliche Abiturprüfung. Die wichtigsten Themenfelder werden in einer übersichtlichen grafischen Form dargeboten. Außerdem verweist eine kommentierte Liste mit Internetadressen auf mögliche Quellen für Zusatzinformationen im Netz.

Die schematischen Übersichten können dazu genutzt werden,

- die wesentlichen Deutungsaspekte des Stückes kurz vor der Prüfungssituation im Überblick zu wiederholen,
- die Kerngedanken des Stückes noch einmal selbstständig zu durchdenken und
- mögliche Verständnislücken nachzuarbeiten.

Zum Verständnis der Schemata ist die Kenntnis der vorangegangenen Kapitel unerlässlich. Die Übersicht IV (Vergleichsmöglichkeiten mit anderen literarischen Werken) soll als Anregung dienen, um den eigenen Lektürekanon auf möglicherweise interessante Vergleichspunkte hin abzuklopfen.

Übersicht I: Die

Die drei Götter
- kommen aus dem „Nichts" (S. 142) auf die Erde
- Ordinalzahlen kennzeichnen ihre Hierarchie
- der Welt entrückte „Betrachtende" (S. 95), ohne Interesse an sozialen Frage
  schweben auf einer „rosa Wolke" (S. 141)
- ohnmächtige Parodien traditioneller Gottheiten, weltabgewandte Witzfiguren

Erster Gott	Zweiter Gott
• Anführer und Wortführer, trifft Entscheidungen	• militärisches Auftret
• autoritär	• überheblich
• pragmatisch, egoistisch, legt Gebote zum eigenen Vorteil aus	• hart, unerbittlich
	• pedantisch, bürokr
• scheinheilig, lediglich nach außen auf „Würde" (S. 131) bedacht	Gebote buchstaben
	• verachtet Menscher
• am weitesten von den Menschen entfernt	• Rolle des strengen,

	Wang, der Wasser
	• Berichterstatter der
	• soziale Randfigur, o
	• befreundet mit She
	• gottesfürchtig, gut
	• trickst mit doppelte
	• komischer Außen

Shen Te
- von Prostituierter zur Tabakladenbesitzerin
- gutmütig, hilfsbereit, uneigennützig
- „Engel der Vorstädte" (S. 54)
- will sich und anderen gleichermaßen Gutes tun
- leichtsinnig, leidenschaftlich, naiv
- typische Frauenrolle (gefühlvoll, natürlich, häuslich, passiv, fürsorglich)

Sun
- vom arbeitslosen Flieger und Shen Tes Bräutigam zu Shui Tas Geschäftsführe
- extremer Charakter
- egoistisch, rücksichtslos
- hinterhältig, intrigant
- strebt nach Höherem
- passt sich den Verhältnissen an → vom romantischen Träumer zum kapitalis
  tischen Karrieristen
- verrät seine Kollegen bzw. die „Arbeiterklasse"

ichtigsten Figuren im Überblick

Dreizahl als Anspielung auf christliche Dreifaltigkeit
eigennützig, manipulativ, legen die Suche nach einem guten
Menschen so aus, dass sie zum gewünschten Ergebnis führt
wollen Welt nicht verändern → Religion als Ideologie zur
Rechtfertigung bestehender sozialer Verhältnisse

	Dritter Gott
	● freundliches Auftreten
	● mitfühlend, nimmt Anteil am Schicksal der Menschen
isch korrekt, legt	● macht göttliche Gebote und äußere Verhältnisse
etreu aus	für das Elend verantwortlich
	● Rolle des gütigen Gottes
nnahbaren Gottes	

erkäufer	
ötter	
achlos	
e	
ütig, naiv	
oden	
eiter	

hui Ta
● von Shen Te erfundener und verkörperter Vetter
● respektierter Geschäftsmann
● hart, rücksichtslos, gewieft
● geschäftstüchtig
● „Tabakkönig von Sezuan" (S. 127)
● Kapitalist
● typische Männerrolle (rational, politisch, öffentliche Person, aktiv, egoistisch)

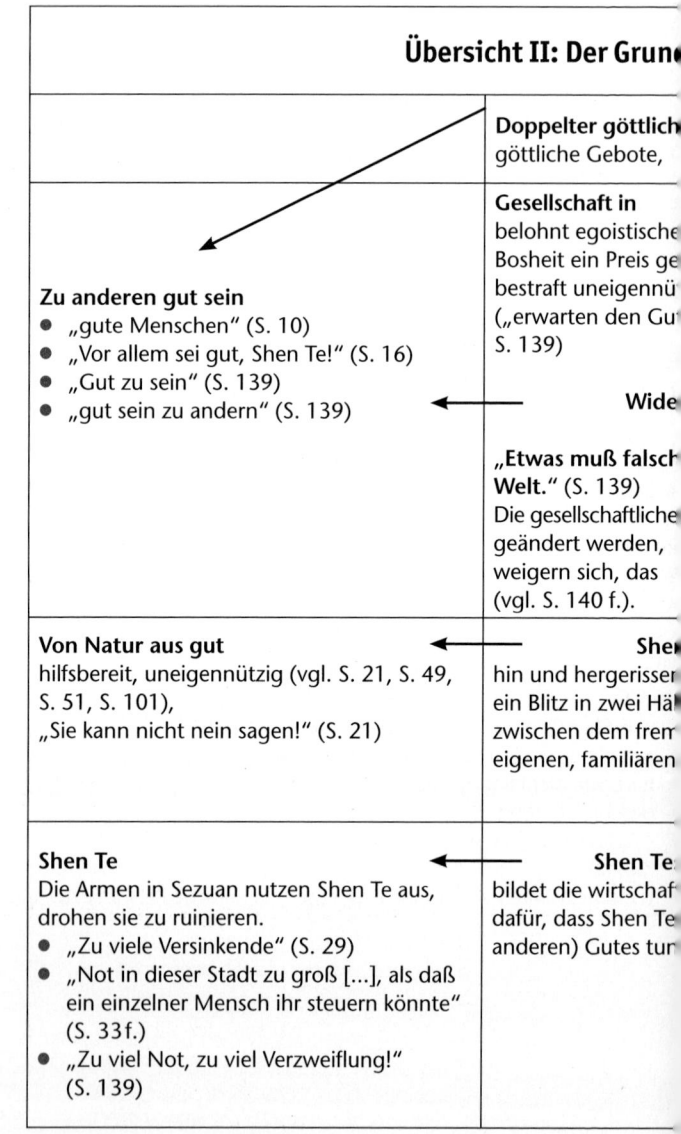

Übersicht II: Der Grun

Doppelter göttlich
göttliche Gebote,

Gesellschaft in
belohnt egoistische
Bosheit ein Preis ge
bestraft uneigennü
(„erwarten den Gu
S. 139)

Zu anderen gut sein
- „gute Menschen" (S. 10)
- „Vor allem sei gut, Shen Te!" (S. 16)
- „Gut zu sein" (S. 139)
- „gut sein zu andern" (S. 139)

Wide

„Etwas muß falsch
Welt." (S. 139)
Die gesellschaftliche
geändert werden,
weigern sich, das
(vgl. S. 140 f.).

Von Natur aus gut
hilfsbereit, uneigennützig (vgl. S. 21, S. 49,
S. 51, S. 101),
„Sie kann nicht nein sagen!" (S. 21)

She
hin und hergerisse
ein Blitz in zwei Hä
zwischen dem fren
eigenen, familiären

Shen Te
Die Armen in Sezuan nutzen Shen Te aus,
drohen sie zu ruinieren.
- „Zu viele Versinkende" (S. 29)
- „Not in dieser Stadt zu groß [...], als daß
  ein einzelner Mensch ihr steuern könnte"
  (S. 33 f.)
- „Zu viel Not, zu viel Verzweiflung!"
  (S. 139)

Shen Te
bildet die wirtschaf
dafür, dass Shen Te
anderen) Gutes tur

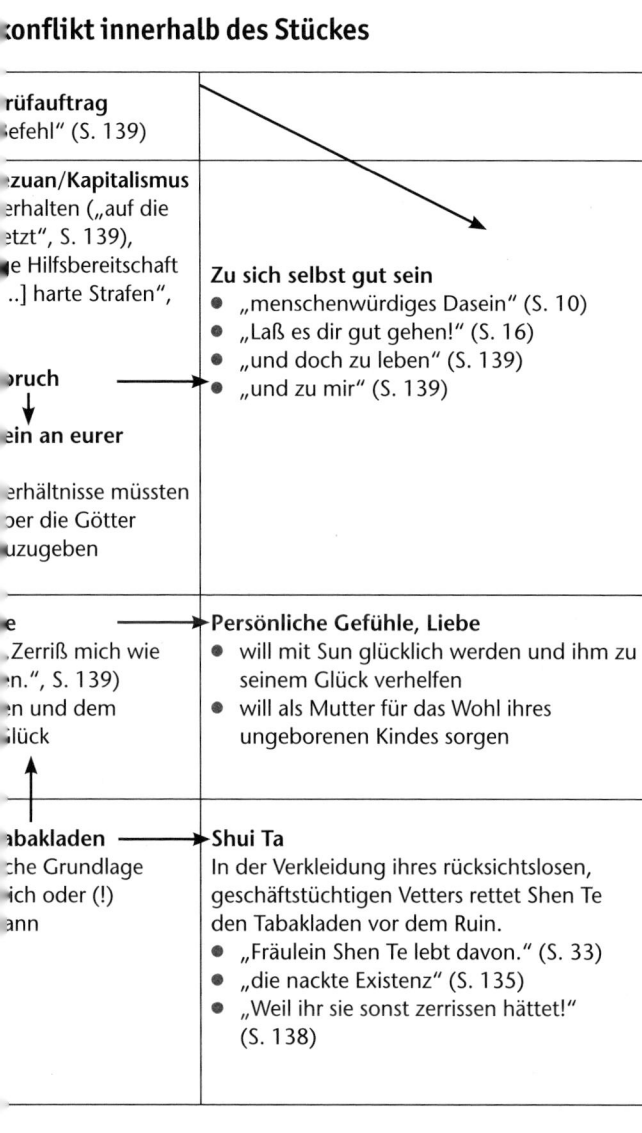

...onflikt innerhalb des Stückes

rüfauftrag ...efehl" (S. 139)	
...zuan/Kapitalismus ...erhalten ("auf die ...etzt", S. 139), ...e Hilfsbereitschaft ...] harte Strafen", ...oruch ↓ ...ein an eurer ...erhältnisse müssten ...oer die Götter ...uzugeben	**Zu sich selbst gut sein** • „menschenwürdiges Dasein" (S. 10) • „Laß es dir gut gehen!" (S. 16) • „und doch zu leben" (S. 139) • „und zu mir" (S. 139)
...e ...Zerriß mich wie ...n.", S. 139) ...n und dem ...lück ↑	**Persönliche Gefühle, Liebe** • will mit Sun glücklich werden und ihm zu seinem Glück verhelfen • will als Mutter für das Wohl ihres ungeborenen Kindes sorgen
...abakladen ...che Grundlage ...ich oder (!) ...ann	**Shui Ta** In der Verkleidung ihres rücksichtslosen, geschäftstüchtigen Vetters rettet Shen Te den Tabakladen vor dem Ruin. • „Fräulein Shen Te lebt davon." (S. 33) • „die nackte Existenz" (S. 135) • „Weil ihr sie sonst zerrissen hättet!" (S. 138)

Übersicht III: Dramentheoretische Aspekte

Elemente des epischen Theaters …	… im Stück „Der gute Mensch von Sezuan"
Inhalt:	*Inhalt:*
• Nicht individuelle Charaktere stehen im Mittelpunkt, sondern soziale Verhältnisse.	• Nicht die (eigentlich gute) Natur des Menschen verursacht das Elend in Sezuan, sondern der Kapitalismus.
• Figuren sind gesellschaftlich geprägt.	• Soziale Zwänge nötigen Shen Te zur Verwandlung in Shui Ta.
• publikumsferne Schauplätze	• Hauptstadt der chinesischen Provinz Sezuan
• konkreter Zeitbezug (Historisieren)	• Industriekapitalismus des 20. Jahrhunderts
• Soziale Verhältnisse werden als veränderbar dargestellt (Historisieren, Appellfunktion).	• Zuschauer werden im Epilog (vgl. S. 144) dazu aufgerufen, einen guten Schluss zu finden.
Form:	*Form:*
• Literarische, religiöse, kulturelle Motive werden aufgegriffen und verfremdet.	• Sodom und Gomorra, Faust, Deus ex Machina, goldene Legende
• Darstellungsformen werden aufgegriffen und verfremdet.	• eine Parabel, die scheitert → Aufruf zum sozialen Wandel statt moralischer Botschaft
• offene Form, keine Einheit von Zeit, Raum und Handlung	• Zeitsprünge (z. B. Szene 7–9), Rückblenden (Szene 8), Ortswechsel, mehrere Erzählstränge (Shen Tes Tabakladen, Shen Te und Sun, Shui Tas Fabrik, Gericht), offener Schluss
• wechselnde Darstellungsebenen	• Szenen, Zwischenspiele, Traumsequenzen, Vorspiel, Epilog

Elemente des epischen Theaters ...	... im Stück „Der gute Mensch von Sezuan"
Form:	*Form:*
• Erzählerische Elemente unterbrechen den Handlungsverlauf und stören die Illusion des scheinbar unmittelbaren Miterlebens.	• Publikumsansprachen: Figuren treten aus ihren Rollen heraus, Frau Yang fungiert in der achten Szene als Erzählerin.
• Lieder	• „Das Lied vom Rauch" (S. 27 f.), „Lied des Wasserverkäufers im Regen" (S. 50 f.), „Das Lied von der Wehrlosigkeit der Götter und Guten" (S. 65 f.), „Das Lied vom Sankt Nimmerleinstag" (S. 91 f.), „Lied vom achten Elefanten" (S. 116 f.), „Terzett der entschwindenden Götter auf der Wolke" (S. 142)
• Humor, Ironie, komische Elemente	• Götter als Witzfiguren, Wang als komischer Kauz, Verwandlung von Shen Te zu Shui Ta
• Kontrastierungen	• gegensätzliche Figuren: Shen Te und Shui Ta, Arme und Reiche ...; Handlung: Gegensatz zwischen eigenem und fremdem Wohl, Widerspruch zwischen Rahmen- und Binnenhandlung (Szene 8)

Übersicht IV: Vergleichsmögli◀

Figurenvergleiche, z. B.
- Shen Te und Shui Ta mit Dr. Jekyll und Mr. Hyde aus Robert Louis Stevensons Novelle „Der seltsame Fall des Dr. Jekyll und Mr. Hyde"
- Shen Te mit Mutter Courage aus Brechts Stück „Mutter Courage und ihre Kinder"
- Shen Te mit der Päpstin Johanna aus Donna Woolfolk Cross' historischem Roman „Die Päpstin"
- Yang Sun mit Faust aus dem gleichnamigen Drama Goethes
- Wasserverkäufer Wang mit Sancho Panza aus Miguel de Cervantes' Roman „Don Quijote"

Ber◀
„Der g◀
v

Brechts Konzeption des epischen Theaters im Vergleich
- mit einer antiken Tragödie, z. B. „Antigone" von Sophokles
- mit einem Drama der Weimarer Klassik, z. B. „Torquato Tasso" von Goethe; „Maria Stuart" oder „Wilhelm Tell" von Schiller
- mit einem Drama der Aufklärung, z. B. „Emilia Galotti" oder „Nathan der Weise" von Lessing
- mit einem Drama Shakespeares, z. B. „Romeo und Julia" oder „Hamlet"
- mit Lars von Triers Film „Dogville"

‹eiten mit anderen literarischen Werken

Brechts Darstellung des Kapitalismus
- mit Charles Dickens' Roman „Oliver Twist"
- mit dem von Karl Marx und Friedrich Engels verfassten „Manifest der Kommunistischen Partei"
- mit Theodor Fontanes Roman „Frau Jenny Treibel"
- mit Gerhart Hauptmanns Drama „Die Weber"
- mit Franz Kafkas Roman „Der Verschollene"/„Amerika"
- mit Brechts Stück „Mutter Courage und ihre Kinder"
- mit Friedrich Dürrenmatts Drama „Der Besuch der
  alten Dame"
- mit Max Frischs Roman „Homo faber"
- mit Martin Sperrs Stück „Landshuter Erzählungen"

Brecht:
Mensch
Sezuan"

Motivvergleiche, z. B.
- mit dem Motiv des Deus ex machina in Euripides'
  Tragödie „Iphigenie in Aulis"
- mit dem Motiv des strafenden Gottes in der biblischen Erzählung von Sodom und Gomorra
- mit dem Motiv des „Ewig-Weiblichen" in Goethes
  Drama „Faust – Der Tragödie zweiter Teil"
- mit dem Motiv der Vernunftheirat in Fontanes Roman
  „Frau Jenny Treibel"
- mit dem Motiv des Opportunismus in Brechts Stück
  „Mutter Courage und ihre Kinder"

Internetadressen

Unter diesen Internetadressen kann man sich zusätzlich informieren:

www.uni-due.de/einladung/Vorlesungen/dramatik/
brgutemensch.htm
(kurze inhaltliche Zusammenfassung und Interpretation)

http://staatstheater-braunschweig.de/fileadmin/user_up
load/Theaterpaedagogik/Materialmappen/Materialmap
pe_Der_gute_Mensch_von_Sezuan.pdf
(Materialmappe zur Inszenierung am Staatstheater Braunschweig: Biografie Brechts, Texte zur aktuellen Bedeutung des Stückes, szenische Übungen)

http://theater-marburg.com/tm/public/upload/Materiali
en_DerGuteMenschVonSezuan.pdf
(Materialsammlung mit Texten von und über Brecht und sein episches Theater)

www.theater-augsburg.de/content.php?nav=3&werkID=
1541&sel=1&des_sp=1&&fstatus=2
(Zeitungsartikel vom 9. Februar 2014 zur Inszenierung des Stückes am Theater Augsburg)

http://bildungsserver.hamburg.de/der-gute-mensch-von-
sezuan/
(Linksammlung mit Internetlinks zu Inhaltsangaben, Hintergrundinformationen, Unterrichtsmaterialien u. a. zum epischen Theater und Klausuraufgaben)

www.br.de/radio/bayern2/sendungen/kalenderblatt/
0402-bertolt-brecht-gute-mensch-von-sezuan-100.html
(Radiobeitrag von „Bayern 2" zum Jahrestag der Premiere)

www.lerntippsammlung.de/Der-gute-Mensch-von-Sezuan.
html
(Referat zum epischen Theater Brechts am Beispiel des Stückes „Der gute Mensch von Sezuan")

[Stand: 29.10.2014]

Literatur

Textausgabe

Bertolt Brecht: Der gute Mensch von Sezuan. Berlin: Suhrkamp Verlag 2013

Weitere Literatur

Grobe, Horst: Bertolt Brecht. Der gute Mensch von Sezuan. Hollfeld: C. Bange Verlag 2013

Große, Wilhelm: Bertolt Brecht. Der gute Mensch von Sezuan. Hollfeld: Joachim Beyer Verlag 2001

Hecht, Werner: Brecht Chronik. Berlin: Suhrkamp 2007

Kittstein, Ulrich: Bertolt Brecht. Der gute Mensch von Sezuan. Braunschweig: Schroedel Verlag 2013

Knopf, Jan: Bertolt Brecht. Frankfurt am Main: Suhrkamp 2006

Müller, Klaus-Detlef: Bertolt Brecht. Epoche – Werk – Wirkung. München: Verlag C. H. Beck 2009

Payrhuber, Franz-Josef: Lektüreschlüssel: Bertolt Brecht. Der gute Mensch von Sezuan. Stuttgart: Reclam 2006

Notizen

Notizen